O cerne oculto do projeto de Nietzsche:

Logos vs. pathos no ato de filosofar

Saulo Krieger

O cerne oculto do projeto de Nietzsche:

Logos vs. pathos no ato de filosofar

EDITORA
IDEIAS&
LETRAS

1ª impressão

EDITORA IDEIAS & LETRAS

Avenida São Gabriel, 495
Conjunto 42 - 4º andar
Jardim Paulista – São Paulo/SP
Cep: 01435-001
Televendas: 0800 777 6004
vendas@ideiaseletras.com.br
www.ideiaseletras.com.br

Dados Internacionais de Catalogação na Publicação (CIP) de acordo com o ISBD

K92c Krieger, Saulo

O cerne oculto do projeto de Nietzsche: logos vs. pathos no ato de filosofar/ Saulo Krieger. - São Paulo: Ideias & Letras, 2022.

288 p. ; 16cm x 23cm

Inclui bibliografia.
ISBN: 978-65-87295-35-0

1. Filosofia. 2. Nietzsche. I. Título.

2022-597 CDD 100
CDU 1

Elaborado por Vagner Rodolfo da Silva - CRB-8/9410
Índice para catálogo sistemático:
1. Filosofia 100
2. Filosofia 1

Para Roberto

"Depois de muito tempo ler nos gestos e nas entrelinhas dos filósofos,
disse a mim mesmo: a maior parte do pensamento consciente
deve ser incluída entre as atividades instintivas,
até mesmo o pensamento filosófico

[...]

Em sua maior parte, o pensamento consciente de um filósofo
é secretamente guiado e colocado em certas trilhas pelos seus instintos.
Por trás de toda lógica e de sua aparente soberania de movimentos existem valorações,
ou, falando mais claramente, exigências fisiológicas para a preservação
de uma determinada espécie de vida."

Para além de bem e mal § 3

Agradecimentos

Ao meu orientador, Prof. Ivo da Silva Júnior, pela atenção e desprendimento, por antever sempre e parecer pensar em tudo.

A Patrick Wotling, por sua generosa acolhida no *stage doctoral*, na França, pela escuta e pelo incentivo à presente pesquisa.

À Scarlett Marton, pela orientação nos primeiros passos da investigação, pelo persistente encorajamento à filosofia em nosso encontro em 2010 e desde a graduação – e nisso já se vão décadas.

À Daniela Gonçalves, da UNIFESP, pela atenção de sempre e pela competência ilimitada nas questões acadêmico-administrativas: irretocável. Aos professores da UNIFESP com os quais, pelas disciplinas, pude travar contato.

A Emmanuel Salanskis, que na condução do GEN-USP conduziu também meu difícil retorno à filosofia.

Aos colegas do GEN-USP, em nossas reuniões tão profícuas ao longo de anos: Eduardo Nasser, Stefano Busellato, Márcia Rezende, Éder Corbanezi, Braian Sanches Matilde, Alexander Gonçalves, João Neto, Tiago Pantuzzi, Geraldo Dias, Hélio Simões, Célia Benvenho, Rodolfo Ferronato, Diana Decock.

À Rita Paiva e, novamente, a Eduardo Nasser, pela participação nas duas bancas de qualificação, brindando-me com uma leitura atenta e valiosas contribuições. A Tales Ab'Sáber e André Itaparica, por ajudarem a formar uma banca dos sonhos. A Nasser, ainda uma vez, pelo prefácio belo e instigante.

À CAPES, por ter fomentado a minha pesquisa no mestrado, no doutorado e no doutorado sanduíche.

O contribuinte brasileiro de modo algum pode ser esquecido por ter indiretamente financiado esta pesquisa. Tampouco o contribuinte francês, que me proporcionou um universo bibliográfico inesgotável. Tampouco os funcionários da Bibliothèque Nationale de France pela atenção diária durante a *séjour*. Tampouco, de volta ao Brasil e de volta no tempo, os que estiveram à frente da criação do *campus* Guarulhos da UNIFESP.

A Jonas Boni, com quem aprendi a andar em vez de sempre querer correr. Cá estou, enfim, andando.

Gratidão infinita à minha mãe, Odete, pela amizade e pela presença nas horas difíceis – e também nas fáceis. Ao meu pai, Guinter, pelo apoio nos longos anos da graduação.

À Ideias & Letras, bem como a seus editores, Edvaldo e Valério, pela acolhida deste trabalho. À Hanna e à Thalita, pela leitura atenta.

Ao Roberto, enfim, por tudo. E aos que aqui, entre injusto e relapso, não nomeei e que de algum modo contribuíram para que o presente livro se tornasse realidade.

SUMÁRIO

Nota liminar

I. Obras e escritos de Nietzsche

No trabalho que ora se apresenta, a citação das obras de Nietzsche segue a convenção proposta pela edição Colli e Montinari da *Kritische Gesammtausgabe* (edição integral crítica) do filósofo: NIETZSCHE, F; COLLI, G.; MONTINARI, M. (Eds.). *Sämtliche Werke: Kritische Studienausgabe in 15 Bänden*. Berlim/Munique: Walter de Gruyter & Co., 1988, 15 vols. As siglas em alemão, listadas a seguir, são acompanhadas das siglas em português para facilitar a compreensão das referências:

I.I. Textos editados pelo próprio Nietzsche:

GT/NT – *Die Geburt der Tragödie* (*O nascimento da tragédia*)
HL/Co. Ext. II – *Unzeitgemässe Betrachtungen. Zweites Stück: Vom Nutzen und Nachteil der Historie für das Leben* (*Considerações extemporâneas II: Da utilidade e desvantagem da história para a vida*)
MA/HH – *Menschliches Allzumenschliches* (vol. 1) (*Humano, demasiado humano* [vol. 1])
VM/OS – *Menschliches Allzumenschliches* (vol. 2): *Vermischte Meinungen und Sprüche* (*Humano, demasiado humano* [vol. 2]: *Miscelânea de opiniões e sentenças*)
WS/AS – *Menschliches Allzumenschliches* (vol. 2): *Der Wanderer und sein Schatten* (*Humano, demasiado humano* [vol. 2]: *O andarilho e sua sombra*)
M/A – *Morgenröte* (*Aurora*)
FW/GC – *Die fröhliche Wissenschaft* (*A gaia ciência*)
Za/ZA – *Also sprach Zarathustra* (*Assim falava Zaratustra*)
JGB/BM – *Jenseits von Gut und Böse* (*Para além de bem e mal*)
GM/GM – *Zur Genealogie der Moral* (*Genealogia da moral*)
GD/CI – *Götzendämmerung* (*Crepúsculo dos ídolos*)

I.II. Textos preparados por Nietzsche para edição:

AC/AC - *Der Antichrist* (*O anticristo*)
EH/EH - *Ecce homo (Ecce homo)*

I.III. Siglas dos escritos inéditos inacabados:

GMD/DM - *Das griechische Musikdrama* (*O drama musical grego*)
ST/ST - *Sokrates und die Tragödie* (*Sócrates e a Tragédia*)
DW/VD - *Die dionysische Weltanschauung* (*A visão dionisíaca do mundo*)
GG/NPT - *Die Geburt des tragischen Gedankens* (*O nascimento do pensamento trágico*)
PTG/FTG - *Die Philosophie im tragischen Zeitalter der Griechen* (*A filosofia na época trágica dos gregos*)
WL/VM - *Über Wahrheit und Lüge im aussermoralischen Sinn* (*Sobre verdade e mentira no sentido extramoral*)

I.III. Fragmentos póstumos

Para as citações dos fragmentos póstumos, constarão somente a dupla numeração, segundo convenção proposta por Colli e Montinari, e a periodização, isto é, mês ou estação do ano conforme catalogado segundo essa mesma convenção. Por exemplo:

(7 [168], final de 1870 - abril de 1871) ou (11 [247], primavera-verão de 1881) ou (37 [4], junho-julho de 1885). Exceção: (KGW I, 4, 5 [6]), por ser póstumo do período filológico.

Para todas as citações será inserida a abreviação "cf.", caso se tenha o teor da passagem e não seu texto *ipsis litteris*.

I.IV. Para citações das obras filológicas de Nietzsche

Para citações das obras filológicas de Nietzsche, que não constam na organização de Colli e Montinari - mas constam em NIETZSCHE,

F. *Gesammelte Werke I-V.* Munique: Musarion Verlag, 1922-1923 e em NIETZSCHE, F; BORNMANN, F.; CARPITELLA, M. (Orgs). *Nietzsche Werke.* Berlim/Nova Iorque: Walter de Gruyter, 1993 (Kritische Gesamtausgabe, 2) –, não serão usadas siglas ou convenções, e as citações então aparecerão como as das obras externas ao *corpus* nietzschiano.

II. Quanto às traduções

Em razão de seu caráter incompleto e altamente fragmentado – pois de fato se tem, muitas vezes, apenas fragmentos de aforismos e seções –, a celebrada e incomparável tradução de Rubens Rodrigues Torres Filho (do volume *Nietzsche* da coleção *Os pensadores*, da Abril Cultural) só pôde ser usada em casos muito particulares, porque, obviamente, a maior parte das obras publicadas de Nietzsche não é contemplada por essa tradução, e também por entendermos que, em seu universo particular, aforismos e seções devem ser concebidos, compreendidos e traduzidos como um todo.

Desse modo, a tradução de Rubens Rodrigues Torres Filho pôde ser escolhida em casos muito restritos: no caso do ensaio de 1873, "Sobre verdade e mentira no sentido extramoral", nos aforismos 107 e 354 d'*A gaia ciência* (este último sendo intensamente citado), e na quarta seção da *Segunda consideração extemporânea – Da utilidade e desvantagem da história para a vida.* Nesses casos, o diferencial da tradução de Rubens estará indicado por "trad. RRTF".

No caso de "A visão dionisíaca do mundo" e da conferência "Sócrates e a tragédia", será utilizada a tradução de Maria Cristina dos Santos de Souza e Marcos Sinésio Pereira Fernandes pela Martins Fontes. No caso de "Sócrates e a tragédia", a citação constará de sigla e paginação, por exemplo (ST/ST, p. 31), a paginação referindo-se evidentemente a essa edição.

Nos demais casos, quanto à obra publicada, a tradução utilizada será a de Paulo César de Souza pela Companhia das Letras, exceção feita para *O nascimento da tragédia*, cuja tradução, pela mesma editora, é de Jacob Guinsburg, e *A filosofia na era trágica dos gregos*, cuja tradução, pela L&PM, é de Gabriel Valladão Silva. Eventuais mudanças na tradução são indicadas em parêntese e em itálico por "tradução ligeiramente modificada".

Para os fragmentos póstumos, a tradução é de nossa própria autoria. No caso de obras de comentadores, o mesmo se aplica.

Quanto a nomes de obras do século XIX que foram lidas por Nietzsche ou constituíram o *esprit du temps*, que presidiu a sua reflexão, procederemos ao seguinte critério: para obras e autores disseminados (quando não mesmo publicados em português), primeiramente é grafado o título traduzido, com o título original entre parêntese, um e outro sempre em itálico, por exemplo: *A linguagem como arte (Die Sprache als Kunst)*, de Gustav Gerber, e *Über die neuere Deutsche Literatur (Fragmentos sobre uma nova literatura alemã)*, de Johann Gottfried von Herder. Para obras ou autores não disseminados em português – sendo não raro, no caso de Nietzsche, filólogos do século XIX –, optou-se por grafar o título em alemão com uma livre tradução do referido título entre colchetes, por exemplo: *Vorlesungen* über *die Alterthumwissenschaft [Lições sobre a ciência da antiguidade]*, de Friedrich August Wolf, e *Geschichte der Sprachwissenschaft [História da ciência da linguagem]*, de Theodor Benfrey.

Prefácio

Eduardo Nasser

O cerne oculto do projeto de Nietzsche: Logos vs. pathos no ato de filosofar consiste na versão modificada de uma tese de doutoramento homônima defendida em 2019 por Saulo Krieger na Universidade Federal de São Paulo (UNIFESP). Trata-se de um trabalho de reconhecida relevância, laureado com o prêmio de melhor tese em filosofia na referida instituição, cuja preparação e conclusão eu tive o privilégio de acompanhar muito de perto.

Embora não seja um empreendimento fácil de ser classificado, eu penso ser legítimo designá-lo como um exercício de metafilosofia, no sentido de aquilo que atualmente se chama de *metafilosofia explícita*, a saber, reflexões explícitas sobre as motivações e métodos das práticas filosóficas. Não obstante o autor não recorrer ao termo, o conceito pode ser conveniente para o leitor que, pela primeira vez, se aproxima deste livro, pois o propósito mais fundamental de Krieger é perseguir a resposta para a pergunta de *como* Nietzsche compreende a prática filosófica e *como* ele a executou.

Estas linhas introdutórias decerto despertam entusiasmo entre os interessados em geral pelo pensamento nietzschiano, haja vista a inesgotável curiosidade pelos bastidores que cercaram a vida produtiva do intrigante filósofo alemão – expectativa que, se voltada para os bastidores *factuais*, e é bom advertir desde logo, será fatalmente desiludida por uma obra que não almeja tratar da vida em um sentido biográfico. Todavia, para o pesquisador acadêmico de Nietzsche, a identificação do viés metafilosófico da obra de Krieger, a explicitação de sua pergunta condutora, gera um sentimento distinto, um tipo muito peculiar de preocupação e de desconforto.

Como bem sabemos, no âmbito da filosofia universitária a pesquisa retira a sua referência metodológica da concepção de pesquisa das ciências formais, das áreas da lógica e da matemática, de modo que o historiador da filosofia espera poder localizar em seu objeto de investigação uma adequação mínima às exigências formais daquele modelo. O pesquisador dessa área é guiado por tal anseio, que costumeiramente interpela Nietzsche nesse ambiente, o que faz com que se tome não apenas toda a parafernália retórica, os efeitos literários, como tão somente obstáculos inconvenientes que se interpõem a um suposto sistema deduzido que, apesar de não demonstrado pelo seu autor, dele teria deixado rastros em sua produção escrita. Tendo isso em vista, o filósofo profissional promove, por um lado, uma purificação dos componentes estéticos das obras de Nietzsche e, por outro, realiza um trabalho de reparação e reescrita do texto nietzschiano em uma forma argumentada e logicamente rigorosa. Talvez se possa localizar os primeiros sinais dessa tendência na fabricação da obra apócrifa *A vontade de potência*, visto que essa fraude editorial foi, em larga medida, impulsionada pelo desejo de oferecer a imagem de um filósofo coerente e sistemático, imagem antagônica ao *poeta-filósofo* conhecido por meio das obras publicadas, demasiado literário, aforístico, obtuso e contraditório. Em nossa contemporaneidade, as aclamadas leituras analíticas de Nietzsche, alicerçadas no pioneiro projeto de Arthur Danto, provam que o comprometimento com a tarefa de tornar o heterodoxo filósofo de Röcken palatável ao gosto da filosofia acadêmica continua vivo e influente.

Contudo, o que a obra de Krieger nos faz ver é que esse modo de proceder só é concebível graças à desconsideração de uma abordagem metafilosófica dos escritos de Nietzsche, i.e., que ignora o fato de I) Nietzsche ter se ocupado da questão mesma de como se faz filosofia e II) que ele teria caracterizado essa prática como fundamentalmente sublimatória. Nesse sentido, o filósofo universitário, que espera encontrar nos textos nietzschianos argumentos racionais em estado embrionário, corre o risco de sair em busca de algo que simplesmente não está lá, pois para Nietzsche o lógico só goza de caráter originário se se deixa de lado o processo que ele denomina como *erro da razão*, a propensão de confundir o último com o primeiro. No seu entender, a prática da filosofia está, antes, ancorada na *vida*; trata-se de um tipo de discurso talhado em meio à ação tirânica de pulsões inconscientes sobre a consciência. Quer dizer, todo e qualquer discurso filosófico adquire um caráter de epifenômeno, de resíduo idiossincrático dos estados psíquicos de seu autor – um traço que, em *Para além de bem e mal*, vemos ser retratado, com perspicácia, como um agregado de "*mémoires* indesejadas e desapercebidas". Lembremo-nos que Nietzsche, em boa medida, evita disputas teóricas com doutrinas filosóficas, dedicando-se, prioritariamente, ao ofício de *psicólogo*, aquele comprometido em estabelecer diagnósticos dos filósofos da tradição.

Então, a deslogização da obra de Nietzsche deveria nos dirigir a uma psicologização dessa mesma obra? É de se perguntar se um sério assentimento à perspectiva metafilosófica que se coloca não nos reenvia às leituras sintomatológicas da filosofia nietzschiana, outrora tão em voga, que ali enxergavam nada além dos reflexos de uma personalidade perturbada acometida por toda sorte de enfermidades. Mas Krieger segue por um outro caminho, e isso em razão de nos mostrar que Nietzsche elaborou sofisticados recursos de interação entre consciência e inconsciência. Quer dizer, diferentemente dos nomes que compõem a história da filosofia, o nosso filósofo não esteve alheio aos processos vitais que o acometem, preocupando-se em falar a partir do domínio mais originário das pulsões, ainda que por intermédio dos meios imperfeitos de discursos conscientes – e aí teríamos o *cerne oculto*. A prática da filosofia nietzschiana seria como um tipo de diário de bordo de um indivíduo desperto em meio ao mar tempestuoso no qual está lançado, sem nele imergir por completo. Uma meditação sobre a vida a partir da vida.

Nesse estimulante cenário que se abre, uma das grandes virtudes da obra de Krieger é recuperar a centralidade do tema do estilo em Nietzsche. O estilo deixa de ser um acessório extravagante, convertendo-se em um elemento decisivo para viabilizar a interação entre a reflexividade consciente com o regime pulsional inconsciente. A escrita de Krieger, que se vale ela mesma de uma gama variada de ricos recursos literários, termina por colocar o tema ao alcance do leitor com maior naturalidade. Forma e conteúdo complementam-se de tal modo que o constante enfraquecimento dos limites entre lírica e prosa, poesia e filosofia, o uso de inúmeras estratégias retóricas, como ensaios, diálogos, sentenças, aforismos e parábolas, refletem os esforços de suspender o uso representativo da linguagem, juntamente com o desejo, decerto ambíguo, de capturar o que jamais pode ser plenamente capturado: a própria vida. Em detrimento da busca pela justeza semântica das palavras, Nietzsche prioriza uma visão artística da linguagem, a qualidade rítmica, a musicalidade, formas de expressão que seriam como que prolongamentos da vida. Os estudiosos de Nietzsche sabem que essa frente de leitura não está muito distante daquela levada a cabo por boa parte da chamada primeira recepção do filósofo, anterior à Segunda Guerra, bem como daquela operada pelos debates franceses das décadas de 1960-70 que, em seus melhores momentos, estiveram às voltas com as repercussões filosóficas das inovações estilísticas trazidas por Nietzsche. Com fôlego renovado, *O cerne oculto* revisita essas antigas questões, em parte relegadas ao ostracismo pelas pesquisas nietzschianas das últimas décadas. Visto por esse prisma, vale ainda destacar, a obra de Krieger não deixa de estar em consonância com linhas de investigação que começam a despontar no velho continente, como as capitaneadas pelas "escolas" de Freiburg e Stuttgart, engajadas com a reabilitação de Nietzsche enquanto poeta-filósofo, descrição agora empregada sem nenhuma insinuação depreciativa.

Em suma, *O cerne oculto do projeto de Nietzsche*, ao mesmo tempo em que incita uma reflexão oportuna sobre as contradições inerentes ao modo como lidamos com Nietzsche na academia, também não deixa de acenar para novos rumos de pesquisas na área, talvez mais afins ao espírito desse filósofo que tanto admiramos.

INTRODUÇÃO

I

A presente investigação nasceu com o foco na parte menor e mais fraca – e posterior ou tardia, e superficial, como diria Nietzsche – de tudo o quanto aqui se segue. Isso significa que se iniciou pela consciência. Iniciou-se, mais precisamente, sob o signo do lugar atribuído ao problema da consciência na obra do filósofo. Essa questão a um só tempo se manteve e se transfigurou, e o resultado é o que se tem aqui. Em seu primeiro tatear, observou-se o quanto o que em outros filósofos seria um mergulho, e pretensamente exaustivo, na questão da consciência, tomada "em si e para si", em Nietzsche de pronto resvalava para a tematização de outras questões, que lhe brotavam próximas, parecendo mesmo condicionar a questão da consciência. Foi assim que a investigação logo se fez deslocar levemente de uma questão da consciência "em si" para a sua relação com os impulsos orgânicos, a versar sobre como os impulsos *são* as suas próprias interações pulsionais, estas que revelam uma relação desperta e funcionalmente consciente. Desse modo, durante um longo período de maturação, a investigação esteve centrada mais na questão das interações pulsionais, na reflexividade ali presente e na duplicação desta que, pela via linguística, pôde ser desencadeada por um fator externo em um processo que engendrou, em seu bojo, o que conhecemos por consciência.

Assim como por um longo período a investigação esteve centrada na questão das interações pulsionais – que agora se apresentam no núcleo da investigação, que é o segundo capítulo –, também por algum tempo ela se voltou aos contextos de aparição do tema da consciência na obra publicada e nos póstumos que preparavam tais aparições. O que se encontrou foram duas tematizações verticalizadas em *A gaia ciência*, no primeiro e no quinto livro, das duas edições, de 1882 e 1887, abordagens que se mostravam passíveis de ser lidas como espelhamento, ou jogo de pergunta e resposta, ou segundo perspectivas diferentes, em uma revisita, com a consciência contemplada em momentos diferentes da compreensão das interações pulsionais pelo filósofo, como instantâneos a refletir sob aspectos distintos a questão da imanência da consciência – ali sempre, porém, no contexto do projeto de uma gaia ciência, que intitula a obra. A isso tudo permeia, evidentemente, a compreensão de uma e outra abordagem segundo contextualizações diferentes, propiciadas pela urdidura aforismática do primeiro livro, da primeira edição (1882), e do quinto livro, em sua segunda edição (1887).

Contudo, a questão das interações pulsionais acabou por se revelar um universo à parte – e elas efetivamente *são* tal universo, do qual, ademais, brotará a consciência. Da dificuldade de se definir a natureza dos impulsos, seu traço caraterístico, dificuldade que tão bem se evidencia no debate sobre os impulsos entre os nietzschianos da linhagem analítica,[1] adveio nossa concepção da complexa natureza pulsional segundo dimensões. Das duas dimensões inicialmente desveladas, advieram uma terceira e uma quarta. Mas já a primeira dimensão, que foi de fato o primeiro traço da natureza pulsional constatado pelo filósofo, acabou por sugerir uma semelhança com o dionisíaco, que demandava ser investigada, como sugeriu um possível embate entre Apolo e Dioniso já nas interações pulsionais. Ocorre que essas intuições tinham estado dormentes na filosofia de Nietzsche durante praticamente todo o período em que ele se ocupou de, com o auxílio de suas incursões em leituras científicas, compreender de que modo, afinal, davam-se as tais interações e quais desdobramentos elas, a um só tempo, implicavam e escondiam. O desdobramento mais evidente é o de conterem em si o inteiro percurso humano entre a instintualidade animal e o pensar reflexivo e consciente, entendido como "saber o que se pensa". Foi assim que a suspeita de que a compreensão, por parte de Nietzsche, do modo como os impulsos interagem estaria vinculada à retomada de sua intuição artística original, o dionisíaco, converteu-se

1 Trazido por Paul Katsafanas, esse debate, entabulado por Brian Leiter, Peter Janaway, Peter Poellner, John Richardson, Clark e Dudrick, Hales e Welshon, Cristoph Cox e Leslie Thiele, em sua versão de 2010, é apresentado no capítulo II, no qual introduzimos a nossa concepção sobre as dimensões pulsionais.

em moto por excelência da pesquisa que ora se apresenta. A duplicidade de apolíneo e dionisíaco estaria sendo retomada sob outras bases, com a cláusula misteriosa de agora o apolíneo vir subsumido ao dionisíaco. De sua dualidade de mútuo antagonismo e implicação poderia advir não apenas a tragédia grega, mas, em registro sensivelmente diferente, o *pathos* trágico transposto em filosofia. Uma tal filosofia não seria assim apenas teorizada, mas seria vivenciada no íntimo daquele que antes a buscara em outra parte, que a acalentara no seio da cultura alemã.

Ora, de que modo dionisíaco e apolíneo entabulariam uma relação a impelir uma filosofia tal como impelem a procriação e o fazer artístico? Concebeu-se, então, a hipótese de um embate agônico entre um ímpeto propulsor, porém inconsciente, com a embriaguez e o ilimitado dionisíaco, e um chamado à consciência, com a limitação e individuação apolínea. A filosofia que conseguisse reproduzir e manter esse embate agônico entre a consciência a sempre resvalar à inconsciência, e a inconsciência ao que, convertida em fazer artístico, atua como um chamado a uma ação desperta e consciente em filosofia, não seria uma filosofia como as que sucederam no pós-desorganização dos instintos por Sócrates, de adesão a aparatos metafísicos, do esquecimento da linguagem a redundar em passividade cognitiva e em inconsciência. Isso, sim, seria filosofia como fazer artístico pela via do estilo como adesão ao próprio gesto filosófico, ou seja, filosofia como protagonização. Protagonização do embate entre inconsciente e consciente. Protagonização também do que um dia foi expressamente seu objeto, a saber, a justificação da existência convertida em sua exaltação pelos gregos da era trágica. Protagonizar uma filosofia que procura converter a justificação da existência em exaltação da vida equivale a converter o que de outro modo seria apenas objeto em, propriamente, *pathos* filosófico.

II

Desde o final do século passado, boa parte das investidas da pesquisa de Nietzsche no âmbito da questão da consciência, ou da relação consciência-inconsciente, ocupa-se de encontrar um traço definidor para a primeira, ou de abordar um critério de distinção entre consciência e inconsciente. A esse segundo caso pertence o ensaio de Scarlett Marton, intitulado justamente *Nietzsche: Consciência e inconsciente.*[2] Marton enfatiza que trazer noções como conhecimento, alma, sujeito e consciência para o âmbito do corpo, com todas as suas não poucas implicações, seria efeito do criticismo kantiano sobre Nietzsche, como, de resto, sobre todo o século XIX. Cortada a possibilidade de se chegar a um liame transcendente pela via racional, doravante o intelecto humano seria advindo da fisiologia e da história. Sob o efeito de uma e de outra, o ato de conhecer resultaria das interações entre indivíduos, a vida humana sendo seu contexto de surgimento. Tomando o empuxo kantiano para ir muito além de Kant, as faculdades do espírito para Nietzsche traduzem-se em linguagem biológica – tanto que sentimentos, pensamentos e impulsos estariam presentes já nas células, tecidos e órgãos.[3] Mediante o reconhecimento dessa esfera, o sujeito em Nietzsche seria não aquele que executa uma ação, mas seu efeito; o eu seria uma síntese conceitual para acobertar e tornar funcional uma relação de forças; a consciência, por fim, sendo aparentada ao instinto, resultaria de uma relação do organismo com o mundo exterior. Se, tal como os instintos, a consciência é órgão de direcionamento no mundo, ao mesmo tempo em que é fundada na gregariedade, ela estaria intimamente ligada à linguagem no que se contraporia ao inconsciente, este que, da ordem do indizível, justamente escapa à linguagem. E se o inconsciente de fato escapa à linguagem, nesse sentido acrescentaríamos que ele seria, no mínimo, escorregadio ante as tentativas de tomá-lo como objeto, o que não deixa de ser um alerta para as abordagens acerca do inconsciente. Talvez justamente por isso tenhamos iniciado nossa pesquisa com sua contraface que é eminentemente linguística, a consciência. A clareza com que no ensaio de Marton se tem consciência associada à linguagem, o inconsciente ao indizível, é algo a se ter no horizonte no sentido de nos fazer lembrar a heterogeneidade dos elementos cujo embate temos por estruturante e até mesmo por cerne do pensamento

2 Cf. MARTON, S. "Nietzsche: Consciência e inconsciente". *Extravagâncias: Ensaios sobre a filosofia de Nietzsche.* São Paulo: Discurso Editorial\Barcarolla, 2009, p. 167-182.

3 *Idem*, p. 173.

de Nietzsche: o consciente tudo fala, o inconsciente tudo cala. O primeiro pretenderia falar até o que não teria condições de falar. O outro, além de indizível, é também desafeito à linguagem verbal direta. A compensar essa interdição, diga-se, ele atua onde não se esperaria que estivesse a atuar.

A tematizar um traço que caracterizaria a consciência, bem como o que a distinguiria do inconsciente, Erwin Schlimgen é autor de um estudo erudito e verticalizado, *Nietzsches Theorie des Bewusstseins*, publicado em 1999. Em alguns aspectos, a investigação que aqui se apresenta lhe está afinada, uma vez que ela relaciona inconsciência e consciência a Dioniso e Apolo. Segundo Schlimgen, a consciência humana seria oriunda do embate entre um e outro e um sucedâneo do aspecto onírico de Apolo.[4] Nessa medida, seria basicamente hipnagógica, isto é, seu traço característico seria algo da ordem do que se passa entre a vigília e o sono. Nesse sentido, apolíneo e dionisíaco seriam forças a atuar no homem sem mediação subjetiva, o dionisíaco entrando com a embriaguez; o apolíneo, como já se ressaltou, com o estado onírico. A isenção de mediação subjetiva significa isenção de atividade e atitude despertas, que são próprias ao atuar subjetivo. Um apassivamento, então, seria um pressuposto essencial para a identidade entabulada entre o eu e o tornar consciente:[5] "as energias dionisíacas, amorfas e caóticas são traduzidas para nós em nossa linguagem imagética por meio de nossos sonhos, e nisso são transformadas em unidades distintas e devidamente configuradas".[6] Essa produção imagética, de início inconsciente, passa a ser não apenas a fonte da arte apolínea, mas também o surgimento da linguagem, e de mãos dadas com a linguagem vem nossa cultura de consciência racional.[7] Ocorre que essa cultura, em grande parte, reside em uma cultura de sonho, que tem suas raízes profundas no inconsciente dionisíaco. A consciência e a "cultura da consciência" guardariam, assim, um uso inconsciente do potencial criativo do acontecer

4 SCHLIMGEN, E. *Nietzsches Theorie des Bewusstseins*. Berlim/Nova Iorque: De Gruyter, 1999, p. 192 (em livre tradução).

5 *Ibidem*.

6 *Ibidem*, p. 193.

7 *Ibidem*.

artístico, mas isso sob a forma e medida da consciência.[8] Por mais que onírico, o acontecer apolíneo criador de formas seria a tradução consciente de um inconsciente universal e dionisíaco. Com base nesse esquema de proveniência, após o *Nascimento da tragédia* Nietzsche teria passado a argumentar fisiologicamente e, em certa medida, teria substituído o par de conceitos metafísicos dionisíaco e apolíneo por termos de ordem biológica e fisiológica: o organismo seria o princípio dionisíaco a corresponder ao inconsciente; já o esquema "estímulo nervoso → imagem → som" seria da alçada do princípio apolíneo, da distinção de formas a corresponder à esfera consciente, de modo que a diferença entre consciências onírica e desperta seria menor do que se poderia supor.[9] Mesmo assim, e mesmo lembrando que para Nietzsche a consciência é epifenomênica em relação ao corpo, Schlimgen aponta um "déficit da filosofia nietzschiana", pelo qual o filósofo teria deixado de explicar "como a consciência poderia ter se desenvolvido a partir do orgânico, já que, como efeito final do princípio do orgânico, ela seria diametricamente oposta a este".[10] E termina por alinhar o autor d'*A gaia ciência* à vala comum da extensa tradição metafísica e de seus problemas não resolvidos: "A filosofia [...] padece de uma 'maldição' *[Fluch]* que se expressa, de modo puro e simples, no problema alma-e-corpo, a infecção [...] é incurável e, assim como a metafísica ocidental, não pode ser sobrepujada".[11]

O problema insolúvel a que Schlimgen é levado por suas próprias insuficiências – por exemplo, a não consideração da esfera pulsional ao tratar da consciência – é solucionado por Günter Abel. Trata-se de um artigo de 2001, "Consciência – Linguagem – Natureza: A filosofia da mente em Nietzsche",[12] que tanto se vê em busca de um traço definidor para a consciência quanto de um vínculo a ligá-la ao inconsciente,

8 *Ibidem.*

9 *Ibidem.*

10 *Ibidem*, p. 168.

11 *Ibidem*, p. 170.

12 O artigo foi originalmente publicado nos *Nietzsche-Studien,* 30: 1-41, 2001. Foi traduzido por Clademir Luís Araldi e publicado no Brasil em *Nietzsche na Alemanha*, da Coleção Sendas e Veredas, São Paulo/Ijuí: Discurso Editorial/Unijuí, 2005, p. 199-265.

do qual advém. Mas a intenção de Abel é mostrar de que modo o filósofo antecipa debates atuais na filosofia da mente, e sobretudo como a consciência, segundo Nietzsche, configuraria uma alternativa profícua em um debate em que as posições dualista/mentalista e reducionista/materialista defrontam-se com dificuldades que lhe são impostas por seus próprios pressupostos. Abel parte de uma definição da consciência - aliás, de rara abrangência e felicidade - pela qual em Nietzsche seria pensada ao modo de processos interpretativos assentados em uma série infinita de estratos de interpretação a compor os processos orgânicos; estes, por sua vez, interpretam a natureza processual em que se inserem. O fato de a consciência ter suas condições estruturais dadas já nos processos que a suscitam é algo que efetivamente transpõe o abismo entre alma e corpo, abismo que Schlimgen, de sua perspectiva muito peculiar, referiu como "maldição" de toda a filosofia.

Sobre o texto de Günter Abel, importa ressaltar sobretudo a sua concepção de consciência em Nietzsche como interpretação a cumular um *continuum* de interpretações orgânicas. De modo claro e convincente, o autor mostra como as interações pulsionais, em dado momento e sob certa circunstância, são capazes de ensejar a consciência. Tais interações são concebidas como "processos dinâmicos de um conjunto complexo de centros de força"[13] - e, diga-se de passagem, dos quais os "impulsos" seriam variantes semiológicas. No âmbito desses centros de força, Abel ressalta que, "para Nietzsche, o caráter 'espiritual' e 'inteligente' das assim chamadas 'atividades vivas' pode ser encontrado [...] até no âmago do orgânico".[14] Ao reconhecer o devido sentido ao "interpretar contínuo",[15] o autor se afasta de abismos metafísicos recriados por uma investigação como a de Erwin Schlimgen, como de antemão afasta relações causais que impossibilitariam explicar a consciência a partir dos impulsos orgânicos - sem falar que tais relações inviabilizam a compreensão das próprias interações pulsionais.

13 ABEL, *op. cit.*, p. 202.

14 *Ibidem*, p. 208.

15 *Ibidem*.

A relação da consciência com os impulsos, bem como as insuficiências de, no lado oposto, equacionar-se a consciência à reflexividade, à auto-observação, ao sujeito e ao eu já foram devidamente bem abordadas por outro trabalho de fôlego, da autoria de Luca Lupo – *La colombe dello scetico: Riflessioni di Nietzsche sulla coscienza negli anni 1880-1888*. É com bastante pertinência que a natureza e a procedência pulsional da experiência consciente são trazidas em um primeiro momento, e ali se expõe a descoberta, por Nietzsche, da proeminência dos impulsos sobre a consciência,[16] uma distinção destes em relação aos instintos,[17] o modo como os impulsos se nutrem e nisso desenvolvem entre si uma ação inteligente,[18] e ainda a relação deles com vontade de potência.[19] Lupo mostra como a compreensão da ação pulsional permite deslindar erros e imprecisões na divisão tradicional de estados interiores conceituados como "sentir", "pensar" e "querer".[20] Permite não apenas compreender a relação entre consciência e linguagem[21] como também compreender as referências e formulações sobre a consciência nos anos 1880, que como um *sapere intorno a un sapere* ("saber sobre um saber") cumulam na hipótese elaborada no aforismo 354 d'*A gaia ciência*;[22] permitem também compreender os limites da reflexividade e do erro de uma auto-observação associada à consciência.[23] No limite, poderíamos dizer que assim se teria o pulsional *versus* o *Cogito* quanto à primazia sobre a consciência.

Mas tanto o alcance da questão pulsional em Nietzsche quanto a concepção do *continuum* e dos impulsos que ali mutuamente se incorporam já não são elementos tão importantes para a literatura anglo-saxônica sobre a consciência em Nietzsche. São algo ignorado por Paul Katsafanas

---

16 LUPO, L. *La colombe dello scetico: Riflessioni di Nietzsche sulla coscienza negli anni 1880-1888*. Pisa: Edizioni ETS, 2006, p. 38.

17 *Ibidem*, p. 77-78.

18 *Ibidem*, p. 83.

19 *Ibidem*, p. 83.

20 *Ibidem*, p. 99-132.

21 *Ibidem*, p. 193-202.

22 *Ibidem*, p. 133-193.

23 *Ibidem*, p. 225-232.

em seu *Nietzsche's Theory of Mind: Consciousness and Conceptualization*[24] – com sua tentativa de investigar em que medida haveria em Nietzsche uma "teoria da consciência".[25] Essa tentativa é ensejada pelas declarações contraintuitivas do autor d'*A gaia ciência* sobre o assunto – que ensejam questões do tipo "como pode a consciência ser epifenomênica?" – e pelo isolar de um traço que definiria os estados conscientes. Quanto à esfera pulsional, Katsafanas a abordará de maneira à parte em artigos posteriores como o "Nietzsche's Philosophical Psychology"[26] e o "Activity and Passivity in Reflective Agency"[27] – estranhamente sem relacioná-la à consciência, que é justamente uma protuberância linguística da esfera pulsional. Porém, o puro e simples ignorar da ação pulsional, a nosso ver, compromete o seu artigo sobre a consciência ao modo de um vício de origem. Estranhamente, como estofo subjacente à consciência, Katsafanas elege

24 KATSAFANAS, P. "Nietzsche's Theory of Mind: Consciousness and Conceptualization". *European Journal of Philosophy*, 13 (1): 1-31, 2005 (Estados Unidos). Acerca do tratamento desse autor à questão dos impulsos, ele próprio se dedicará a tal questão em contribuições que contemplaremos no segundo capítulo. Mas levá-los em conta, assim como dar conta da relação entre impulsos e consciência, seria algo necessário já no artigo em questão, uma vez que o autor ali define a percepção consciente em comparação com a percepção inconsciente e procura dar sentido ao epifenomenalismo da consciência. Ora, se Nietzsche afirma ser a consciência epifenomênica, ela só o poderá ser, justamente, em relação à esfera pulsional que a suscita.

25 À abordagem de Katsafanas – e, na sequência, à de Mattia Riccardi – concederemos aqui um espaço mais generoso não por critério de excelência ou por serem mais relevantes que outras abordagens – embora sejam de fato muito relevantes nos debates do que se pode chamar de *analytical Nietzsche* –, mas para evidenciar seus problemas, que são dificuldades próprias à abordagem analítico-anglo-saxônica da questão da consciência no filósofo de Sils-Maria, para não falar do quanto se revelaria inviável a seus autores tratar do inconsciente em Nietzsche com o seu instrumental: o indizível não cabe em uma investigação que pretende aprisionar o fazer filosófico a proposições que, sem mais, se tenha diante dos olhos. Nesse sentido, o maior espaço aqui dedicado a Katsafanas e Riccardi deve-se também pelo fato de estarem no extremo oposto do que se pretende com a presente pesquisa.

26 KATSAFANAS, P. "Nietzsche's Philosophical Psychology". *In:* GEMES, K.; RICHARDSON, J. *The Oxford Handbook of Nietzsche.* Oxford: Oxford University Press, 2013, p. 727-755.

27 KATSAFANAS, P. "Activity and Passivity in Reflective Agency". *In:* SHAFER-LANDAU, R. (Org.). *Oxford Studies in Methaetics*, 2011, vol. 6.

não os impulsos, mas as percepções [*perceptions*].[28] Sente-se autorizado a invocá-las, uma vez que seu conteúdo – referido como passível de ser ou não conceitualmente articulado – fora tematizado por F. A. Lange e por Schopenhauer, "cujas obras Nietzsche leu avidamente".[29,30] Por ter optado pela via das *percepções*, de caráter mais epidérmico – e conceitualmente muito menos prolífico em Nietzsche –, Katsafanas não pôde conferir sentido à caracterização nietzschiana da consciência como "epifenomênica". Para ele, as referências do filósofo a um "epifenomenismo" da consciência diriam respeito à consciência tão só como faculdade, e não aos estados mentais.[31] Ocorre que, para Nietzsche, a consciência como faculdade não existe, assim como, aliás, não existe faculdade alguma (cf. JGB/BM § 19). E se não existem faculdades, Nietzsche não poderá categorizar como epifenomênico ou não algo – uma faculdade, no caso – que simplesmente não há.

A contribuição de Katsafanas se inscreve no rol das abordagens sobre a consciência em Nietzsche que versam sobre a distinção entre estados – no caso, percepções – conscientes e inconscientes. Mas em Katsafanas essa distinção não nos parece clara, tampouco adequada: algumas percepções seriam inconscientes por terem um conteúdo não conceitualmente articulado – ao contrário das conscientes,[32] e teriam um conteúdo "não conceitualmente articulado" porque, se representam seus conteúdos como objetos de um modo determinado, não os representam como "conceitos instanciantes" *(instantianting concepts)*; pelo exemplo do autor, "instanciante" seria uma ideia que se pode ter de um objeto visto a distância,

28 "Podemos começar a responder a essa questão considerando as percepções", disponível em KATSAFANAS, 2005, p. 5.

29 *Ibidem.*

30 É verdade que Nietzsche os leu avidamente, assim como é verdade que avidamente leu também os biólogos, fisiólogos, zoólogos e psicólogos científico-experimentais de seu tempo, atentando, entre muitos outros aspectos, para a evolução na compreensão dos modos de interação entre os impulsos (ou instintos) orgânicos.

31 Katsafanas faz essa observação contrariando a visão de Brian Leiter, que entende a consciência em Nietzsche como epifenomênica. Para Katsafanas, a justificar tal posição Leiter citaria apenas passagens em que Nietzsche estaria a referir a consciência como faculdade (KATSAFANAS, 2005, p. 12).

32 *Ibidem*, p. 6.

como uma mancha marrom poder ser uma folha ou uma barata.[33] Para Nietzsche, entretanto, as diretrizes do que Katsafanas parece considerar juízos "instanciantes" estariam presentes já nos organismos mais elementares, como atesta o fragmento póstumo 11 [268], outono de 1881[34] – para ele, essas percepções são sempre apressadas e aproximativas. E, afinal de contas, se um organismo vivo não souber, ainda que de maneira imprecisa, "instanciar" a percepção de uma mancha em relação à de uma ameaça real, ele fatalmente perecerá. Isso por si só inviabiliza o juízo instanciante como traço característico da consciência humana.

Do problema inerente a tal caracterização da consciência decorre outro, a envolver a versão do autor para a tese do falseamento. Para Katsafanas, o falseamento intrínseco à consciência se daria à medida que[35]

---

33 *Ibidem*, p. 7.

34 "Por exemplo, quando um protoplasma, a partir de diferentes forças (luz eletricidade pressão) sente apenas um estímulo, e depois do estímulo infere uma igualdade de causas: ou, de modo geral, ele é *capaz de perceber um único estímulo*, a *todos os outros percebendo como iguais* – e assim deve bem se passar nas esferas mais profundas do orgânico" (11 [268], outono de 1881). Nesse trecho, como alhures, o texto de Nietzsche em nenhum momento fala de algo como uma "instanciação", mas sim, indo no sentido contrário, de crenças equivocadas. Em vez do que seria um "elogio" da percepção consciente, capaz de distinguir uma mera mancha marrom de uma barata, ele, reiteradas vezes, procede a uma crítica das percepções e juízos aproximados, de pronto convertidos em crenças, e que não são apanágio das percepções humanas e conscientes, mas de todo ser vivo.

35 Há ainda outra razão que Katsafanas alega para que haja um falseamento intrínseco à consciência: "estados conscientes interagem de maneira causal com estados inconscientes, conduzindo a distorções no modo como percebemos o mundo e interagimos com ele" (KATSAFANAS, 2005, p. 24). Não levaremos em conta esse segundo sentido em razão da inexistência de comprovações textuais contra ou a favor desse motivo de falseamento. É evidente que estados inconscientes se relacionam com estados conscientes a todo tempo, como é evidente que também os produzem: se aí se tem uma questão de que Nietzsche sempre se ocupou – como atestam *Aurora* §§ 115, 119 e *A gaia ciência* § 333, para ficar só na obra publicada –, não obstante, ele não faz referência a um falseamento advindo especificamente de sua interação. Além disso, se as modalidades de interação entre estados mentais e processos pulsionais, em ambos os sentidos (inconsciente/impulsos → consciente e consciente/"trabalho intelectual"/razão → inconsciente), foram para ele uma preocupação frequente e repetidamente visitada (como em 6 [130], [234], [361] outono de 1880, 11 [124], [314], outono de 1881, e JGB/BM § 23, 158), a relação causal, em razão da dimensão

"estados conscientes são versões simplificadas dos estados inconscientes".[36] Ocorre que, no mesmo fragmento 11 [268] acima citado, o processo de assimilação do orgânico – ou seja, de todo e qualquer orgânico – é referido como assentado em uma crença, aliás, em um conjunto de crenças equivocadas. Portanto, juízos falseados não são exclusividade de uma consciência que, em dado momento, cumula um *continuum* de funções orgânicas; essas funções na verdade têm todas o mesmo caráter fundamental, e é precisamente esse caráter comum que faz delas um *continuum*, que cumulará nos juízos conscientes.

As soluções de Katsafanas para o caráter epifenomênico e falseador da consciência são contestadas por Mattia Riccardi. Em seu "Nietzsche on the Superficiality of Consciousness",[37] ele elege a superficialidade da consciência, reiteradamente afirmada por Nietzsche,[38] como chave para abordar seu caráter falseador[39] e supérfluo.[40] Sobre o caráter falseador,

---

coisificante (JGB\BM § 21) por ela implicada, em nenhum momento esteve entre tais modalidades.

36 Katsafanas, 2005, p. 18. O autor reformula essa inferência em sua conclusão, na página 24.

37 RICCARDI, M. "Nietzsche on the Superficiality of Consciousness." *In:* DRIES, M. (Org.). *Nietzsche on Consciousness and the Embodied Mind.* Boston/Berlim: De Gruyter, 2018, p. 93-112.

38 É reiteradamente afirmada pelo próprio Nietzsche, como ele enuncia no aforismo 354 d'*A gaia ciência*, "a todo tornar-se consciente está relacionada uma grande, radical [...] superficialização", e no *Ecce Homo*, "Por que sou tão esperto", "consciência é uma superfície".

39 Ao longo deste trabalho, pressuporemos a questão do falseamento de um ponto de vista bem diferente – devidamente dimensionado à luz dos temas presentes na obra de Nietzsche, relacionados ao novo modo de conhecer proposto pelo filósofo e à sua noção de consciência. Com tais elementos, a reiterada ênfase do autor do *Zaratustra* em uma consciência "que falseia" será problematizada, uma vez que para ele, especificamente, o falsear em si *não é* um problema se considerarmos que "durante enormes intervalos de tempo, o intelecto nada produziu senão erros" (FW/GC § 110). Com isso, trata-se não apenas de caracterizar em que medida a consciência produz erros, mas igualmente a quem o filósofo dirige tal advertência, já que esta, para ele, a rigor – e demonstram-no textos como o aforismo 110 –, seria anódina ou irrelevante.

40 Em consonância com o conteúdo da nota anterior, também a caracterização da consciência como *supérflua*, além de entendida à luz da ação dos impulsos – a ser tematizada no capítulo II –, será contemplada no que tem de provocadora, e isso significa: a quem

para Riccardi esse caráter não poderia se dar pela pura e simples conceptualização, mas sim por uma "articulação proposicional socialmente mediada",[41] e isso porque "todo e qualquer conteúdo da consciência teria necessariamente de ser traduzido por uma espécie de teoria da mente socialmente adquirida".[42]

Quanto à superfluidade, que Katsafanas não consegue conciliar com a platitude pela qual os atos mentais comandam nossas ações, Riccardi invoca o primado da incorporação [*Einverleibung*], mais precisamente a incorporação como processo que suscita e envolve a "internalização cognitiva" do que se terá como conteúdos conscientes. De modo convincente, o autor ressalta que o processo mesmo de incorporação se dá em um nível não processado como conteúdo consciente.

Um problema da abordagem de Riccardi sobre a consciência, que é também, e já em maior medida, o de Katsafanas, está em buscar um liame entre "estados mentais" mediante um vínculo causal. A relação causa-e-efeito encontra-se indissoluvelmente ligada ao modelo de representação, regido pelo princípio de identidade, aparentado a um modo de explicação mecanicista e, no limite, tributário de uma visão teleológica do mundo. Nada mais distante do universo nietzschiano – não apenas por Nietzsche criticar a crença na causalidade, mas por esta última não ser uma chave de compreensão para o que propõe.

Com o objetivo de realçar justamente, e em ampla medida, a crítica de Nietzsche ao modelo causa-e-efeito, tem-se o artigo de João Constâncio, "On Consciousness: Nietzsche's Departure from Schopenhauer". É pela recusa a tal modelo, ainda que não apenas por essa recusa, que Nietzsche

---

se dirige a afirmação, que soa altamente desconcertante a toda uma tradição – para não falar do senso comum ao tempo de Nietzsche e também ao de nosso tempo. O caráter instigador também deverá ser analisado levando-se em conta o quanto o filósofo põe em questão a relação causa-e-efeito, ou seja, a consciência não é causa de seus próprios estados, como até então se imaginava, mas também mesmo a relação causal para ele não tem o estatuto, e, portanto, a importância, que lhe foi atribuída, sobretudo no pensamento moderno, tanto mais por Kant e Schopenhauer.

41 *Ibidem*, p. 93.

42 *Ibidem*, p. 109.

não se fez mero "discípulo" de Schopenhauer, como sua adoção de metáforas schopenhauerianas para a consciência poderia sugerir.[43] E Nietzsche tampouco se limitou a "naturalizar" a concepção de seu precursor e antecipador. Para ele, "causa" e "efeito", dispositivos fundamentais para Schopenhauer, nada mais seriam do que uma "coisificação equivocada" de "momentos de um *continuum*".[44] Na questão do *continuum*, Constâncio faz atentar para o que nele há de sucessão e desenvolvimento e para a sua composição:[45] uma multiplicidade dinâmica de processos pulsionais concomitantes a compor um organismo vivo.[46]

Schopenhauer foi o primeiro pensador a entender estados de consciência em sua proveniência de "processos orgânicos, biológicos, fisiológicos".[47] Desse modo, as experiências de consciência foram por ele deslocadas do "sujeito cognoscente" em primeira pessoa - como se tinha em Descartes, Locke e Kant - para o seu enraizamento no corpo.[48] Entretanto, o autor de *O mundo como vontade e representação* manteve-se preso à necessidade de *unificar* os processos orgânicos do corpo, lançando mão de seu conceito de "caráter",[49] que seria a sua vontade individual - e, portanto, um "em si" inteligível e para além do corpo.[50] Nietzsche, ao substituir tal vontade unificadora e unitária em favor de "uma multiplicidade de

---

43 João Constâncio inicia o seu artigo justamente relacionando metáforas bem conhecidas de que Nietzsche lança mão ao se referir à consciência, remetendo-as à sua proveniência em Schopenhauer: "um 'espelho' (*ein Spiegel*), uma 'superficie' (*eine Oberfläche*) e uma 'ferramenta' ou 'instrumento' (*Werkzeug*)" (CONSTÂNCIO. "On Consciousness: Nietzsche's Departure from Schopenhauer". *Nietzsche Studien*, 40: 1, 2011 [Berlim]). Desse modo, a consciência caracterizada como secundária e imperfeita seria já um legado schopenhaueriano.

44 *Ibidem*, p. 22-23.

45 "Cada novo evento é contínuo com os eventos precedentes, porque é um resultado de eventos precedentes". *Ibidem*, p. 21.

46 *Ibidem*.

47 *Ibidem*, p. 4.

48 *Ibidem*.

49 *Ibidem*, p. 16.

50 *Ibidem*.

impulsos e afetos",[51] que pouco teriam de cegos, acabou por ultrapassar a concepção que herdara do mestre.

Questões que até aqui se mostraram candentes em se tratando da consciência em Nietzsche, como essa, acima, da existência de ação inteligente e consciente já entre os impulsos, a questão da necessidade de um critério a distinguir consciente e inconsciente, sem falar na definição mesma de consciência para Nietzsche, fazem-nos lembrar do movimento que inicialmente encetou nossa investigação, isto é, da consciência para a pulsionalidade, da pulsionalidade para o inconsciente e para o modo como este, por máscaras, dispositivos e por protagonização, permeia o pensamento do filósofo. Não teria outro sentido uma imaginária exortação da pena do próprio filósofo a esse respeito, se se considerar que ele expressamente afirma: "A consciência é o último e derradeiro desenvolvimento do orgânico e, por conseguinte, também o que nele é mais inacabado e menos forte" (FW/GC § 11). E eis que então a presente pesquisa, justamente pela via pulsional, tomou a direção do incomensurável e indizível *outro* da consciência - o inconsciente em Nietzsche -, e, de modo mais preciso, do embate entre um e outro no seio de seu filosofar. Sem versar necessariamente sobre esse embate, mas sobre o inconsciente em Nietzsche, tem-se um razoável cabedal, não raro assentado no que se pode ter como um terceiro núcleo a concentrar as pesquisas sobre o tema - além do da caracterização da consciência e de sua distinção em relação ao inconsciente -, que é o núcleo de Nietzsche antecipador de Freud e da psicanálise. Passando em revista esse cabedal, será possível mapear o que até aqui foi feito e proceder a um delineio em relação a nosso tema de pesquisa: até aqui se foi, para além cumpre investigar.

Se se esperasse, ou se se demandasse de nossa pesquisa que procedesse a um rastreio das noções de impulsos (ou instintos) e inconsciente ao longo do percurso nietzschiano, nós de pronto recomendaríamos uma obra já clássica sobre o tema, *Freud e Nietzsche*, de Paul-Laurent Assoun, em que ele bem realiza tais rastreamentos sempre com o intuito de traçar

---

51 *Ibidem*, p. 17.

paralelos e convergências entre os dois pensadores.[52] Com relação à noção de instinto, visualiza três momentos, ou regimes: no dos anos 1869-1876, mostra como a própria prática filológica o inseriu na senda dos instintos; no segundo regime, em 1878 e anos subsequentes, já se tem o instinto a assumir uma conotação naturalista em uma abordagem antropopsicológica pela qual toda moralidade das ações é remetida à finalidade única do prazer; em um terceiro regime, de 1883 a 1888, a natureza do instinto é decifrada segundo a modalidade, que ele privilegia, de apetite, de nutrição, chegando ao móbile último que se terá em vontade de potência.[53]

De modo semelhante, ele procede com a ideia de inconsciente em diversos pontos de contato com o que se trará aqui. Em o *Nascimento da tragédia* é o dionisíaco a dar livre curso às potências do instinto inconsciente.[54] Nas *Extemporâneas*, a memória histórica é associada à consciência, com a função do esquecimento a expressar o inconsciente (a inconsciência é salutar).[55] No *Humano, demasiado humano*, com relação ao inconsciente se

---

52 Na mesma direção dos trabalhos de Assoun e Gödde vai o alentadíssimo volume dedicado por Reinhard Gasser à tríade Nietzsche-Freud-psicanálise, intitulado *Nietzsche und Freud* (Berlim/Nova Iorque: De Gruyter, 1997). Mas a sua principal preocupação estaria mais em Freud e na psicanálise do que propriamente em Nietzsche, embora traga, sob a forma de excurso, importantes elucidações sobre a relação entre psicologia e metafísica na obra de nosso filósofo, a começar por *Humano, demasiado humano*. Nesse sentido, no intuito de preservar o caráter inédito e desbravador de Freud em relação à psicanálise, livrando-o da suspeita de plágio, Gasser propõe que se dê crédito à afirmação de Freud de que pouco ou nenhum contato teria travado com as obras de Nietzsche, e para tanto aborda em pormenor os nomes que teriam intermediado a relação entre psicólogos e cientistas como Alfred Adler, Otto Gross, Joseph Paneth, Siegfried Lipiner e o próprio Jung, os paralelos entre ideias de Nietzsche e Freud sendo tratados ao modo de um confronto – por exemplo, entre o complexo de Édipo e a eticidade dos costumes, o papel da interiorização na culpa e na má consciência, a sublimação das pulsões em Freud e dos impulsos ou de vontade de potência em Nietzsche. No seio dessa confrontação de posições, um diferencial freudiano acaba por se afirmar. Ao mesmo tempo, porém, mantém-se devidamente resguardada a hipótese de uma "leitura-e-esquecimento" – leitura real, esquecimento efetivo – de Freud em relação a Nietzsche, de modo que também uma relação de ascendência do autor do *Zaratustra* para com a psicanálise se faz mantida.

53 Cf. ASSOUN, P.-L. *Freud et Nietzsche*. Paris: Presses Universitaires de France, 1998, p. 119, n. 1.

54 *Ibidem*, p. 205.

55 *Ibidem*, p. 204-205.

tem menos efusão do que dissimulação: o inconsciente se revela aqui e ali, descortinado nos regimes habituais do agir humano. Já em *Aurora* e *A gaia ciência*, o inconsciente é máscara e meio de saúde.[56] Em *Para além de bem e mal*, o instinto inconsciente é apresentado como o que impele a filosofia tradicional, e essa filosofia propriamente sofreria de "consciencialismo".[57] Na *Genealogia da moral*, o inconsciente é o motor, a atividade maquinal da qual a consciência seria pequena, estreita, uma brecha precária.[58] O que há de mais relevante, para nossos propósitos, na abstração feita ao paralelo com Freud, vem a ser mesmo o realce à dinâmica travada entre as inovações no tratamento das questões referentes a instintos/impulsos e inconsciente, além do caráter perene da temática na obra do filósofo.

No mesmo sentido, de traçar paralelos e convergências entre Nietzsche e Freud, sobressai-se a obra de Günter Gödde, *Traditionslinien des "Unbewussten": Schopenhauer - Nietzsche - Freud.* Tanto em Nietzsche como em Freud haveria um voltar-se contra a moral dominante e metafisicamente orientada; ambos desvelam uma dinâmica conflituosa entre impulsos naturais e moral repressiva, bem como a formação de uma consciência moral (*Gewissen*) prenhe de sentimento de vergonha e de culpa; concordam ambos que os impulsos são moldados sob a influência da moral. Nietzsche teria antecipado Freud ao propor um modelo de conflito e defesa nas relações de contraposição entre impulsos e afetos; tê-lo-ia antecipado também, quanto ao destino das pulsões e à formação do supereu, ao vincular, no âmbito dos impulsos, o destino da agressividade reprimida à introjeção, à interiorização, à formação da alma. E assim como Laurent Assoun, Gödde perscruta a presença do inconsciente nos diferentes e sucessivos livros de Nietzsche. Mas o excepcional relevo de sua obra é assumido pelo seu esforço de inserção de Nietzsche - como, aliás, de toda uma série de pensadores desde o século XVIII - em um contexto histórico de perscrutação do inconsciente - que se iniciaria com Descartes, pois, à medida que se evidencia um eu consciente, não se tardará a atentar para

56 *Ibidem*, p. 207.

57 *Ibidem*, p. 210.

58 *Ibidem*, p. 210-211.

o outro desse eu consciente.[59] No caso específico de Nietzsche, o mérito de Gödde estaria sobretudo em trazer à luz a contribuição do autor d'*A gaia ciência* para a pesquisa sobre o inconsciente e para a psicanálise. Segundo ele, a contribuição de Nietzsche até ali teria sido desprezada em razão do modo alusivo e não exaustivo de apresentá-la, da opção pela forma aforismática.

Mas o traço mais emblemático da obra de Gödde é a sua concepção de três linhas de formação da teoria do inconsciente – a cognitiva, a romântico-vitalista e a pulsional-irracionalista, à qual se alinhariam Schopenhauer, Nietzsche e Freud. Se o próprio autor chega a reconhecer o caráter aproximativo, passível de conter imprecisões, em delineio assim tão abrangente, isso não escapou à recepção da obra. E, de fato, uma insurgência contra a inserção do inconsciente em Nietzsche em uma tradição irracionalista, haurida diretamente de Schopenhauer, resultou em uma pesquisa de fôlego.[60] William Mattioli observa que em Nietzsche a noção de inconsciente seria mais nuançada e complexa. Em um posicionamento ao qual nos alinhamos,[61] insere Nietzsche na tradição do inconsciente cognitivo mediante a noção de "representação inconsciente". O inconsciente em Nietzsche seria na verdade cognitivo à medida que "conceitos estão organizados numa cadeia lógica definida, que corresponde àquela 'inata e sistemática afinidade entre eles'".[62] Desde seu escrito filológico "Sobre a origem das línguas", sob forte influência de Eduard von Hartmann, ele teria concebido as representações *sob* as estruturas sintáticas da linguagem, e isso remeteria o pensamento consciente e individual à gênese desse tipo na espécie humana e na tradição. Ao longo de sua obra, Nietzsche teria

59 Cf. GÖDDE, G. *Traditionslinien des "Unbewussten": Schopenhauer – Nietzsche – Freud.* Gießen: Psychosocial-Verlag, 2009, p. 25.

60 Cf. MATTIOLI, W. *O inconsciente no jovem Nietzsche: Da intencionalidade das formas naturais à vida da linguagem.* Minas Gerais, Faculdade de Filosofia e Ciências Humanas, Universidade Federal de Minas Gerais, 2016, 274 p. (Tese de doutorado).

61 Cf. nosso capítulo III, mais precisamente na seção III.V, intitulada "Intuição (*Anschauung*) e fazer artístico contra a adesão metafísica".

62 Cf. MATTIOLI, W. "Linguagem, pulsão e atavismo: Análise genética e mapeamento conceitual em torno do problema do inconsciente em Nietzsche e sua relação com o transcendental". *Cadernos de filosofia alemã*, 22 (1): 78, 2017 (São Paulo).

apenas maturado essa ideia primeira, alinhando-se, assim, à tradição do inconsciente cognitivo de Leibniz e Kant,[63] tanto que contamos com a expressa referência à tese leibniziana das "representações inconscientes" (no aforismo 357 d'*A gaia ciência*).

No mesmo sentido de deslindar a tematização do inconsciente ao longo de diversas obras de Nietzsche, tem-se a contribuição de Martin Liebscher.[64] Liebscher se propõe a visitar as diferentes abordagens do inconsciente por Nietzsche ao pontuar seu percurso intelectual, antepondo-as e contemplando-as em perspectiva, umas em relação às outras, além de rastrear sua proveniência.[65] Assim sendo, as primeiras – aliás, frequentes – ocorrências do termo "inconsciente" em escritos do jovem Nietzsche seriam um alinhamento à tradição de pensamento que vai dos primeiros românticos a Schopenhauer, e o emprego do conceito em *O nascimento da tragédia* e nas *Considerações extemporâneas* se daria sob a esfera de influência de Schopenhauer e de Wagner.[66] Na concepção do uno-primordial, mais precisamente, reconhecem-se traços da leitura da *Filosofia do inconsciente* de Hartmann.[67]

O inconsciente estaria presente também no ceticismo linguístico de *Sobre verdade e mentira no sentido extramoral*, em que, pelo esquecimento, o homem passa a mentir inconscientemente, e só por essa inconsciência chega ao sentimento da verdade. A ideia de conclusões inconscientes, que transparece fortemente no período, adviria de suas leituras do *Sobre a raiz quádrupla do princípio de razão suficiente*, de Schopenhauer, do conceito de transferências metafóricas de Gustav Gerber, do astrofísico Johann Zöllner e do fisiólogo Hermann Helmholtz. Nos anos 1880 já se teria o inconsciente somático, como o da sabedoria consciente ao modo de um comentário fantástico sobre um texto não sabido (cf. M/A § 119),

---

63 *Ibidem*, p. 93-94.

64 Cf. LIEBSCHER, M. "Ansichten des Unbewussten oder Die allmähliche Auflösung der unbewussten Weisheit". *In:* GEORG, J. ; ZITTEL, C. (Orgs.). *Nietzsches Philosophie des Unbewussten.* Berlim/Boston: De Gruyter, 2012, p. 89-105.

65 *Ibidem*, p. 89.

66 *Ibidem*, p. 90.

67 *Ibidem*, p. 91.

ou como quando se questiona se a filosofia até ali não teria se resumido a uma interpretação e a uma má compreensão do corpo (cf. FW/GC "Prefácio" § 2). Em um terceiro momento, teria se dado, com vontade de potência, a viragem antissubjetiva de Nietzsche, pela qual a consciência já não teria espaço; com o pano de fundo dos *quanta* de poder mesmo o inconsciente se converte em uma abreviação linguística equivocada e em uma reinterpretação metafísica.

De nossa parte, a afinidade com essa abordagem tem seu ponto de divergência justamente no que diz respeito a uma "obsolescência" do inconsciente em Nietzsche, uma vez que Liebscher propõe que, com vontade de potência, a distinção entre consciente e inconsciente estaria a se dissolver. O próprio dionisíaco, nesse sentido, seria um mundo de vontades de potência fragmentadas – e, de certo modo, podemos adiantar, os impulsos orgânicos não seriam outra coisa. Porém, ao nosso ver a respeito disso, é possível ainda descer à particularidade da expressão imanente do sentimento de potência nos seres orgânicos, como a descarga de energia ou potência e os anteparos e preparos para essa descarga. Ali se encontrarão sutilezas acerca da ação dionisíaca; já em chave fisiopsicológica, portanto, haveria uma validade mais duradoura para o inconsciente e consciente ao longo da obra de Nietzsche, bem como outra modalidade de relação entre eles, que não a pura e simples dualidade ou a indistinção proposta por Liebscher.

De todas as contribuições, a mais afinada e que será levada em conta nesta pesquisa é a de Enrico Müller, "Alogia und die Formen des Unbewussten: Euripides – Sokrates – Nietzsche". Começamos, então, por definir "alogia" como o que não é acessível ao *logos*, como o indizível, o que não se pode conceituar nem ensinar – e sua encenação mitológica é Dioniso. Como o outro lado da consciência e como suplemento do *logos*, Müller ressalta essa mesma alogia como tema que perfaz o pensamento de Nietzsche do início ao fim.[68] Em uma primeira parte do artigo, privilegiando o exemplo d'*As bacantes*, de Eurípedes, *O nascimento da tragédia* é trazido como tentativa de interpretar a experiência trágica no palco grego

68 Cf. MÜLLER, E. "Alogia und die Formen des Unbewussten: Eurípides – Sokrates – Nietzsche". *In:* GEORG, J.; ZITTEL, C. (Orgs.), *op. cit*, p. 11.

ao modo de "atualização ritual do inconsciente".[69] Em seu cerne estaria não o herói trágico (e seu enredamento com o destino inconsciente), mas o coro trágico, "a forçar um contato afetivo com o inconsciente".[70] Em um segundo momento, Müller vai propor o socratismo - predomínio inconteste e não matizado da consciência em filosofia –[71] e seu reflexo na cultura à medida que essa cultura busca sua identidade e sua autopercepção somente em uma coerência textual, e não mais em uma coerência ritual –,[72] o que caracteriza uma cultura condicionada tão somente pela coerência discursiva. Como alternativa a isso, Nietzsche vai configurar o seu próprio *pathos* filosófico. Daí ele reconhecer, no anseio por uma "gaia ciência", uma tentativa de fazer o filosofar consciente se valer do inconsciente; e daí os novos prefácios em sua obra serem expressões de uma tomada de consciência de um impulso inicial inconsciente. Sua filosofia seria assim uma consciência do inconsciente, uma conversão do inconsciente em consciente. Nesse sentido, a conversão do dionisíaco em *pathos* filosófico se daria mediante um permanente processo de interpretação. O inconsciente não se delimitaria em relação ao inconsciente, nem o diminuiria ou controlaria, sendo a relação entre eles a de "suplementação funcional", de "transformação estética", de transfiguração.[73] Fisiologia, genealogia, psicologia e hermenêutica de vontade de potência seriam estratégias operacionais para tal processo de conversão.[74]

III

Alinhamo-nos à conversão gradual de inconsciente em consciente na filosofia de Nietzsche – tal como a referimos na pesquisa de Müller. Acreditamos que, ante uma insatisfação com o método e com as pretensões da

69 *Ibidem*, p. 12.

70 *Ibidem*, p. 50.

71 *Ibidem*, p. 18.

72 *Ibidem*, p. 21.

73 *Ibidem*, p. 27.

74 *Ibidem*.

filologia de então, passando por um "filosofar de estreia", que se vale de intuições artísticas, e por um processo de tornar imanentes seus anseios e expectativas primeiras, que cumula na "psicologia do estado dionisíaco", teria havido no autor do *Zaratustra* um fazer filosófico cada vez mais consciente de si. E uma pesquisa que, como a presente, pretende investigar os embates entre inconsciente e consciente que propriamente constituem a obra de Nietzsche não deve se furtar a essa percepção. A insistência do filósofo em se analisar retrospectivamente, em prover balanços provisórios de sua própria obra de fato é forte indício desse processo e, na verdade, um elemento que lhe é constituinte, indo além da coerência discursiva. Para a operacionalização desse processo, porém, cumpre evidenciar o elemento da protagonização, como se verá. Compreendemos que a referida conversão de inconsciência em consciência, mesmo sendo gradual, não se dá em um crescendo, em um *continuum* isento de entalhes nem na isenção de pequenas ranhuras a produzir fricção no contato com o texto nietzschiano. Tanto para o próprio Nietzsche como autor, como para o leitor, dar-se-ia um embate agônico entre inconsciente e consciente, que é o embate constitutivo de toda a forma de vida, que não apenas a estrutura como também a impele e imanentemente a justifica, a ponto da exaltação.

É por essa chave que pretendemos nos posicionar no que entendemos ser uma lacuna na pesquisa Nietzsche sobre o inconsciente – o que vale também para seu epígono, a consciência. A pesquisa sobre consciência parece insistentemente se questionar sobre seu traço definidor, sobre sua diferença em relação à não consciência no âmbito dos impulsos, mas até agora não se perguntou sobre que espécie de consciência se pode ter em uma obra que obviamente a aciona, que é um produto da consciência, mas que é visceral a ponto de desvelar os limites, as intermitências dessa mesma consciência. Qual consciência? Até que ponto se é consciente ao filosofar? A pesquisa de Nietzsche careceu, até aqui, de perguntar se apenas como tema, como objeto estaria presente o inconsciente na obra do filósofo, e se as referências que lhe são transversais, sugeridas, pressupostas seriam a única forma de o pôr em tela. Nesse sentido, uma pergunta a se fazer é: as dificuldades de detecção, de enunciação e controle de um indizível, como é o inconsciente, não demandariam outra espécie de tratamento, sendo mesmo e na verdade um fator que, expressando-se articuladamente ou não, estaria a atuar no ato de filosofar de Nietzsche? Isso inquirimos também porque já as próprias referências de Nietzsche à consciência permitem inferir que ele não se contentaria, sendo coerente, com a esfera consciente. Limitar-se-ia ele a fazer filosofia com um dispositivo crédulo e pouco profundo, que fantasia de olhos abertos? Como se também ele o tomasse "por uma firme grandeza dada" (FW/GC § 11)? E como se se deixasse levar por um dispositivo associado a uma "grande e radical corrupção, falsificação, superficialização e generalização" (FW/GC § 354; trad. RRTF), da qual aponta os perigos de quando não submetido ao "conservador vínculo dos instintos" (FW/GC § 11), ou se deixado, sem mais, a se fazer crescente (cf. FW/GC § 354; trad. RRTF)? Se a consciência é falseadora quando tomada de certo ponto de vista, ela será, em todo o caso, "uma superfície" (EH/EH "Por que sou tão sábio" § 9). E em todo o caso é também intermitente (cf. FW/GC § 11). Como seria, então, para o filósofo, valer-se de uma consciência superficial e intermitente ao filosofar? Da mesma forma, se volta e meia critica a linguagem por seu caráter gregário e sua vulgarização, e se notoriamente se vale de sua própria linguagem, sua nova linguagem, para escapar desse uso, estando linguagem e consciência intimamente ligadas, não se valeria ele de outro uso da consciência em seu filosofar? De um uso que por sua vez se vale do indizível, do inconsciente? Sim, afinal, ele observa que "a maior parte do pensamento consciente deve ser incluída entre as atividades instintivas, até mesmo o pensamento filosófico" (JGB/BM § 2). Ao observar que coisas e estados nascem de seu oposto (cf. MM/HH § 1), não estaria a pensar também na consciência em relação à inconsciência, na proveniência da primeira em relação à segunda, e em uma porosidade entre elas? E não obstante reconhecê-lo, e fazer atentar a isso, estaria ele a proceder como todos os demais filósofos, que estiveram longe de reconhecê-lo? Não estaria a trazer à baila, deliberadamente, como jamais foi feito, fatores inconscientes e conscientes em seu filosofar? De que modo o faria, a entabular conjugações entre fatores de tão distinta ordem, e situados, segundo se crê, em antípodas quanto a suas modalidades de manifestação? Estaria isso relacionado à conversão de Dioniso em *pathos* filosófico? É com o intuito de responder a esses questionamentos que encetamos a investigação a seguir, dividindo-a em três momentos, a demandar três capítulos.

No primeiro capítulo abordaremos a questão que acabamos de assinalar, a saber: de que modo Nietzsche poderia "dar conta", apropriar-se desse processo que vitimou filósofos como Descartes e Spinoza, no século XVII, Rousseau e Kant, no XVIII, Schopenhauer no XIX?[75] Pois o Nietzsche filólogo inicia o seu ato de filosofar mediante a mobilização das camadas inconscientes – afinal, a linguagem como ele a concebe tem proveniência e exercício fisiologicamente ancorados –, e desse modo ele se apropria do processo pelo qual pensamentos são suscitados na consciência e retornam à inconsciência. Tal processo, aliás, é também o de um recobrar da consciência, sempre fadada a intermitências. Sendo assim, no primeiro capítulo traremos em pormenores o processo de conversão artística de forças inconscientes em conscientes. A conversão é exercida desde o instigar deliberado da expressão das tensões intrapulsionais, passando pela pulsação que, da fisiologia à linguagem verbal, permeará a sua estrutura sintática e seus tempos fortes e fracos – e aqui estamos falando da prática do estilo em Nietzsche. Nesse âmbito, abordaremos também a sua contínua criação de metáforas pelos processos de densificação dos fluxos de pensamento e pelos cortes abruptos, ecos e assonâncias a que se dá vazão no uso da forma aforismática.

Em um momento seguinte, no segundo capítulo, aborda-se o modo como o trânsito proposto no capítulo I se faz possível, e entenda-se, da fisiologia pulsional e inconsciente à linguagem que entabula o embate consciente-inconsciente pela via do estilo. Trata-se de acompanhar o percurso do filósofo em sua tentativa de compreender como dos estímulos nervosos, e mais precisamente dos impulsos orgânicos, veio a se produzir,

75 A esse respeito, cf. KRIEGER, S. "De precursor a grande ocultador: Nietzsche sobre Spinoza". *Cadernos Nietzsche*, 42 (1): 231-351, 2021 (São Paulo); *idem*, "Rousseau para além de si mesmo: Nietzsche e o perfil psicológico do rousseauísmo". *Aufklärung*, 7 (1): 129-140, 2020 (Paraíba); *idem*, "Como assimilar seu antípoda: Nietzsche e a superação do legado kantiano". *Estudos Nietzsche*, 10 (2): 30-49, 2019 (Espírito Santo); *idem*, "Animalidade e apostasia da vontade: Nietzsche vê Schopenhauer". *Voluntas*, 10 (3): 230-253, 2019 (Santa Maria); *idem*, "Um olhar de Nietzsche ao século XVII: Os subterrâneos da revolução cartesiana". *Cadernos Nietzsche*, 39 (3): 223-245, dez. 2018 (São Paulo).

pela via imanente, a consciência na espécie humana e também, pelo convívio suscitado por esta, a consciência moral, com a repressão e internalização dos impulsos. Mais precisamente, trata-se de acompanhar o processo de compreensão, por Nietzsche, da natureza dos impulsos e sobretudo o modo como interagem. Proporemos ali uma natureza pulsional concebida segundo quatro dimensões – a saber, a da embriaguez dionisíaca, a interacional, a axiológica e a estilística –, o desvelamento das quais teria facultado ao filósofo a compreensão dos impulsos não como unidades, entidades atômicas e subsistentes por si mesmas, mas como a sua própria interação, como a sua própria valoração, como um fazer estilístico-artístico *avant la lettre*. Daí serem elas não meros traços característicos, mas propriamente dimensões.

Tendo assim justificado tecnicamente a possibilidade do percurso proposto no capítulo I pelo capítulo II, cabe ao terceiro e último capítulo fazer ver de que modo Nietzsche tampouco sucumbiu às intermitências da consciência quanto ao *conteúdo* de seu filosofar. Um indesejado ensejo para tal seria a metafísica, em razão de esta pautar o entendimento por pontos de fixidez que suscitam o escoramento em anteparos, a passividade e a imobilidade do pensamento e, com isso, a inconsciência. Nesse sentido, abordaremos o modo como, por uma espécie de *consciência na inconsciência*, o filósofo *não* se enredou nas malhas da metafísica nem no momento em que estaria mais propício a tal, ou seja, à época da concepção d'*O nascimento da tragédia*: a tal *não* teria incorrido (1) pelo modo peculiar de sua concepção do uno-primordial e das noções de intuição e representação; (2) pelo conteúdo de sua intuição artística – Dioniso –, que será retomada ao final de seu percurso intelectual; e (3) pelo modo como revisita a sua filosofia mesma, entendida como maneira de reconhecer sua própria singularidade pulsional e corroborar o seu projeto filosófico. Assim, intentaremos mostrar como, pela protagonização de seu filosofar, por torná-lo mais consciente justamente por meio do embate entre consciente e inconsciente, pela forma e conteúdo intimamente entrelaçados, Nietzsche teria convertido conteúdo filosófico em *pathos* filosófico, e, ao trazer o inconsciente para a filosofia, teria transfigurado o que seria mera teoria em justificação da existência.

CAPÍTULO I

Da consciência da metáfora à inconsciência do conceito

I.I. Do estilo ao cerne do filosofar de Nietzsche: uma corda tensa

Não é exatamente laudatória a tematização da consciência que temos, por Nietzsche, no aforismo que a ela dedica, n'*A gaia ciência*: a consciência seria organicamente tardia, inacabada, fraca: "A consciência é o último e derradeiro desenvolvimento do orgânico, e, por conseguinte, também o que nele é mais inacabado e menos forte" (FW/GC § 11). A consciência seria fonte de erros: "Do estado consciente vêm inúmeros erros" (FW/GC § 11). Mas, por sorte, ela é salva pelos instintos: "Não fosse tão mais forte o conservador vínculo dos instintos, [...] sem aquele há muito ela já teria desaparecido!" (FW/GC § 11). Sim, a consciência não seria exatamente confiável "por seus juízos equivocados e seu fantasiar de olhos abertos, por sua credulidade e improfundidade" (FW/GC § 11). A consciência é intermitente e superestimada, afinal Nietzsche se refere aos que "negam seu crescimento, suas intermitências" (FW/GC § 11), aos que a superestimam e mal compreendem (cf. FW/GC § 11). Ainda não desenvolvida e imatura, a consciência é "tiranizada" pelos instintos, e é bom que assim seja (cf. FW/GC § 11). É exatamente isto: os instintos a circundar, ou melhor, mais ainda, a incidir sobre a frágil consciência – a confirmá-lo, em aforismo de *Para além de bem e mal*, nosso filósofo afirma que "a maior parte do pensamento consciente deve ser incluída entre as atividades instintivas, até mesmo o pensamento filosófico" (JGB/BM § 3). Já em fins de seu percurso intelectual: "Nós negamos que algo possa ser feito perfeitamente enquanto é feito conscientemente" (Ac/Ac § 14). E, como se não bastasse, sobre a consciência, Nietzsche cravará, resoluto, ainda que como dissesse de passagem: "consciência é superfície" (EH/EH "Por que sou tão inteligente" § 9).

Ora, mas não filosofará Nietzsche com o aparato de sua própria consciência? "A todo tornar-se consciente está relacionada uma grande, radical corrupção, falsificação, superficialização e generalização" (FW/GC 354; trad. RRTF). Ao se levar a sério, como aqui propomos que se faça, essas imprecações do filósofo contra a consciência, estaria ele a rejeitar o que por outro lado seria um tão inestimável instrumento de trabalho? Qual seria, assim, a base para que ele próprio empreenda o seu filosofar? Mas há um motivo para se fiar na consciência, e, ao que tudo indica, como estamos a ver e como ainda veremos, fiar-se nela equivale a fiar-se em um fundo falso, pelo qual, imaginando pisar na solidez de suas razões, irrefletidamente se incide no alçapão involuntário de razões existenciais e, na verdade, inconscientes. Com isso, um filósofo estaria a encobrir suas verdadeiras razões, os compromissos ocultos entabulados por suas defensividades, por seu medo e por sua reação ao medo. Ora, se a tais propósitos acaba por se prestar a consciência, se em sua própria certidão de nascimento jaz a artimanha de atribuir um signo a fazer as vezes da coisa, como então filosofar valendo-se de uma consciência sabidamente desleal e intermitente sem dela se fazer refém, sem ingenuamente crer em seus jogos de espelho, sem por ela se fazer... Inconsciente? Se pensarmos com o próprio Nietzsche, antes de o gosto grego se alterar em favor da dialética, com Sócrates, antes de tal gosto achar que deveria expor todos os seus motivos (cf. GD/CI "O problema de Sócrates" § 5), e, com Eurípedes, antes de achar que tudo deveria ser consciente (cf. ST/ST § 1), o grego acalentava uma visão trágica. Desse modo, desse ponto de vista, o privilégio dado ao consciente seria, como dizer, uma corruptela do trágico. Assim como o homem trágico, assim como o herói na tragédia era instado a entrar em contato com suas próprias ações – pela ação do destino, por certo –, também o filósofo – Nietzsche, no caso – a tal se faz incitado. Ele seria chamado, convocado para o cerne de suas próprias ações pelo que delas seria tido como sua porção mais exterior e mais extrema, algo de tão aparentemente exterior que foi desconsiderado pelos outros filósofos, em especial pelos nomeados algumas páginas acima,[1] cooptados por algo tão aparentemente íntimo e interior quanto o *cogito* moderno.

De diversas maneiras e sob diversos sentidos, Nietzsche se contraporia a esses filósofos. Se o *cogito* é uma porta de entrada a desdobramentos, como as ênfases em uma subjetividade e na consciência, ele não incidiria em uma inconsciência "comprada" e exercida sob a moeda ilusória de uma consciência dona de si e de seus próprios fundamentos, sobre a qual se espraiaria a racionalidade filosófica. Ele não haveria de proceder como o homem moderno. Um modo de se compreender como *não* o faria pode ser depreendido de sua crítica aos historiadores de seu tempo, a evidenciar a ausência de um tensionamento, de uma mútua implicação entre estilo e conteúdo. Deles o filósofo ressalta aquela que seria a sua "propriedade mais própria: a notável oposição entre um interior, a que não corresponde nenhum exterior, e um exterior, a que não corresponde nenhum interior" (HL/Co. Ext. II § 4, trad. RRTF) – ele se refere a uma relação, ou melhor, a uma ausência de relação pautada pela desconexão, pela ausência de irradiações, de ecos, de lastro tanto vivencial quanto fisiológico. Ora, a crítica aos historiadores de seu tempo por certo vai além deles próprios, dizendo respeito ao que o filósofo caracterizará, mais ao final de sua produção, como declínio de forças organizadoras, marca do homem moderno. E podemos bem supor – é o que propomos aqui – que Nietzsche exercerá o oposto ao que ali critica em seu exercício da filosofia. Isso significa que, em seu filosofar, a relação entre interior e exterior estaria nos antípodas daquela que "o homem moderno, com curioso orgulho" (HL/Co. Ext. II § 4, trad. RRTF) postulava entre um interior caótico, dilatado, e um exterior que dele se desencontra, por isso mesmo desprovido de forma, tratado, assim, com excessivo desleixo ou despreocupação. Se apostamos em um Nietzsche coerente em seu filosofar, em sua própria obra, e precisamente no modo pelo qual seu pensamento se embate com a forma com que se expressa, por certo não haverá tal despropósito. Revelando a coerência cuja falta ele aponta nos homens modernos, o autor do *Zaratustra* pouco a pouco desdobra uma filosofia em que a forma de expressão encontra-se

1 Cf. nota anterior (nota 75 da "Introdução").

profunda e fisiologicamente entretecida à necessidade e ao ímpeto de se expressar, com o conteúdo a enlaçar-se ao gesto que o engendra. O que ele mostra se entrelaça ao que – oculto, porém pulsante – *faz* com que se mostre – um cerne, que não é único e centralizador, mas irradiador e propulsor de um filosofar. Um filosofar que se dispõe em vigorosa urdidura entre o referido cerne, sua conversão em desdobramentos teóricos e, a permeá-los, em um *continuum*, seus modos de expressão. Ao evidenciar esse *continuum*, a modalidade de relação entre filosofia e seu modo de expressão não será a de uma aderência imediata, de um refletir ou de um representar literal, mas a de uma indelével e incontornável tensão, como a de placas tectônicas provisoriamente assentadas a se friccionar em um embate permanente. Se entendemos haver uma tensão no cerne de seu projeto, entendemos também que essa tensão ressoa em seus contornos, em suas franjas aparentemente mais exteriores, que atrai tantos improváveis leitores, aos quais o próprio Nietzsche, a despeito de atraí-los, repetidas vezes se pronuncia, entre enfático e performativo, acerca do quanto gostaria de repeli-los.[2]

O movimento de atração e repulsa – o leitor pode deixar o texto nietzschiano de lado, desfeitas a atração superficial e a aparência de facilidade –, o tanto que sua intenção se revela e se oculta são antagonismos que o filósofo expressa precisamente em seu exercício de estilo. E como em Nietzsche não há oposição ou descolamentos entre o que se pode entender como "exterior" e "interior", é também pelo exercício do estilo que se revela e se oculta o cerne oculto de seu projeto. É pela prática do estilo que ele faz a linguagem conscientemente se valer como obstáculo ao pensamento ali expresso, sem o deixar incidir na modorra do automatismo (e da inconsciência), ao mesmo tempo em que se faz estímulo a desvendá-lo. É pelo estilo que ele poderá propor um pensamento que está sempre entre revigorado em si e consciente de si, já que a consciência para ele coincidirá não com estados pretensamente ininterruptos, mas com aquisição da

---

2 Sobre o modo como Nietzsche seleciona seus leitores, cf. MARTON, S. "Em busca do discípulo tão amado". *Nietzsche, seus leitores, suas leituras*. São Paulo: Barcarolla, 2010, p. 87-106; NASSER, E. "Nietzsche e a busca pelo seu leitor ideal". *Cadernos Nietzsche*, 1 (35): 33-56, 2014 (São Paulo); SILVA JÚNIOR, I. "Nietzsche entre a arte de bem ler e seus leitores". *Cadernos Nietzsche*, 1 (35): 17-30, 2014 (São Paulo).

consciência. Daí nossa intenção de, justamente, e aqui, a seguir, esticar ao máximo a corda tensa entre a "exterioridade" da questão do estilo em Nietzsche e a "interioridade" do cerne oculto, iniciando, dessa forma, a presente investigação acerca do referido cerne.

I.II. O efeito da filologia no olhar distanciado do filósofo

A atitude do filósofo – de qualquer filósofo – implica o distanciamento crítico em relação a seu ambiente mais imediato, implica a atenção a um conjunto estendido de relações que as urgências e praticidades do dia-a-dia não permitem contemplar, a um objeto que, sem o aparato filosófico, se mostraria confuso e obscuro; o referido distanciamento também pode se dar quanto a procedimentos adotados sem uma suficiente reflexão. Esse foi certamente um dos sentidos pelos quais Nietzsche deu vazão à sua verve filosófica quando filólogo. No próprio nascimento da filologia moderna, o caráter cientificista de seu fundador, Friedrich August Wolf, que se contrapunha ao amadorismo do que até então era a grecomania reinante, ele próprio trazia problemas e desafios.[3] Ao estudo científico que então se propunha, seguindo o modelo das ciências naturais e em detrimento da pura e simples veneração, advinha a dificuldade oferecida pela distância do objeto. Nesse caso, em vez de uma observação direta, urgia pensar de que modo metodologicamente acessar os fatos – daí a recorrência ao método histórico-crítico, de viés fortemente analítico, e o procedimento de empiricamente se debruçar sobre documentos transmitidos pela tradição.[4] Ocorre que, tomada em si própria e no sentido único da empiria, a pesquisa acabava por se dirigir sempre à particularidade dos pretensos fatos, sem buscar a unidade nem conduzir a ela. Com isso, o método analítico passou a ser um obstáculo à ideia e ao objetivo de fazer presente o que seria uma unidade intuitiva do mundo grego. O que poderia ser a sua unidade espiritual possivelmente estaria sendo posto a perder com o trabalho

3 Cf. NASSER. E. "La réforme méthodologique de la philologie". *In:* DENAT, C.; WOTLING, P. *Nietzsche: Les premiers textes sur les Grecs*. Reims: Épure, 2016, p. 55.

4 Cf. *ibidem*, p. 56-57.

de minúcias analíticas, de técnicas cada vez mais aperfeiçoadas, de métodos mais e mais atentos às suas próprias formalizações, de ciências sempre mais pulverizadas em suas próprias especializações – sim, pois as então recentes epigrafia, paleografia e arqueologia, por exemplo, eram ciências postas a serviço da ciência filológica, a redundar em um volume cada vez maior de materiais que se passavam a ter à disposição.

Na verdade, a filologia teria nascido sob uma contradição: a de se buscar o ideal e intemporal por meio de, a bem dizer, retalhos de rigor, providos pelo método e pelas novas disciplinas, tais como as acima referidas. Diante desse quadro, já bem se ressaltou o caráter original da posição de Nietzsche[5] – conforme observa em sua conferência na Basileia, *Homero e a filologia clássica* (1869), a recuperação da unidade do espírito grego, que estaria a pulsar na literatura clássica, não deveria brotar como instância superior ao caráter discriminador do método e à especialização das ciências, mas sim se dar já no seio da prática filológica. Afinal de contas, para prover a unidade ante elementos de distinta ordem demanda-se o distanciamento, e este é proporcionado pela abordagem filosófica, que assim serviria de guia à filologia.[6] O intento de um distanciamento, tantas vezes corroborado nos escritos nietzschianos do período, cristaliza-se da maneira mais notória em *O nascimento da tragédia*, que celebremente assinala um ponto de ruptura entre Nietzsche e a comunidade filológica. Doravante, a unidade que preconizava à filologia, Nietzsche estará fadado a buscá-la na própria filosofia. Para além das tecnicidades, das especificidades cientificistas, sua busca pelo que subjaz à harmonia do espírito grego pode também ser referida por um "acesso ao mundo grego" que se dê, na filosofia, *por força da* filologia. E se trouxemos aqui justamente o "acesso ao mundo grego", a referência é propositalmente extraída da obra do final do percurso nietzschiano, *Crepúsculo dos ídolos*, mais precisamente do primeiro aforismo de "O que devo aos antigos". Ali, ao mesmo tempo em que procede a um balanço de sua trajetória intelectual, o filósofo vem corroborar um anseio antigo, de "acessar" o mundo grego, que assim liga

5 Cf. MECA, D. S. "Los cursos sobre Historia de la Literatura Griega". *In:* DENAT, C.; WOTLING, P. *Nietzsche: Les premiers textes sur les Grecs*. Reims: Épure, 2016, p. 46-47.
6 *Ibidem*, p. 48.

indelevelmente suas preocupações em filologia com sua produção filosófica. O tal acesso, a compreensão do fato fundamental do instinto helênico (cf. GD/CI "O que devo aos antigos" § 4), Nietzsche o conseguiu ao que, fracassado o seu intento de renovar a filologia "no espírito da filosofia", procederá bem no sentido contrário, que é o de "renovar a filosofia valendo-se do potencial crítico da filologia".[7] Mas de que modo o autor d'*A gaia ciência* assim se valerá da filologia para a sua prática filosófica? A questão é saber de que esferas e de que traços da filologia ele assim vai se prover, já que vimos as conformações que essa ciência assumia à época, com um cabedal de conhecimentos bastante amplo, que também se revelava estéril, o gosto pela erudição a confundir-se com objetivo e objeto filológicos, o viés positivista a pressupor acesso e posse do referido objeto e, não por último, a superestimação do método histórico-crítico. A relação de Nietzsche com esse inteiro arcabouço científico e seus desvios e desarranjos, o que em tal relação haveria de aceitação e de rechaço, aponta para um certo dispositivo próprio à filologia e introjetado por Nietzsche: em busca do "acesso" que a filologia no fundo intentaria prover, o filósofo teria passado mais a vivenciá-la do que a exercê-la como um "bom" e adaptado filólogo de seu tempo. Por vivenciar a filologia para além das atribuições mais estritas que eram esperadas e para além das idiossincrasias cientificistas, essa sua visão, distanciada da filologia, veio pautar a sua relação com a filosofia.

O que chamamos de vivência filológica para além da aplicação do método proporcionará às abordagens de Nietzsche em filosofia um caráter profícuo e original, de viés, sim, filológico, embora não atrelado às posições então correntes e esposadas no âmbito da disciplina. As posições do futuro filósofo em filologia, como se verá, não são propriamente originais. Em concordância com seu mestre Ritschl, no trabalho filológico de Nietzsche havia tanto o interesse em reconstituir o modo como o texto fora transmitido historicamente como também se fazia atentar às questões de atribuição e ao estudo da veracidade das fontes; isso por certo implicava o exame das versões divergentes eventualmente surgidas ao longo da transmissão. Com base em tais ênfases e enfoques da parte do próprio Nietzsche

7 Cf. BENNE, C. "Philologue, Philologie". *In:* ASTOR, D. *Dictionnaire Nietzsche*. Paris: Éditions Robert Laffont, 2017, p. 690.

em filologia, é possível reconhecer certas "divisas filológicas" por ele expressas ao longo de sua obra filosófica. Por exemplo, podemos reconhecer a disciplina intelectual rigorosa e a arte de interpretar um texto com rigor e probidade subsumidas à arte de ler bem (cf. MM/HH § 270; Ac/Ac § 52, 59; 23 [108] final de 1876 – verão de 1877). As comparações entre versões, as detecções de divergências e a eliminação de eventuais intromissões de um copista (pois esse, afinal, era o *modus operandi* das transmissões) teriam preparado o espírito de Nietzsche e se deixado transportar para admoestações presentes em seu texto filosófico, como a da "consciência (*Gewissen*) intelectual" (cf. FW/GC § 2) e a da probidade intelectual (M/A § 456; JGB/BM §§ 227, 296; 6 [67], [127], [130], [234], outono de 1880). A questão das interferências de terceiros em um texto original, bem como das ausências indevidas em uma ou outra versão, fizeram-no sensível à questão da traição na leitura, à da *interpretação* entendida negativamente – que ele muitas vezes refere por *Interpretation*, em vez de por *Auslegung*.[8] Isso fez

8 Cf. DENAT, C.; WOTLING, P. "Interpretation". *Dictionnaire Nietzsche*. Paris: Ellipses, 2013, p. 178-182. Como exemplos para *Interpretation* no sentido negativo se tem "arte e força da falsa interpretação [*Interpretation*]", pela qual o santo "apenas interpreta [*interpretiert*] de modo totalmente diverso" em razão de seus "estados patológicos" (cf. MM/HH § 126); o filósofo se refere a "interpretação [*Interpretation*] pneumática da Bíblia", ainda uma vez por parte do santo; fala em "interpretação [*Interpretation*] moral de certos fenômenos (– uma interpretação equivocada)" ao observar que não existem fenômenos morais (cf. 3 [1], verão-outono de 1881); e as referências a *Interpretation* como associada a erros [*Interpretation*] (cf. 2 [84], outono de 1885 – outono de 1886), referências também à falsa interpretação [*Interpretation*] (cf. MM/HH § 126), à má interpretação [*Interpretation*](como em 6 [1], inverno de 1882-1883), à intepretação [*Interpretation*] moral (como em 2 [114], outono de 1885 – outono de 1886) e à insensatez da interpretação [*Interpretation*] (cf. FW/GC § 374) disseminam-se pelo *corpus*. Sobre o uso do termo "interpretação" como arte da intepretação, isto é, como *Auslegung*, ver neste capítulo, mais adiante, o final da seção I.IX, "O fazer artístico em filosofia: a forma aforismática". Vale notar apenas que em um primeiro momento Nietzsche parece ainda não adotar esse critério de divisão entre *Auslegung* como interpretação em um sentido favorável da boa interpretação, ou da interpretação que se dá naturalmente, nos processos orgânicos, e *Interpretation* para o sentido negativo de interpretação, já que um uso neutro ou favorável de *Interpretation* pode ser constatado no epistolário do filósofo em 1869, em 1871, nas referências à *Interpretation* de alguns impulsos por outros (cf. 6 [70], outono de 1880) e na interpretação [*Intepretation*] de nossos estados (cf. 6 [350], outono de 1880).

com que o já filósofo Nietzsche se resguardasse de uma possível negligência quanto aos próprios termos, deliberasse expressamente conotações e ênfases, atentasse à adição de elementos que estão apenas na expectativa de quem lê e pusesse-se alerta quanto à pressa e ao ímpeto facilitador, às meras projeções dos próprios preconceitos na relação entre leitor e texto. No período final de sua produção são frequentes as admoestações filológicas no tocante à má leitura propugnada pelo cristianismo. E não apenas a cautela filológica, mas também o ímpeto filológico - esquecido pela própria filologia - de acessar o coração vivo e pulsante de seu objeto fez de Nietzsche um leitor arguto da cultura de seu tempo ao denunciar o descompasso entre atitudes e ações e suas respectivas motivações - daí a referida falta de consciência (*Gewissen*) intelectual (cf. FW/GC § 2) por ele denunciada. Pensando especificamente em nosso percurso até aqui, a transposição da metáfora filológica para o filosofar de Nietzsche estaria presente na má leitura pelos filósofos do que lhes seria mais inerente, isto é, a sua própria fisiologia, e, uma vez que em Nietzsche a fisiologia se faz fisiopsicologia (cf. JGB/BM § 23), estariam equivocados quanto à leitura e compreensão de sua própria psicologia. Daí se terem leituras filosóficas submetidas a inúmeros erros de interpretação de caráter psicológico (cf. 7 [4], final de 1886 - primavera de 1887), daí inadvertidamente conceder uma roupagem epistemológica ao que é existencial (cf. 2 [161], outono de 1885 - outono de 1886) e travestir motivações inconscientes com equivocadas razões pretensamente conscientes.

Mas há ainda outro dispositivo implicado no que referimos como "vivência" filológica da filologia que Nietzsche encarnará e exercerá ao filosofar: trata-se da "filologia que deve ser concebida como *ephexis* na interpretação" (Ac/Ac § 52). Ora, *ephexis* é outro nome para *epoché*, suspensão do juízo - portanto, uma noção que remete à atitude cética. Se acima dissemos que o olhar de Nietzsche à filologia era acerbamente crítico ante os impasses por ela experimentados, já anunciamos também que ele não estaria ali sendo original. Ante as escolas e as tradições filológicas que realçavam esse ou aquele aspecto da atividade, ao assumir determinada posição Nietzsche se alinhava a um mestre ou figura proeminente, como vimos no caso de Ritschl. Isso vale também para o ceticismo que pauta essa ciência: uma vez que em filologia tal ceticismo se traduz por uma hermenêutica da suspeita, com a suspeita se fazendo traço essencial das investigações filológicas, o natural seria que a filologia trouxesse em si esse viés investigativo, como uma voga a pautar seus estudos. Ocorre que um dos adeptos mais extremados e polêmicos dessa voga, um certo Valentin Rose, fez-se filólogo de referência para Nietzsche nessa questão.[9] Sua obra *Aristoteles Pseudepigraphus*, de 1863, como o próprio nome indica, vinha contestar a atribuição de um grande número de obras a Aristóteles. A despeito das características negativas atribuídas ao trabalho de Rose – como o estilo pouco palatável, a estreiteza de horizontes, as conclusões precipitadas, a desconfiança exagerada quanto a autorias, que o levaram a posições francamente paranoicas –[10], Nietzsche ambicionava fazer de seu projeto (jamais concluído) sobre Demócrito o que Valentin Rose intentara com seu *Aristoteles* – obra malograda e refutada, aliás, pelo próprio Nietzsche.[11] A contribuição do jovem filólogo em relação a Demócrito, assim como a de Rose referente a Aristóteles, ia na direção de negar a autoria do pré-socrático atomista a escritos até então insuspeitados que chegaram a nós. De modo que os escritos de Demócrito se reduziriam a apenas dois títulos.

Se nos restringirmos a esse aspecto de tal projeto ambicioso do jovem Nietzsche em filologia, tudo parece conspirar para que se tenha o futuro filósofo como apenas mais um a esposar um posicionamento cético, um posicionamento que era de fato desejável como forma de reação à visão nostálgica e sonhadora que se acalentara do passado clássico, presente nos escritos a ele dedicados desde o Renascimento.[12] Em reação a essa atitude, alimentar e praticar a desconfiança era um expediente crucial para uma filologia desejosa de não ser confundida com tais espectros românticos e ingênuos e de continuar a se afirmar como ciência de pleno direito. Tanto

---

9 Cf. PORTER, J. *Nietzsche and the Philology of the Future*. Stanford: Stanford University Press, 2000, p. 37.

10 *Ibidem*.

11 *Ibidem*, p. 38.

12 O Renascimento, bem entendido, foi o momento em que grande parte dos textos da Antiguidade foi trazida à luz, e a visão nostálgica acerca dos gregos, que lhes imputava um fundo pautado por serenidade e harmonia, prevaleceu até fins do século XVIII.

mais que, à parte os exageros de Valentin Rose, era fato que ao lado da tradição de uma erudição autêntica, havia muitos casos de erudição falsificada, a cujos efeitos Demócrito, objeto de estudo de Nietzsche, estaria especialmente sujeito por sua gama de interesses extensa, comparável à de Aristóteles – seu *corpus* poderia ter sido artificialmente ampliado por falsificações.[13]

O que mais há de nos interessar nesse quadro é o quanto há aí de salto para além da filologia: o ceticismo de Nietzsche em metodologia filológica passou a assumir a dimensão de epistemologia filosófica, ensejada, aliás, pela própria filosofia. À época, e já desde os anos 1865 e 1866, Nietzsche estava em contato com a obra de Schopenhauer e com a do neokantiano Lange. Isso significa um convívio com a ideia de coisa-em-si, que poderia bem impregnar um ambiente independentemente de se ler ou não a *Crítica da razão pura*. Acresce-se a isso que mesmo o meio filológico era impregnado de kantismo. Essa familiaridade levou Nietzsche a inferir, como expressa em carta a Carl von Gersdorff de fins de agosto de 1866, que "o mundo dos sentidos é produto de nossa organização", que "nossos órgãos visíveis (corpóreos) são [...] apenas imagens de um objeto desconhecido", e complementa a afirmar que "a verdadeira essência das coisas, a coisa-em-si, nos é desconhecida, mas também o conceito delas [de tais coisas] não é nem mais nem menos do que o último rebento de um objeto condicionado por nossa organização". Com "por nossa organização" deve se ter kantianamente no horizonte as formas puras da sensibilidade, do espaço e do tempo, sob as quais intuímos os fenômenos. Ocorre que, não obstante esse pano de fundo kantiano, recebido pela via do disseminado kantismo, mas sobretudo pelo neokantiano Lange e por Schopenhauer, não se terá uma assimilação tão afeita ao transcendentalismo kantiano. Ora, movido pelo ceticismo filológico ou em simples confluência com ele, Nietzsche, já desde jovem, podia estar – como efetivamente esteve – sob a égide do "não acesso às coisas" próprio a esse transcendentalismo. Mas isso não significa algo como uma influência de pleno direito. À parte a intérmina polêmica sobre se ele leu Kant ou não, ou o quanto o leu ou que obras, para Nietzsche não se trata de pensar de que modo regras –

13 *Ibidem*, p. 39.

categorias, conceitos puros do entendimento – constituem a objetividade, que, aliás, se constitui à nossa revelia, indiferentemente a nós. E não se trata de imaginar representações pura ou empiricamente ligadas entre si, das quais, sob um juízo do entendimento, vai se compreender a diversidade. Tampouco se trata de procurar compreender como diversos juízos do entendimento se unificam sob uma ideia. Acresce-se aí que o viés nietzschiano em momento algum será o de kantianamente considerar o modo como condições de pensamento subjetivas podem ter um valor objetivo ou de elucubrar de que modo as categorias são usadas para se pensar a experiência. Por outro lado, contudo, se se considerar o entendimento, segundo Kant, como faculdade de produzir conceitos, abstração feita à sua concepção como faculdade, Nietzsche por certo estava a atentar a essa capacidade de *produzir*, além de também, à sua maneira, a atentar ao que permeava as tais "formas puras da sensibilidade" sob as quais os fenômenos não são simplesmente dados e representados. E, nesse ponto, se tem um importante desvio entre Kant e Nietzsche: se para Kant os fenômenos são aí *intuídos*, para Nietzsche, que não estaria a atentar a sínteses e faculdades, eles são *produzidos*, própria e artisticamente criados – e não de algum modo, ainda que indireto, refletidos –, a criação artística sendo uma resposta humana a um mundo que lhe é indiferente. Essa indiferença é algo de muito mais visceral e consequente, na filosofia de Nietzsche, que a indiferença de uma anódina e dispensável coisa-em-si em Kant. A embalar sua passagem da filologia à filosofia, tanto pelas posições assumidas em filologia como por suas primeiras concepções filosóficas, o autor do *Zaratustra* está a atentar a uma suspensão de pretensos referentes do ato de pensar, e, portanto, em compensação, a uma "densidade" desse próprio ato. O pensamento é concebido como gesto criador, pois é desprovido do referencial último, passível de ser chamado de coisa-em-si.

A mescla de um ceticismo filológico com o estofo do idealismo transcendental kantiano faz com que onde antes havia a esterilidade do ceticismo metodológico se passasse a considerações sobre o caráter subjetivo das pretensões em filologia. A esse respeito, Nietzsche observa que "a 'objetividade' a que podemos aspirar está muito distante de ser o que pretende ser. Ela nada mais é do que 'subjetividade' num nível mais amplo" (KGW

I, 4, 5 [6]). É por isso que ele exalta o potencial revelador da Antiguidade, haurido mesmo de erros de compreensão por parte da tradição, de suas crenças e caminhos eventualmente equivocados.[14] Tratando-se não de apreensão do sentido do texto, mas de sua *construção*, considere-se que, longe de prestar tributo a esse ou aquele objeto, "todas as construções do mundo são antropomorfismos" (19 [125], verão de 1872 - início de 1873) e acrescente-se que, juntamente com o antropomorfismo, se tem "a força dominante da ilusão" (19 [37], verão de 1872 - início de 1873). Desse modo, o olhar de Nietzsche se volta - e pretende fazer com que os de outros se voltem - das convencionais medidas de rigor, do acúmulo de material e das especializações científicas a compor a filologia para as *capacidades* do filólogo, que deveria trazer em si, precisamente, um filósofo.

Essas capacidades por certo passam pelo modo como já à época Nietzsche concebia o ato de pensar, de modo obviamente afinado com sua recepção do idealismo transcendental kantiano, como já se ressaltou. E da concepção própria sua do ato de pensar podemos realçar aqui dois traços recorrentes e principais. O primeiro deles versa sobre a fantasia, sobre um certo ato criativo e artístico, que antecederia o pensar, o refletir e o avaliar: "ao se pensar já se tem o que se busca por meio da fantasia" (19 [78], verão de 1872 - início de 1873). Descrente da primazia do pensamento lógico, Nietzsche invoca o pensar por imagens; subordinado pelo artístico, pelo que é produção de formas, o pensamento nada mais seria do que o ato de salientar essa ou aquela forma. Isso significa que "o decisivo não é o puro impulso ao conhecimento, mas o [impulso] estético" (19 [76], verão de 1872 - início de 1873). E com a menção a "impulso", seja o próprio impulso estético ou o secundário impulso ao conhecimento, estamos diante do segundo traço recorrente, necessariamente atrelado à concepção da atividade fisiológica que, sendo estética e criadora, é intrinsicamente artística. O que antecede e gera o puro e simples pensar, assim como, a abarcá-lo,

---

14 A esse respeito, cf. BENNE, C. "Philologue, Philologie". *In:* ASTOR, *op. cit*, p. 688, onde se lê "mas para Nietzsche, mesmo os erros da tradição, as vias tortas pelas quais o texto chegou a nós, os motivos e as razões dos erros de compreensão, os pensamentos de fundo desses erros constituem fenômenos interessantes que talvez dão melhor testemunho da Antiguidade do que um texto integralmente reconstituído com meticulosidade".

o ato de criação, são processos da ordem do corpo, do fisiológico, do inconsciente: "o processo artístico é fisiologicamente determinado e necessário", tanto que "pensar um processo artístico sem cérebro é uma forte antropopatia *[atribuição de sentimentos humanos a Deus]*" (19 [79], verão de 1872 – início de 1873). Nietzsche pensa a força artística, devidamente ressaltada em sua subjetividade, como "as mais sutis irradiações da atividade nervosa" (19 [79], verão de 1872 – início de 1873). O pensar se vale de uma série de imagens a transitar pelo cérebro, e entre essas "o intelecto rapidamente escolhe imagens semelhantes: a imagem escolhida torna a produzir toda uma miríade de imagens"; disso redunda que "o pensamento consciente é apenas uma escolha de representações. Tem-se um longo caminho até a abstração" (19 [79], verão de 1872 – início de 1873).

Note-se que esse arrazoado sobre o que antecede o ato de pensar é esposado por Nietzsche em um momento em que ele "está" na filologia. "Está" na filologia, pretendendo, porém, renová-la, tomá-la por um desvio ou ramificação daquela que lhe conferiria amplidão e, sobretudo, sentido – a filosofia. Nesse contexto, é possível isolar o que seria um segundo traço recorrente na análise, pelo Nietzsche filólogo, do ato de pensar. Por esse traço ele pretende que os filólogos, recorrendo à sugestiva metáfora, "maravilhem-se com os traços maiores e mais ousados da inteira pintura" (carta a Gersdorff, 6 abr. 1867), em vez de se porem tão perto dela. E como estamos a ressaltar aqui, o "tão perto da pintura" pode ser lido como a distância que ele invocava ante a questão, em filologia, de uma ênfase exclusiva no objeto, que trazia em seu bojo a pretensão de tocá-lo, de possuí-lo, com os expedientes da cientificidade filológica de então. A questão que Nietzsche virá a referir por "acesso ao mundo grego" não deve ser confundida com a posse do objeto da filologia ou com a de referentes metafísicos em filosofia – daí o sentido de invocar a distância. Para se maravilhar e ao se maravilhar com a pintura como um todo, o filólogo terá antes de se haver consigo próprio, com sua própria *capacidade de se maravilhar* e, de modo mais intrínseco e mais profundo do que a pretensão ao objeto, com a força e "o prazer apaixonado que o faz captar os traços mais fortes e mais característicos" (carta a Rohde, 5 fev. 1875).

Entretanto, para tais filólogos que dariam vida à "filologia do futuro", as prescrições acima não significam a supressão das diretrizes do método histórico-crítico em nome de, talvez, uma suposta e equivocada entrega a ditames fisiológicos e inconscientes. Trata-se de uma investida filosófica, que contrapõe à dormência, à inconsciência na aplicação do método filológico uma atitude desperta mediante o esforço consciente da própria filosofia – e o resultado mais célebre e eloquente dessa tentativa foi, como se sabe, *O nascimento da tragédia*. Ora, o que se teria aí se não a invocação de um embate entre inconsciente e consciente a pautar a renovação do método filológico no espírito da filosofia? Mas como é sabido, e aqui já foi ressaltado, o malogro do projeto de Nietzsche em filologia acabou por franquear sua passagem à filosofia. E eis que aí, agora já em um sentido contrário, quanto ao modo como a filologia poderia propiciar injunções ao ato de filosofar, da mesma forma se discerne um embate entre inconsciente e consciente. Mais precisamente, se no primeiro caso se teve a filosofia protagonizando uma modalidade consciente a mobilizar forças artísticas inconscientes, ao que a filosofia assume o primeiro plano se tem o sentido inverso, ou melhor, o reverso do que ele pretendera ainda estando na filologia: nesse caso, como se verá, a experiência filológica de Nietzsche é que justamente tornará consciente o que de outra maneira se teria dormente, irrefletido, conceitualidade inconsciente a arvorar-se em desperta e consciente – o que justamente suscitou casos de hipocrisia em filosofia.[15] Pois fiquemos aqui com a inusitada expressão "conceitualidade inconsciente", a ser retomada ao final do capítulo. Dando-se seja por mascaramento, por distração e por esquecimento entabulados em um âmbito profundo, fazendo-se fonte de toda hipocrisia, não teria sido justamente tal conceitualidade o mal a acometer, desde Sócrates, a inteira empresa filosófica?

I.III. Da filologia à filosofia

Para fazer o referido caminho inverso, tentando pensar o papel da vivência filológica a habilitar o entrejogo de forças inconscientes e conscientes na

15 Cf. Krieger, 2018, p. 224.

filosofia, continuemos no profícuo ano de 1872. Em fragmento póstumo, Nietzsche afirma que "a tarefa do filósofo é combater todos os elementos temporais de modo consciente – e para tanto amparar-se na tarefa *inconsciente* da arte" (19 [12], verão de 1872 – início de 1873). Sobre tal afirmação, podemos fazer uma constatação e uma proposição. A constatação é a de que, subsumida ao projeto de *O livro do filósofo*,[16] ele não a reitera textualmente ao longo de sua obra. É certo que no período de 1870-1873 – na esteira de *A filosofia do inconsciente*, de Eduard von Hartmann, obra publicada pela primeira vez em 1869 –, têm-se repetidas menções a uma "sabedoria inconsciente" (ST/ST § 1), a um "conhecimento inconsciente" (10 [1], início de 1871), a representações que, em sua maioria, seriam inconscientes (12 [1], primavera de 1871), a uma força inconsciente (GMD/DMG § 1, 16 [13], verão de 1871 – primavera de 1872), a um "pensar e saber inconscientes"[17] (19 [34], verão de 1872 – início de 1873), à presença do "inconsciente e intuitivo" em filosofia (19 [74], verão de 1872 – início de 1873), a "conclusões inconscientes" (19 [107], verão de 1872 – início de 1873), à "sabedoria dionisíaca instintivo-inconsciente", à vontade e

16 A proposta da tarefa do filósofo sendo a de combater conscientemente elementos de seu tempo valendo-se da tarefa inconsciente da arte é expressa no âmbito de seu projeto *O livro do filósofo*, que, segundo os editores Holzer e Horneffer, da edição Kröner, compor-se-ia de uma obra de caráter mais histórico, "Estudos teóricos" *(Theoretische Studien)* e uma de caráter mais artístico, *A filosofia na época trágica dos gregos*. Nesse projeto, "Nietzsche teria se proposto a desembaraçar as grandes linhas de uma concepção da filosofia em suas relações com a arte e com a civilização em geral". Cf. KREMER-MARIETTI, A. "Nietzsche sur la vérité et la langage (1872-1875)". *In:* NIETZSCHE, F. *Le livre du philosophe*. 2. ed. Trad. Angèle Kremer-Marietti. Paris: GF-Flammarion, 1991, p. 9. Em que pese não se poder saber ao certo até que ponto Nietzsche concebeu esse projeto e o pretendia realizar, o que se tem é que ele se endereçava sobretudo ao filósofo ávido por conciliar arte, ciência e sabedoria no seio de uma civilização bem lograda (*idem*, p. 10). Já na filosofia da maturidade de Nietzsche, sua ideia de arte fará as vezes de uma "liga" entre a vida (que no sujeito que conhece remete à presença da natureza) e a razão, bem como entre a fisiologia pulsional e a consciência: "*– ver a ciência com a óptica da arte, mas a arte, com a óptica da vida...*" (GT/NT "Prefácio" § 2).

17 Nessa passagem, após apresentar o que entende ser uma luta, conforme concebida por Kant, "do saber com o saber" – na esteira da oposição entre "saber e crer" e do "suprimir o saber para dar lugar à fé" –, é precisamente a Schopenhauer que é feita a observação em questão: "Schopenhauer faz atentar para o saber e pensar inconscientes" (19 [34], verão de 1872 – início de 1873).

metafísica inconscientes (GT/NT §§ 16, 21 e 23) etc. A lista não pretende ser exaustiva, e pode ser ampliada sobretudo se lhe acrescentarmos as abundantes referências presentes em *A visão dionisíaca de mundo*, na qual a deletéria ação de Sócrates sobre Eurípedes e a tragédia é pensada justamente como indevida intromissão de elementos conscientes em um processo inconsciente.[18] Além disso, devemos lembrar que nos limitamos deliberadamente a um breve período, coincidente com o que se costuma tomar pela entrada de Nietzsche na filosofia[19] – ao menos se se tomar como critério para tal "início" a publicação de obra de envergadura filosófica como o é *O nascimento da tragédia*. Em todo caso, no tocante às relações entre inconsciente e consciente em Nietzsche, se auscultarmos as ocorrências dos termos e nos restringirmos a elas, parece ter havido algo como uma "empolgação de iniciante", um interesse abandonado, ou talvez transfigurado. De fato, há menções ao termo "inconsciente" (com ambas as grafias, *unbewusst* ou *unbewußt*) por todo o *corpus*, mas não de forma que tão nitidamente dê a perceber uma preocupação com a relevância de ações e pensamentos inconscientes no que via de regra se toma por consciente. Daí sermos levados a constatar, como acima, que Nietzsche *não* tornará a formular a "tarefa do filósofo" de modo tão expresso e claro e não chegará a acionar o *chiaroscuro* entre inconsciente e consciente do modo evidente como o fez na citada passagem de 1872.

Ocorre que, e agora passamos da constatação à nossa proposição, ao longo de sua obra Nietzsche fez mais do que *reiterar* o que dissera em 1872: ao modo de um protagonista de seus próprios conteúdos, ele *vivenciou* o

18 A questão da ação de Sócrates, pela via de Eurípedes, sobre a tragédia será abordada no início do capítulo III, no contexto de seu intentado assenhorear-se de forças inconscientes – dos "instintos em anarquia", no dizer do próprio Nietzsche (cf. GD/CI "O problema de Sócrates" § 9).

19 Não pretendemos aqui categoricamente propor o que seria (ou não seria) um "início" do filosofar de Nietzsche, mas apenas sinalizar que *O nascimento da tragédia*, bem como o ano de 1872, foi inegavelmente um marco importante nesse sentido. Porém, com respeito a um começo "de fato" do filosofar de Nietzsche, entendemos que se trata de uma questão sujeita a debate. Como contribuição solitária, clássica e bastante relevante, cf. SCHLECHTA, K.; ANDERS, A. *Friedrich Nietzsche: Von den verborgenen Anfängen seines Philosophierens*. Stuttgart-Bad Cannstatt: Friedrich Fromann Verlag, 1962.

que ali referia como "tarefa do filósofo". E, para tanto, efetivamente se valeu da arte. Dos dois elementos da preconizada tarefa, o primeiro deles se encarrega de combater os elementos de seu tempo de modo consciente, e de pronto o reconhecemos no Nietzsche de todos os momentos de seu percurso: trata-se do Nietzsche que se move, sim, por preocupações extemporâneas mesmo para além das *Considerações* que levam esse nome, do período 1873-1876. E a extemporaneidade no Nietzsche filósofo remanescia de uma preocupação sua de quando filólogo, que era a de não injetar na Antiguidade clássica expectativas e valores do homem de seu tempo – o acesso ao mundo grego não se daria com a bitola e com a pavimentação de uma época que de todo lhe era estranha. Pois a mesma tentativa de resguardar-se das circunstancialidades voláteis e comezinhas de seu tempo vê-se agora em filosofia. Nietzsche toma distância de seu tempo, tanto mais em se tratando de uma civilização com tantos sinais de declínio, os quais ele sistematicamente apontou nas *Considerações extemporâneas*. Justamente por militar contra essas condições, por reconhecer nessa atitude a sua tarefa em filosofia, e pelo ditame de, a fim de realizá-la, não se deixar confundir com um produto pertencente a uma época, não se trata, o resguarde em relação a seu tempo, de um isolar-se passivo, de um retirar-se para fora do mundo, postura tantas vezes atribuída à figura do filósofo. Essa retirada implica uma dimensão que, de tão atuante e mesmo pulsante, não vai se resumir aos argumentos críticos e às refutações racionais. Se no tocante a Nietzsche corretamente se pode conceber que um problema constatado no âmbito das preferências axiológicas nesse mesmo âmbito deve ser combatido, de nossa parte estamos falando das condições íntimas para tal ou qual preferência, que sempre em última instância é axiológica – isso além de o foco estar aqui em passagem anterior ao momento em que o filósofo atenta à questão dos valores. Estamos a falar de como Nietzsche pôde não apenas se afastar do modo superficial e desvirtuado de se tratar questões – no fundo existenciais – em seu tempo, e como pôde evidenciar esse quadro com argumentos negativos, mas também de como cultiva em si mesmo a atitude contrária. Para tanto, invoca a tarefa inconsciente da arte.

Justamente, quanto ao segundo elemento da passagem trazida aqui, "amparar-se na tarefa inconsciente da arte", ele pode nos parecer mais enigmático, ante uma preliminar incompreensão do que seria uma "tarefa inconsciente" e ante uma vaga suspeita quanto à sua factibilidade. Podemos tomar tal afirmação - ainda uma vez na esteira da obra de Hartmann - pelo entusiasmo - não publicado - de um jovem filósofo que, sabemos, para uma cultura alemã fomentada pelo seu cabedal sinfônico, ansiava por um renascimento trágico pelas mãos de Richard Wagner. Podemos julgar que tal formulação efetivamente se concretizou em *O nascimento da tragédia* e somente ali, e mesmo assim sem entrar a fundo na questão do "amparar-se" nem na da "tarefa inconsciente da arte". Podemos também *não* tomar a formulação como um compromisso assumido, muito menos como efetivamente cumprido. E podemos, enfim, assumir uma terceira via, tomando a sério a afirmação de Nietzsche e, com isso, passar a considerar a relação do filósofo com a arte ao modo de teorização e de modelo - contanto que o modelo não seja a arte romântica que ele terá por *décadent*, por óbvio. Tomá-la como modelo é algo que propriamente se refere à tarefa da arte. E quanto à "tarefa da arte", ainda uma vez, tanto a proposta prática quanto o referido caráter inconsciente estariam a demandar consideração e compreensão. Para encetá-las, o caminho óbvio e também mais viável parece ser mesmo o de seguir o fio de suas teorizações sobre a arte. Porém, uma vez que Nietzsche, em sua teoria da linguagem, traz sentido e referente a uma proximidade máxima, mesmo a uma interpenetração, já que toda referência é uma transposição, como se tem em *Sobre verdade e mentira no sentido extramoral*, e uma vez que, como propomos, ele protagoniza o que teoriza, é bastante possível que as tais teorizações tendam a se projetar para além de seu próprio estatuto.

I.IV. A tarefa inconsciente da arte

Ainda que mais comumente se associe a arte, em Nietzsche, aos impulsos apolíneo e dionisíaco em *O nascimento da tragédia*,[20] à sua esperança depositada na ação de Richard Wagner em relação à cultura alemã e ao desencanto em relação a este, bem como à fisiologia da arte de seu último período,

---

20 Esse viés de abordagem da arte e dos impulsos da natureza por Nietzsche será tematizado em nosso capítulo II.

em seu percurso filosófico o tema da arte e as referências a ela surgem mesmo em contextos que, não fosse o caráter peculiar de sua reflexão a não comportar escaninhos, poderiam ser tomados por inusitados. O que propomos aqui é que justamente esses contextos podem nos proporcionar uma chave para ver e compreender, afinal, para onde o filósofo estaria a apontar ao falar da arte. Ademais, vamos nos perguntar se esse "para onde" não estaria relacionado à referida tarefa inconsciente da arte.

Em *Para além de bem e mal*, Nietzsche enuncia que "'O conceito de 'arte' incluiria bem mais do que normalmente se crê" (JGB/BM § 291). E o afirma não no âmbito de um arrazoado sobre a obra de arte, tampouco sobre o artista, nem mesmo sobre o fazer artístico, mas sim lembrando da condição do homem como animal, um animal com suas peculiaridades, por certo: "um animal complexo, mendaz, artificial, intransparente, e, para os outros animais, inquietante, menos pela força que pela astúcia e inteligência" (JGB/BM § 291). Sem nenhuma nostalgia à maneira de Rousseau, ao modo de uma constatação, a separar os outros animais e o tal "animal complexo", tem-se a linguagem verbal articulada, que suscitou o que se convencionou chamar de consciência,[21] a partir de consciência e linguagem passando-se a um convívio gregário mais acentuado, e esse convívio logo veio a tornar necessária uma consciência moral.[22] Por certo que todos esses marcos de passagem têm caráter hipotético, e em todo o caso o homem deles se esqueceu, e esquecer-se de sua natureza animal era apenas mais um passo. Como decorrência, tal natureza foi ainda recoberta e sepultada. A relação do homem com os obstáculos do mundo, antes marcada pelo sentimento de potência e pela embriaguez de se opor a um obstáculo e vencê-lo, passou a ser interceptada por um filtro. Desse ponto em diante, por força das esquematizações providas pela consciência reflexiva, às quais se seguirá a moralização dessas esquematizações (cf. GM/GM II § 16), o animal "mendaz e intransparente" irrefletidamente passou

21 Sobre a hipótese de surgimento da consciência (*Bewußtsein*) com base na linguagem gregária, ver o aforismo 354 d'*A gaia ciência*. Sobre o surgimento da consciência moral (*Gewissen*) com base na criação da capacidade de fazer promessas, cf. *Genealogia da moral*, segunda dissertação, em especial §§ 1-3; sobre o papel da repressão dos instintos nesse processo, ver, na mesma obra, ainda na segunda dissertação, § 16.

22 Cf. nota anterior.

a interpretar estímulos como uma "realidade", assim como passou a intermediar suas interações com o mundo por um onipresente critério de "verdade". Tais filtro e critério passaram a substituir a estimulação direta, a plenitude isenta de distanciamento racional – e, assim, se antes ele estivera *no mundo*, o homem toma distância do mundo e de si mesmo, passando a ver a si próprio *e* o mundo. E com a onipresente interpolação de uma visão crítica, acabou por se apartar daquele que fora sempre o seu próprio *primum mobile*, e com isso os *motivos para desejar* interpuseram-se ao apetite puro e simples. Por fim, uma rede de exigências e racionalizações interpôs-se à fruição de sua alma como algo *simples* (cf. JGB/BM § 291).

Em Nietzsche, além das referências que apontam para o que pareceria ser um "além da arte", a própria atitude de se perguntar e de nos fazer perguntar sobre *onde* precisamente estará o fazer artístico parece apontar a algo para além dos compartimentos – estritos, nebulosos e também tacanhos – normalmente associados ao fazer artístico. Na *Genealogia da moral*, o filósofo critica em Kant e em todos os outros filósofos o fato de que "em vez de encarar o problema estético a partir da experiência do artista (do criador), ele refletiu sobre a arte e o belo apenas do ponto de vista do 'espectador'" (GM/GM III § 6). Antes disso, em *A gaia ciência*, a arte das obras de arte perde terreno para o *efeito* da arte, arte que outrora se fazia para lembrar e comemorar "momentos felizes e elevados" (FW/GC § 89). Da mesma forma, indo além da condição do espectador e das obras, essa ou aquela habilidade artística dá lugar aos estados que, suscitados pelos artistas, reputadamente poderiam "fazer o homem sentir-se bom ou grande, ébrio, divertido, são e sábio" (FW/GC § 85). Vê-se por aí que a arte para Nietzsche parece ser sobretudo uma questão dos estados que ela suscita, sem a compartimentação de artista, obra e espectador. E se perguntarmos sobre, afinal, de que estados se trata, ele apontará para a "explicitação da embriaguez como alto sentimento de potência"[23] (14 [117], primavera de 1888). A referência a esse tipo de embriaguez pode

23 "O contramovimento: a arte / O sentimento de embriaguez, efetivamente correspondendo a um acréscimo de força: / A maior intensidade no período de acasalamento dos sexos: / Novos órgãos, novas habilidades, cores, formas... / O 'embelezamento' é uma consequência da força elevada / Novos órgãos, novas habilidades, cores, formas..." (14 [117], primavera de 1888).

desacorçoar quem esperasse ser remetido a algo da alçada da contemplação estética, ou a um ato de criação estrito e excludente, como se a primeira necessariamente devesse ter conotações etéreas, ou como se o segundo em Nietzsche pudesse existir de forma estrita e excludente. Nietzsche não rechaça ou dispensa a contemplação, e muito menos a criação; o caso é que ele efetivamente aponta para um âmbito mais profundo, e até mesmo para um *locus* que subjaz a uma e outra: a referida *embriaguez* é "uma pré-condição fisiológica", indispensável "para haver arte, para haver alguma arte de contemplação estética" (GD/CI "Incursões de um extemporâneo" § 8). A embriaguez a que se refere Nietzsche é o caráter vigoroso e tonificado, aparentado a uma plenitude, que permeia a ação dos instintos. Se por certo é vigente entre os animais, fez-se perder pelos homens, a não ser em situações particulares. Daí o filósofo fazer referência à "embriaguez da excitação sexual, a mais antiga e primordial forma de embriaguez. A embriaguez que sucede todos os grandes desejos, todos os afetos poderosos" (GD/CI "Incursões de um extemporâneo" § 8; *tradução ligeiramente modificada*).[24] O que se tem, assim sendo, é Nietzsche a nos remeter de um âmbito estético, que assim já não seria única e isoladamente estético, para um âmbito fisiológico. E além de fisiológico, faz-se devidamente ressaltado o seu laço com a animalidade: "do que tenho necessidade é da música, com que se esquece o sofrimento; com ela a vida animal se sente divinizada e triunfa" (7 [7], final de 1886 – primavera de 1887). Assim, se a arte é tomada por uma função orgânica (cf. 14 [120], primavera de 1888) e por um resgate de algo pulsante na vida animal, considerá-la propriamente um traço, uma emanação ou uma capacidade específica dessa ou daquela obra seria uma perspectiva por demais superficial ante compreendê-la como a emanar da instintualidade e da vida.

Sabemos o quanto a concepção nietzschiana de vida e a questão da relação com ela são norteadoras e mantenedoras de seu projeto filosófico. As formulações nessa direção podem ser vistas como contraposição ao pano de fundo biológico-científico de seu tempo, eminentemente darwiniano,

24 Segue a enumeração: "a embriaguez da festa, da competição, do ato de bravura, da vitória, de todo movimento extremo; a embriaguez da crueldade; a embriaguez na destruição; a embriaguez sob certos influxos meteorológicos, por exemplo, a embriaguez primaveril; a embriaguez da vontade, por fim, de uma vontade carregada e avolumada" (GD/CI "Incursões de um extemporâneo" § 8).

e também como seu aprofundamento; tanto em um caso como no outro, considere-se que o referido pano de fundo seria um enquadramento inescapável, ou seja, tem-se uma aderência de fundo mesmo quando o filósofo critica esse ou aquele aspecto, ainda que procure aprofundá-lo. Isso significa, por exemplo, em traços muito gerais, que para a teoria da seleção natural a vida seria uma adaptação de condições internas a condições externas mediante uma luta que teleologicamente visaria a autoconservação. Nietzsche, de sua parte, rechaçando toda e qualquer invocação ou ressonância teleológica, obviamente recusará a ideia de autoconservação, no que evidentemente não será darwiniano. Entretanto, no âmbito do referido enquadramento científico, a dinâmica da luta darwiniana pela conservação da espécie converte-se em uma luta de caráter imediato e imanente visando ao crescimento das forças ali em ação, com a adaptação dando-se sempre do interior e em relação às condições internas,[25,26] e não o contrário, como se tem em Darwin. E por meio desse registro, que é o de uma fisiologia de vigor excedente, reencontramos a questão do *locus* do fazer artístico, já que a fisiologia admitirá referências à animalidade, e a animalidade, por sua vez, admitirá paralelos com a arte:

> [...] a arte nos lembra de estados de vigor animal; ela é a um só tempo excedente e emanação de corporeidade florescente no mundo de imagens e desejos; por outro lado, é uma estimulação das funções animais por meio de imagens e desejos de vida em ascensão; – uma elevação do sentimento vital, um estimulante desse sentimento (9 [102], outono de 1887).

Com relação a esse enunciado, se mais uma vez fica claro o porquê de o homem ter de ser lembrado, pela arte, de estados da vida animal, de por que ele necessita de tais estados fisiológicos, de por que buscá-los,

25 "A vida *não* é adaptação de condições internas a externas, mas sim vontade de potência, que a partir de dentro está sempre a subjugar o mais 'exterior' e incorporá-lo" (7 [9], final de 1886 – primavera de 1887).

26 Acerca da "interiorização" da seleção natural darwinista por Wilhelm Roux e sua influência sobre Nietzsche, cf. MÜLLER-LAUTER, W. "Der Organismus als innerer Kampf". *Nietzsche Studien*, 7: 189-223, 1978 (Alemanha).

uma pergunta a se fazer seria, para além da necessidade, de que modo ele é *capaz* de acionar tais estados? De que modo pode acionar tais estados estéticos, sendo estes tão aparentados à atividade puramente instintual da qual ele se cindiu? De que modo, assim sendo, ele pode se tornar fenômeno estético e, por fim, artista?

Acima, abordamos o modo como o homem se apartou de uma instintualidade que lhe proporcionava embriaguez e uma vontade carregada e avolumada. Fizemos referência aos estados humanos em que a embriaguez se mantém. Agora devemos atentar às instâncias passíveis de ser acionadas tendo em vista essa manutenção. Para compreender tal processo, devemos primeiramente referir o que vem a ser a *condição prévia* para poder fazê-lo: ora, nada menos do que a própria consciência reflexiva – a instauração de uma *dupla* reflexividade, pois já nas interações instintuais há reflexividade –, se atua a desencadear o processo de cisão entre o homem e seus próprios instintos, também condiciona a possibilidade de um caminho de volta, ou seja, a consciência reflexiva conta com uma capacidade de acionar instâncias passíveis de viabilizar a arte como sucedâneo dos instintos, no sentido de uma voluptuosa afirmação da vida, ou, se se quiser, de uma imanente celebração da existência.

É certo que a arte é uma espécie de poder da natureza no homem, que é o grande estimulante da vida; além disso, assim como é certo, e isso já anunciamos e ainda veremos, que ela se encontra fisiologicamente inscrita no homem. Se se encontra fisiologicamente inscrita, é de se pensar que algo fisiológico seja indelével e se mantenha incólume aos marcos de passagem que assinalaram a transição do homem tão só animal para o homem duplamente reflexivo e,[27] na sequência, moral.[28] Ocorre que a embriaguez,

27 "Duplamente reflexivo" porque, em Nietzsche, entre os instintos também há reflexividade – entendemo-la como uma protorreflexividade e não como uma ação meramente intencional – a pautar suas interações. O que teria havido com a ascensão da consciência seria na verdade uma duplicação da reflexividade que já existia, isto é, a que já vigora entre os instintos, e pela reflexividade passa-se a ter uma certa polarização da atividade reflexiva por meio da consciência. A esse respeito, cf. o aforismo 354 d'*A gaia ciência*.

28 O "na sequência, moral" se deve ao fato de a consciência moral ser uma consequência da consciência reflexiva. Uma vez que a consciência reflexiva, ou "intelecto", é um processo que se desencadeia mediante o uso verbalmente articulado da linguagem, essa mesma linguagem proporciona uma intensificação da vida gregária e das

que remete a esse estrato fisiológico, não se confunde de todo com a arte, mas é sua precondição (cf. GD/CI "Incursões de um extemporâneo" § 8), assim como a arte é um gesto, uma nuance a corroborá-la. Deve-se considerar, igualmente, que a divinização, a celebração da existência que se tem pela "vontade carregada e avolumada" (GD/CI "Incursões de um extemporâneo" § 8) entre os outros animais é algo de, justamente, fisiológico, e é uma constante. Assim sendo, nos animais a celebração da existência não está restrita a momentos específicos como se tem no caso humano,[29] não demanda a deliberação do gesto artístico, tampouco demanda o esforço de sair do primeiro plano, que é o "da ótica que faz o mais próximo e mais vulgar parecer imensamente grande, a realidade mesma" (FW/GC § 78). Em seu estado puro, animal, os instintos não precisam de tais dispositivos como quem, a exemplo do homem, precisa de um narcótico. No caso do homem, a natureza já não estará desimpedidamente à disposição dele, que, não obstante se relacionar com o mundo pelos filtros da consciência reflexiva e da consciência moral, anseia por reencontrar a tal natureza e fundir-se a ela. Assim sendo, para tanto haverá a deliberação do gesto, o esforço da encenação, tendo em vista um contato consigo e com a natureza, que não será o da justaposição – própria ao domínio da consciência e da racionalidade –, mas da imersão e da fusão. Para isso, ele precisa se valer de uma capacidade que, ironicamente, foi propiciada pela mesma consciência reflexiva que o apartou da embriaguez da vida instintual em seu estado puro. Trata-se de uma capacidade de abstração, por certo, mas não da abstração, do grau de abstração que já existe disseminada entre os impulsos:[30] trata-se da capacidade de *se apartar* das interações que poderíamos chamar "de primeiro plano", assim como pela reflexividade consciente o homem passou a se apartar da natureza e de seus estímulos, a deliberar quanto

experiências que podem ser compartilhadas nessa condição. E com a intensificação da vida gregária, fez-se questão de tempo a instauração de uma moralidade pela via de uma capacidade de lembrar (memória) instada mediante castigos (a esse respeito, cf. *Genealogia da moral* II § 16).

29 A referência aqui é feita a "impulso sexual, embriaguez, refeição, primavera, vitória sobre inimigo, escárnio, nas peças de bravura, na crueldade, no êxtase do sentimento religioso" (9 [102], outono de 1887).

30 A esse respeito, ver a questão das interações pulsionais no capítulo II.

à sua reação a eles, como passou a desconfiar das aparências e de sua atração por elas, sem lhes aderir e desejando-as de maneira apenas calculada e crítica; apartou-se mesmo, em suma, de sua própria instintualidade, passando a julgá-la imprópria, a retardá-la, a reprimi-la ou sublimá-la,[31] ainda que sem eliminá-la. Pois o homem poderá usar agora a referida capacidade, com o processo de interiorização que dela decorrerá, para se apartar de sua própria *lealdade* (cf. FW/GC § 107; trad. RRTF), entendida como relação reta, racional, sem adornos nem contornos, com o próprio mundo insípido que criou para si. Observe-se que, do contrário, sem tal capacidade de se apartar – que é, na verdade, a própria ação consciente –, sem a capacidade de "se encenar", o homem estaria fadado a viver sob a ótica que privilegia tão só o mais próximo e mais vulgar. Ao tempo mesmo em que seu crivo racional e seu critério de verdade negam a presença de uma vontade ali atuante, de uma potência que, no ato mesmo de percepção, se mede e se inebria, e ao mesmo tempo que tais crivos e critério sugerem que ele tem diante de si "a realidade" mediante o apartar-se dela como não se tem nos instintos, eles deixam aberta a possibilidade de outras realidades e de outras percepções possíveis, e desse modo ensejam, com a consciência e com a razão, a possibilidade de se criarem outras "realidades".

I.V. Os três traços estruturantes do fazer artístico – o primeiro traço[32]

O fato é que a consciência reflexiva afasta da instintualidade, mas também se faz instância para reavê-la, uma vez que, ao indiretamente suscitar a consciência moral e a instintualidade, possibilita o estado estético. O

31 Ainda uma vez, a questão do retardo e antecipação das interações pulsionais a suscitar uma protorracionalidade será abordada no segundo capítulo.

32 Estes três traços estruturantes do fazer artístico, aqui apresentados no âmbito do homem racional cognoscente-inventivo (já que "conhecer é inventar, criar, fabricar", como se tem no aforismo 202 de *Para além de bem e mal*), serão retomados no capítulo II no âmbito dos impulsos orgânicos e suas dimensões, já que, afinal, configuram um prolongamento da natureza no homem, que ali se faz presente como vida sob a forma de impulsos que artisticamente interagem com o mundo. Assim, no capítulo II, cf. seção II.VIII, "Implementação axiológica por meio do estilo: a quarta dimensão pulsional".

estado estético, se por um lado depende das condições fisiológicas que aspiram a uma vontade carregada e avolumada e à celebração da vida, por outro precisa ser *induzido*: o próprio olhar a si mesmo, a própria relação de embriaguez e voracidade com a natureza *precisa ser encenada*, e para Nietzsche ela efetivamente o é. No processo de encenação do estado estético existem três aspectos mais frequentes, passíveis de ser reconhecidos em uma análise de suas referências sobre arte em diferentes momentos de sua produção, como vamos propor aqui. Observe-se que esses três traços do fazer artístico não foram concebidos pelo filósofo ao mesmo tempo, nem da mesma maneira, tampouco são atestados da mesma forma por Nietzsche no *corpus*, mas sobretudo, em comum, os três testificam modos pelos quais, por meio da arte, o homem dá conta de sua própria dimensão orgânica em um *continuum* com a natureza como não lhe é possível com o intelecto tomado por si só, e tão só com a ação consciente – e isso por mais que esses traços sejam possibilitados pelo intelecto e pela ação consciente. De tal maneira eles são recorrentes que, além de inerentes, podem ser reconhecidos mesmo como estruturantes do fazer artístico, como faremos ver aqui. Quanto ao que propomos ser um primeiro traço, de tão próximo e mesmo visceral, o filósofo só chega a reconhecê-lo em sua estética tardia, ou "segunda estética", que é a *fisiologia da estética* ou *fisiologia da arte*. Por esse primeiro traço, se tem a conversão de obstáculo ou matéria recalcitrante em estímulo – tal qual se tem na apreensão instintual da natureza. O segundo traço, explicitação do primeiro, é o da transfiguração, que envolve a rarefação da percepção e a introdução de elementos pela via da criação. Já o terceiro, que inferimos como intimamente relacionado aos dois primeiros, é o da condensação ou simplificação, que também pode ser concebido como da simbolização.[33]

Acerca do primeiro traço, é preciso acreditar que se possa ir um pouco além da retórica para ver o que estaria por trás de enunciados que referem a arte como "grande estimulante da vida", como Nietzsche afirmará em escritos retrospectivos acerca de *O nascimento da tragédia* (cf. 14 [25], [26], primavera de 1888). Contrariamente ao que pensava Schopenhauer,

---

33 Estes três traços serão retomados no capítulo II em referência ao dionisíaco e apolíneo na fisiologia orgânica e na criação artística.

a arte é o que salva da negação da vontade, e pela arte se salva a vida (cf. 7 [7], primavera-verão de 1883). Passando-se da concepção de vida à sua variante, a da existência – que é como a noção de vida se apresenta em *O nascimento da tragédia* –, de teor semelhante é o que se tem em seu arrazoado acerca da contradição em se pensar uma arte pessimista: se "o conhecimento absoluto conduz ao pessimismo: a arte é o antídoto contra isso" (19 [52], verão de 1872 – início de 1873). E deslocando-nos levemente da existência a seu entorno, que é a realidade, as afirmações anteriores, que apontavam para um caráter de afirmação e bendição da vida ou da existência, revelarão seu caráter de movimento, de contraposição, o que se evidencia quando Nietzsche diz ser necessária a mentira para vencer a realidade (cf. 11 [415], novembro de 1887 – março de 1888). Ora, se assim a afirmação e bendição de certo ponto de vista teriam algo de "mentira", de outro ponto de vista elas seriam a verdade insofismável do prazer animal. A esse respeito, pode ser elucidativo retomar o que Nietzsche afirma sobre animalidade e o estado estético:

> [...] se aparecem coisas diante de nós que mostram essa transfiguração e plenitude, a existência animal responde com uma *estimulação daquelas esferas* onde todos aqueles estados de prazer têm sua sede: – e um misto dessas mui delicadas nuances de sentimentos de bem-estar e apetites animais é chamado de *estado estético* (9 [102], outono de 1887).

A questão da transfiguração, que remete ao segundo traço, deve ficar para o momento seguinte. Já a da plenitude, intimamente relacionada à estimulação das esferas, isto é, do *locus* que sedia os estados de prazer, é aqui um bom ponto de partida. A sua compreensão demanda que consideremos o surgimento da consciência no homem segundo Nietzsche. Por ocasião da passagem da vida instintual para a vida crivada pela consciência reflexiva e pela consciência moral, o homem manteve certa ótica instintual, que fazia com que o mais próximo parecesse imensamente grande – e único.[34] Ocorre que o "único", que assim aparece na vida

34 Esse aspecto da ótica instintual pode ser inferido da explanação, por Nietzsche, do afeto de comando (como se verá no capítulo II, "afeto", "instinto" e "impulso" não são

instintual engrandecido pela voragem da instintualidade, fez-se substituir pelo "único" racionalmente selecionado entre possibilidades teóricas no enquadramento de uma realidade (cf. FW/GC § 78), enquadramento que o corrobora sem o dignificar como único. Mantida assim a visão "de primeiro plano", foi bem outra a cisão radical que adveio com a consciência: a instintualidade, em vez de continuar a se voltar às percepções, e daí aos objetos percebidos, passou a prestar contas a um centro organizador de percepções, e ali essas percepções ganhavam um nome, ou melhor, entravam no campo perceptual porque já tinham um precedente interpretativo, isto é, já tinham um nome para si. As percepções que porventura não o tivessem - cada vez mais raras - poderiam causar surpresa e admiração para só então entrar no campo perceptual, ser nomeadas e identificadas - ou cairiam na irrelevância e no esquecimento. Afinal, se até então ninguém se tinha atrevido a nomeá-las, é porque de nada valiam para a conservação da existência. Com o surgimento da linguagem, além da concomitante eclosão da própria consciência reflexiva, a vida gregária se intensificou (cf. FW/GC § 354), mutilando para sempre a vida instintual no homem. Os instintos já não poderiam se ligar de maneira franca e direta aos objetos de sua percepção, como então faziam, a ponto de se fundir em embriaguez. E o caso é que, se estão a se voltar para dentro, não podem se descarregar para fora (cf. GM/GM II § 16), e isso significa que não podem se ligar à natureza e que não podem afirmá-la, bendizê-la, dignificá-la - daí a referida perspectiva que vimos acima, pela qual, em vez de se ter uma estimulação junto à vida, tem-se a necessidade de "vencer a realidade" por meio da mentira que a faça atraente. Esse quadro se dá uma vez desfeito o lastro instintual. Desfeito esse lastro, não há como converter cada obstáculo ou indiferença da natureza - ou da realidade - em estímulo. Para a visão racional, que então ascende, um obstáculo continuará a ser um obstáculo entre outros obstáculos, e sua introjeção se dará por um processo indireto e insípido, arredio a todo e qualquer liame de prazer a ligá-lo com quem o observa.

---

sinônimos, ou não o são "exatamente", mas são, em certa medida, intercambiáveis na nova linguagem proposta por Nietzsche): em um afeto de superioridade se tem "aquele retesamento da atenção, o olhar direto que fixa exclusivamente uma coisa, a incondicional valoração que diz 'isso e apenas isso é necessário agora'" (JGB/BM § 19).

Entretanto, à medida que, perdendo em tônus e vigor, definhava a relação do homem com o mundo, nesse mesmo homem paralelamente se instaurava a sua interiorização: "é assim que no homem cresce o que depois se denomina sua 'alma' (GM/GM II § 16). E é assim que, desse modo, por um lado, mediante a instauração da consciência reflexiva o homem passa a deter a instância crítica de se apartar do meio que o cerca e das situações em que se encontra; por outro, como que ao trazer uma possibilidade de caminho de volta, com a instauração da consciência moral passa-se a engendrar uma interioridade, que vai "se expandindo e se estendendo, adquirindo profundidade" (GM/GM II § 16). Ora, é justamente essa interioridade que proporcionará a instância para que a necessidade fisiológica de pulsar *com* a natureza possa de novo se dar, mas agora de outra forma.

Não se atribua um estado etéreo ou transcendente a essa interioridade, suscitada "terrenamente" pelo dispositivo linguagem-consciência reflexiva, e, na sequência, pelo dispositivo gregariedade-consciência moral. Ela vem a ser precisamente a "precondição fisiológica" da embriaguez (GD/CI "Incursões de um extemporâneo" § 8) a que se refere Nietzsche, em cujo seio aspectos da relação entre homem e natureza podem ser de novo intensificados. A atividade e a contemplação estéticas passam assim a retomar movimentos de interação com a natureza que se davam, pela via natural, na vida puramente instintiva, agora, porém, por força da consciência reflexiva, com a referida "interioridade" cavada pela consciência moral, e isso significa, sem a imediatez e imanência de antes, sem a mesma magnitude de inconsciência. Agora existe uma singularidade a que se deve prestar contas, uma alma a adquirir dimensões e profundidade. Agora o gesto a intentar fundir essa singularidade com a natureza, se inebriado tal como na vida instintual, é tanto mais longo e entremeado, e não raro comporta em si algo de fragilidade e incerteza, como se vê no fazer artístico, nas obras que dele resultam. Isso se dá no âmbito de um universo de mediações possíveis e elaboradas, em substituição às respostas imediatas e certeiras da vida instintual. Contudo, de modo análogo ao que se tem na vida animal, faz-se reencontrada a capacidade de intensificar seu sentimento de potência, e isso é possível por meio da expressividade do gesto, do gesto a arredondar o que na natureza é aresta, a atribuir sentido ao insensível e indiferente, a conferir graça ao que, como toda a realidade, é sem atrativos ou simplesmente feio (cf. 16 [40], primavera-verão de 1888). Desse modo, de forma similar à que se tem nos instintos, a arte é uma mentira por meio da qual se viola a realidade e se nega a "verdade" (cf. 11 [415], novembro de 1887 - março de 1888). E se ela se faz estimulante da vida (cf. 14 [26], primavera de 1888), desta vida ela estimula precisamente as esferas que, em algum ponto dos instintos, sediam os estados de prazer (cf. 9 [102], outono de 1887).

I.VI. O segundo traço estruturante do fazer artístico

Se se pensar um tanto na arte como mentira para tornar atraente a realidade e vencer a "verdade", se se procurar discernir o que seria necessário para entender aí a sua "mentira", os aspectos acima contemplados, como o sentimento de potência intensificado e a expressividade do gesto, não serão suficientes. Melhor dizendo, não serão suficientes no plano teórico para o que se propõe aqui, dado estarem restritos ao primeiro dos traços estruturantes do fazer artístico privilegiados por Nietzsche, que é o da conversão de um obstáculo, ou resistência, em estímulo. São aspectos que demandam a sua própria explicitação, e isso quer dizer que, a fim de que se dê a referida conversão de obstáculo em estímulo, além da intensificação de um sentimento de potência, algo deve se operar na percepção desse obstáculo para que ele não seja percebido... Tão só como obstáculo ou como mero obstáculo. Nietzsche se pergunta, afinal, "de que meios dispomos para tornar as coisas belas, atraentes, desejáveis para nós, quando elas não o são?" (FW/GC § 299). Em um primeiro momento, e em termos mais gerais, no sentido do primeiro traço estruturante aqui já arrolado, trata-se de não tomar as coisas segundo um princípio de realidade que, com a linguagem e a consciência reflexiva, sub-repticiamente se instalou em nossa interação com o mundo. Dito um tanto alegoricamente, com Nietzsche, trata-se de "não perdermos aquela *liberdade sobre as coisas* que nosso ideal exige de nós" (FW/GC § 107; trad. RRTF). Ora, mas de que se trata essa liberdade? De que se trata o *pairar* a que ela se refere? Uma liberdade por indiferença por certo seria estranha ao universo nietzschiano, bem como um puro e simples pairar sem maiores embates, já que um e outro termo assim se conjugariam à falta de força ou intensidade. "Pairar acima das coisas", assim, teria o sentido de não se ater de maneira submissa aos referidos filtro da realidade e critério de verdade; liberdade seria então a chancela para como que manusear as coisas em vez de tê-las intocadas pelos mesmos filtro e critério. Seria empreender ainda uma vez a modalidade de interação e vivência vigente nas interações puramente instintuais. Nestas, o "sentimento de potência", a que se fez referência por ocasião do primeiro aspecto, é mais precisamente um sentir-se perfeito, uma plenitude em relação ao que se observa, e por meio dessa plenitude se convocam as coisas à sua volta, de modo a espelharem seu poder (cf. GD/CI "Incursões" § 9). Ele não estanca diante delas demovido por ilusórias convenções de verdade e realidade, mas procura se lhes fundir "até serem [elas] reflexos de sua perfeição" (GD/CI "Incursões" § 9). Acerca desse traço, que estrutura o fazer artístico, o filósofo chega a uma definição: "esse ter de transformar no que é perfeito é – arte" (GD/CI "Incursões" § 9).

Mas de que modo se transforma no que é perfeito? De que modo se procede tal qual no âmbito dos instintos um homem que vive quase sempre a dar as costas às suas determinações naturais? Para compreendê-lo, de novo se deve acionar a ideia do "pairar acima delas" e também uma outra, que é justamente a de reconquistar uma certa vivência instintual de modo artificial e deliberado, valendo-se da capacidade de distanciamento crítico ensejada pela consciência reflexiva, abstendo-se, porém, como se ressaltou, dos véus de verdade e realidade por ela instaurados. O que se terá então será um afastamento das coisas (cf. FW/GC § 299), mas a ele não se deverá suceder um estancamento em um entremeio de neutralidade e abstenção, próprio da vida consciente e racional. Será o caso de aliar a reflexiva capacidade de distanciamento crítico a dispositivos instintuais que continuam a nos subjazer: ao que nos afastamos das coisas a ponto de já não ver muita coisa delas, é o caso de nos permitir, então, que por instinto se lhes acrescente muitos traços para vê-las ainda um tanto mais (cf. FW/GC § 299). Não serão traços atribuídos ao sabor da indiferença ou da casualidade, e sim traços que convenham àquele que vê e deixa de ver, que lhe apeteçam e que, sem pretensão de dizer respeito às coisas, serão a corroboração da força daquele que assim se faz artista, e serão também, assim, espelho de sua perfeição. Desse modo, o homem se valerá de seu poder artístico, por meio dele vai se inserir no mundo, atuará nele em vez de imaginar observá-lo, como se tem pela razão; "há de se transfigurar nele e com ele, e, com isso, pela arte, alcançará o interior do mundo" (cf. 2 [193], outono de 1885 - outono de 1886).

I.VII. O terceiro traço estruturante do fazer artístico

Faz-se claro, desse modo, que o homem torna a se inserir efetivamente no mundo por meio da arte, uma vez que para Nietzsche "o mundo em si mesmo nada mais é do que arte" (2 [119], outono de 1885 - outono de 1886). O sentido em que o é, se nos limitarmos aqui ao que diz respeito ao homem, tem-se que a necessidade a impeli-lo ao fazer artístico encontra-se nele fisiologicamente inscrita - algo tão universal a tudo o quanto vive como é a necessidade orgânica. Com isso, podemos fazer ver o quanto a relação entre arte e mundo "se fecha" pela via do orgânico, uma vez que todo o orgânico age como artista. Ora, se age como artista, e se os dois primeiros traços estruturantes do fazer artístico remeteram à encenação de uma relação com a natureza que entre os instintos dava-se irrestritamente e de pleno direito, como não comportaria uma dimensão artística aquele que é a principal necessidade do orgânico, ou seja, a simplificação? "A simplificação é a principal necessidade do orgânico: ver as relações de modo comprimido, apreender causa e efeitos sem os muitos elos intermediários, achar semelhança em muito que há de dessemelhante" (11 [315], outono de 1880). Não será essa simplificação assim uma decorrência do segundo traço do fazer artístico, pelo qual se *cria* algo que já não se é capaz de perceber? Sim, pois a simplificação é algo de tão criativo que a própria percepção de uma *coisa* - que em si não existe, sendo um agregado de estímulos - é um ato de simplificação (cf. 7 [62], [38], final de 1880). E, da mesma forma, a simplificação é um desdobramento lógico do primeiro traço estruturante do fazer artístico, o da conversão de obstáculo em estímulo, à medida que é presidida por uma crença que tem algo da referida conversão: no orgânico, a ação de simplificação é instada pela crença, muito frequentemente estimulada, de que se vai encontrar alimento (cf. 11 [316], outono de 1880). Pois essa mesma ideia de simplificação, oriunda de sua reflexão sobre o orgânico, Nietzsche encontrará também ao refletir sobre o ato de criação artística precisamente no momento em que traz ao rés-do-chão o artista, antes pensado como algo da ordem do gênio, e um ato de criação, antes pensado com ares de algo etéreo – isso ele o faz no ciclo do *Humano, demasiado humano*: ali se tem o ato de criação do dramaturgo e do artista em geral não como criação segundo comumente se imagina, mas como esboços superficiais (cf. MM/HH § 160). À pergunta sobre de que modo pintor e escultor expressariam a "ideia" do homem (cf. MM/HH § 160), Nietzsche responde ao observar que há "muita prestidigitação" nos caracteres criados pelos artistas (cf. MM/HH § 160), e que o homem inventado, criado pelos artistas, só significaria algo para os que o compreendessem "numa *simplificação* crua e pouco natural: de modo que alguns traços fortes e frequentemente repetidos, tendo muita luz em cima e muita sombra e penumbra ao redor, satisfazem totalmente suas exigências" (MM/HH § 160; *itálico nosso*). Assim, se no orgânico, assim como no artístico, do sem-número de excitações e estímulos recebidos a maior parte é sem mais desconsiderada, em nome de uma simplificação, e se tal simplificação se dá em função do dispositivo – os "traços fortes e frequentemente repetidos" de projeção e simbolização –, nisso se terá então o terceiro traço, a terceira constante do fazer artístico para Nietzsche. Uma simplificação, observe-se, não casual ou desprovida de critério, mas simplificação em nome do que interessa e do que é vital, que por isso mesmo estimula a voragem do organismo, e, no mesmo sentido, como em um animal movido por seu apetite, faz o artista converter em estímulo o que é obstáculo, ou mera recalcitrância, ou desprovido de interesse. O organismo, como o fazer artístico, a todo o tempo se deleita em medir esforços com a matéria recalcitrante com que depara, assim como a todo tempo se antepõe a ela com o sentimento de potência que lhe é intrínseco; compara e equipara estímulos e, ao fazê-lo, abstrai – isto é, simboliza – do que seriam suas individualidades em favor das próprias classificações e categorizações a que as submete. Com isso, ele substitui o múltiplo e caótico por seu próprio enquadramento, pelo seu próprio efeito e gesto de separação, de seleção, de apropriação; em suma, ele se interpenetra com o mundo ao simplificá-lo à sua maneira, ao impor, sobre o que recebe desse mundo, a simplificação de seu apetite e sua própria forma.

I.VIII. Arte e fisiologia nietzschiana

Com esse percurso, percebe-se que as tematizações e referências de Nietzsche à arte, como se anunciara, de fato apontam para além do que comumente se entende por arte. Apontam para a fisiologia e, pela fisiologia, para a relação de fusão do organismo com a natureza e na natureza. Mas uma vez que o ponto de partida aqui foi o modo como *o próprio* Nietzsche poderia se valer da tarefa inconsciente da arte, por ele invocada, caberia se perguntar se com isso não se estaria a apontar para a fisiologia ali mais próxima, ou seja, perguntar-se, assim, em que medida essas considerações não remeteriam à fisiologia do próprio Nietzsche. E sendo uma teorização que aponta para além da própria teorização, perguntamos agora se, no mesmo sentido, ela não estaria a assinalar a vivência do próprio teorizar na pessoa de Nietzsche, isto é, uma sobreposição, ou melhor, uma intersecção entre sua fisiologia e seu discurso filosófico no seio mesmo de seu filosofar.

Ao se falar da questão da fisiologia do próprio Nietzsche, por certo que de pronto nos ocorrem suas referências à sua própria digestão, aos seus males, ao ar de suas diversas paragens e às condições meteorológicas que lhe eram propícias, e ainda, talvez de modo mais célebre, à sua visão retrospectiva sobre o ponto mais baixo de sua vitalidade (cf. EH/EH "Por que sou tão sábio?" § 1). Mas a fisiologia que mais nos interessa aqui é a que está por trás dessas referências, em que Nietzsche atenta a esses seus processos e os traz em diversos momentos de seu filosofar. O que se quer dizer é que a sua relação com sua própria fisiologia vai além dessas referências, e, ressalte-se, do conteúdo dessas referências. De certa forma, que é bem a forma que vamos propor, a relação com sua própria fisiologia pode ser contemplada como algo da ordem do problema do "ter consciência", do "tomar consciência de si", tal como ele demonstra no início do aforismo 354 d'*A gaia ciência*. O referido problema, afinal,

> [...] só se apresenta a nós quando começamos a conceber em que medida poderíamos passar sem ela. [...] Poderíamos, com efeito, pensar, sentir, querer, recordar-nos, poderíamos igualmente 'agir' em todo sentido da palavra: e, a despeito disso, não seria preciso que tudo isso nos 'entrasse na consciência' (como se diz em imagem). A vida inteira seria possível sem que, por assim dizer, se visse no espelho (FW/GC § 354; trad. RRTF).

Por mais que na sequência desse enunciado Nietzsche dê vazão à sua hipótese que relaciona "refinamento e força da consciência" com "a aptidão de comunicação de um ser humano", e por mais que o âmbito específico, remoto e hipotético da citação acima seja o da fisiologia animal, o que se quer ressaltar aqui são os processos atuantes em nós, cruciais para o que nos é mais crucial, a vida, e o modo com que o fazem sem que tenhamos de espelhar, com a consciência, o seu desenrolar em nós, sem que se esteja a falar sobre eles. Esses processos são os que nos perpassam a todo tempo, atentemos a eles ou não, e que perpassavam os filósofos, que os desprezavam como elementos de perturbação ou de pouco valor, e obviamente perpassavam a "fisiologia Nietzsche", estando ele a filosofar. Ele compreendia o quanto tais processos "sem consciência" eram relevantes tanto para uma fisiologia animal quanto para a atividade pretensamente mais consciente. Isso significa que até mesmo o fazer filosofia poderia se tornar, em parte e em muitos momentos, uma atividade que, paradoxalmente, não nos entrasse na consciência. Por tais intermitências, não esteve a filosofia suscetível a pontos cegos, como já vimos alhures, em outros momentos?[35] E se por diversas vezes apontou, como ali se viu, a pedra de tropeço dos filósofos, não estaria Nietzsche interessado em fazer bem o contrário? A efetivamente conhecer os processos fisiológicos que franqueiam a passagem do inconsciente ao consciente, e deles se apropria, a fim de não se fazer refém de um pensamento *pretensamente* consciente? Não seria esse o busílis da tarefa inconsciente da arte?

---

35 A esse respeito, cf. nota 75 da "Introdução".

I.IX. O fazer artístico em filosofia: a forma aforismática

Por tudo o que se viu, não bastariam as formulações *teóricas* sobre a arte, que obrigatoriamente passam pela clivagem da consciência reflexiva, e isso porque, pelo que propomos, a questão da filosofia e da arte em Nietzsche passaria necessariamente pela comutação inconsciente-consciente - dado o caráter limitado e intermitente da consciência para a filosofia, dada a tarefa inconsciente da arte, invocada como auxílio à filosofia. E se as reflexões de Nietzsche sobre a arte remetem à fisiologia, e à fisiologia do próprio filósofo, seria então o caso de se travar outro contato com as formulações sobre a arte, um contato que as fizesse saltar do âmbito apenas teórico para atuar deliberadamente na tentativa de, por via da arte, cooptar impulsos que, de outro modo, exerceriam ação e produziriam efeitos tão somente às suas costas. Como resultante dessa atitude, o próprio filósofo fisiologicamente presidiria um trânsito da presença da natureza no homem à passagem à consciência, ou, em outras palavras, dos estímulos nervosos à expressividade linguística. Se o plano fisiológico de todo indivíduo é ação e continuação, por meio da vida, da natureza no homem, e se é movido por um sentimento de embriaguez, associado ao sentimento de aumento de potência, a consideração de tal plano bem poderia vir a expressar a "embriaguez da vontade, [...] de uma vontade carregada e avolumada" (GD/CI "Incursões de um extemporâneo" § 8) em seu fazer filosofia - e, com isso, o que de outro modo seria a modorra do fisiologicamente inconsciente e das decisões inconscientes em filosofia poderia assomar à consciência. Seria possível fazê-lo mediante a maximização de energia em um mínimo ponto ou segmento, "[n]aquele mínimo em extensão e número de signos, e [n]o máximo que obtém na energia dos signos" (GD/CI "O que devo aos antigos" § 1). Se o filósofo assim procederia dando vazão à embriaguez de sua vontade, não será esse o primeiro aspecto do fazer artístico, acima arrolado? Afinal de contas, se se extrai energia de signos que de outra maneira seriam anódinos, está se convertendo sua monotonia, sua sensaboria em estímulo e prazer. Note-se que o obstáculo, sobre o qual incide o primeiro traço estruturante do fazer artístico, também pode ser a "matéria difícil, recalcitrante" a que se dá forma (GM/GM II § 18), essa matéria recalcitrante podendo ser os próprios pensamentos quando ficam tentados a explicar suas razões, a revelar "o pensar dos pensamentos" (MM/HH § 188). Pois a essa tentação o pensador pode sucumbir, como foi a regra em filosofia, ou pode a ela se contrapor, como Nietzsche, ao modo de um esteta do pensamento, convertendo uma anódina e disforme explanação de razões - que se deixará levar pelas intermitências da consciência - na estimulante expressão de seus resultados (cf. MM/HH § 188). Isso também significa - e ressalte-se aqui a necessidade fisiológica - que mesmo em relação ao fluxo de pensamentos é possível deliberadamente encenar uma intervenção de base instintual, e, desse modo, "instintivamente criar formas, imprimir formas, tendo-se aí os mais involuntários e inconscientes artistas" (GM/GM II § 17). Com isso, como propomos, é possível compreender e protagonizar a passagem do inconsciente ao consciente ao fazer filosofia.

Ao se converter uma anódina e disforme explanação de razões, como acima observávamos, na expressão de seus resultados, o movimento que se faz não é apenas o da conversão da sensaboria em um estímulo, pela qual se protagoniza o primeiro traço do fazer artístico, mas é também o da conversão do extenso e não raro disforme em um traço que tanto é expressivo quanto simbólico e simplificador. Por esse movimento, assim se protagoniza o terceiro aspecto do fazer artístico pela apurada concisão do aforismo. O filósofo pode dar vazão a um ímpeto de simbolização ao concentrar amplos desdobramentos reflexivos na escrita incisiva e concentrada (cf. 35 [31] e 37 [3], maio-julho de 1885) do aforismo, com esse recurso contendo, pois, uma ocultação de cadeias de pensamento em nome da simplificação dos processos cognitivos que necessariamente se fazem ocultados. Esse expediente, ao tempo mesmo em que estrutura e veicula o filosofar de Nietzsche, serve à necessidade fisiológica de intervir nas miríades de estímulos recebidos por meio da simplicidade e do vigor de um gesto, do paroxismo concentrado de um aforismo.

Ora, se estamos aqui a falar na relação entre fisiologia e expressividade no âmbito da forma aforismática, no que diz respeito ao segundo traço estruturante do fazer artístico, pelo qual se cria o que já não se consegue ver, também ele é proporcionado pelo aforismo, sobretudo quando se toma a forma aforismática por uma reiterada tentativa de análise segundo as mais diferentes perspectivas propiciadas pelos jogos especulares da escrita em aforismos. Com perspectivas que podem mesmo ser vistas como as mais inusuais, inusitadas, incômodas para o pensador, do ponto de vista de um aforismo - de um jogo especular aforismático - o olhar do filósofo é intentado e exigido, forçado a ir aos confins do que a vista alcança e do que já não alcança. Justamente por seguir o raciocínio nesse ou naquele plano de projeção de imagens e mesmo de miragens, em dado momento se é levado a criar. Isso se aplica tanto ao autor como também ao leitor, tendo-se uma singularidade fisiológica, tanto em um caso quanto no outro, sendo suscitada e contemplada. No seio dela é que se cria o que já não se consegue ver, mas atente-se que esse ato de criar não é um criar hipostasiado, nem a partir do nada, sendo, por isso, um ato de transfiguração - e o transfigurar é elemento próprio ao segundo traço do fazer artístico.

O ato de criação como transfiguração é suscitado por Nietzsche como movimento reflexo - isto é, no próprio leitor - também por um outro aspecto da forma aforismática, aqui já abordado. Se acima falávamos do processo de minimização e ocultação de cadeias de pensamentos como algo tão próprio ao aforismo, com esse procedimento de minimizar e ocultar - isso vale tanto para o interior condensado do aforismo como para os movimentos interaforismáticos - Nietzsche não apenas protagoniza os três traços estruturantes do fazer artístico, mas, sobretudo no que tange ao segundo, ele o faz de maneira reflexa ao suscitá-lo em seu leitor: com um movimento de ocultação, acaba-se por fazer o leitor transfigurar de forma criadora e voluntariosa o que ele já não pode ver em um exercício que não é de puro arbítrio, mas de uma necessidade que remete ao acionamento de sua singularidade fisiológica, chamada assim a uma atitude desperta. Nesse sentido, as exigências do aforismo fazem com que sua própria leitura, ou melhor, sua interpretação, apelando-se a uma racionalidade assim desperta e ampliada, seja um fazer artístico: "bem cunhado e moldado, um aforismo não foi ainda 'decifrado' ao ser apenas lido: deve ter início, então, a sua *interpretação*, para a qual se requer uma arte da interpretação" (GM/GM "Prefácio" § 8). Portanto, se as inusitadas perspectivas suscitadas pelos aforismos obrigam o próprio Nietzsche a artisticamente transfigurar o que já não pode ver, a sua condensação e ocultamento – mas mesmo, e por que não, as referidas perspectivas – obrigam o próprio leitor a, com sua singularidade, transfigurar – criar – o que já não pode ver.

I.X. O fazer artístico em filosofia II: a questão do estilo

Entretanto, o fazer artístico por Nietzsche não se limita à forma aforismática, e seu estilo pode e deve ser abordado em sentido mais amplo. No que tange à relação dos recursos estilísticos com as palavras, deve-se fazer ver que tal relação procura se dar de modo semelhante àquele pelo qual o instinto se relaciona com o meio que o cerca. Se então, nesse sentido, pelo primeiro traço do fazer artístico os obstáculos são convertidos em estímulos pelo instinto, as próprias palavras estariam a fazer as vezes do que é obstáculo ou anódino, sensaboria, também referido por Nietzsche como "o feio" da realidade e da verdade – "assim como a realidade, a verdade é feia" (16 [40], primavera de 1888). Sim, estamos a propor que, na prática do estilo, as palavras tomadas em si são o elemento que se contrapõe ao ímpeto de prazerosa singularização, próprio do instinto. Delas se pode dizer "feias" à medida que "toda palavra é um pré-conceito" (WS/AS § 55), um perigo para a liberdade espiritual, à medida que não dizem respeito e não pertencem à existência individual, à singularidade do ser humano, já que surgiram e se desenvolveram tão somente em relação à utilidade comunitária e a questões da vida gregária (cf. FW/GC § 354). Em razão disso, sempre que o homem intenta expressar seus próprios estados, esbarra no óbice de seu meio de expressão, enquanto este envolver as palavras ou se reduzir a elas – afinal de contas, elas não são as *suas* palavras, mas antes e acima de tudo são a linguagem da comunidade e estão a serviço dela. Ao se fiar única e irrestritamente na linguagem, se olha para si, se procura se compreender e se descrever, esse homem tanto mais se sequestra, uma vez que a linguagem usada para tal é, ainda uma vez, a de signos gregários para questões gregárias. Em outro sentido, as palavras seriam o elemento recalcitrante também uma vez que, se esse homem procura olhar o mundo à sua volta, por mais que imagine acessar os fenômenos e as coisas como são, de pronto se engana acerca de todos eles por tomá-los pelas palavras com que aprendeu a referi-los.

Para expressar o mundo e a si mesmo, como a si mesmo no mundo, cumpre converter essa gregariedade em singularidade no sentido de que, pelo primeiro traço do fazer artístico, cumpre converter em estímulo a insipidez e fealdade da realidade. Como fazê-lo? Aqui talvez valesse invocar uma preleção do próprio Nietzsche justamente contra a interferência gregária: se a "comunicabilidade da necessidade" (JGB/BM § 268) é a força mais poderosa que já se apossou do ser humano, e se ela traz consigo a vulgaridade e a mediania, "é preciso invocar prodigiosas forças contrárias" (JGB/BM § 268). Essas forças, presentes no homem, não obstante remontam a um momento anterior ao convívio estreitado entre seus pares por ação e efeito da linguagem.[36] Isso significa restaurar um momento em que os seres humanos eram ainda singularidades instintuais, e nessa condição dispunham, mesmo que não da crescente interiorização que virá depois, de um tônus interno ainda não travejado de interferências gregárias. Com a consciência moral oriunda da consciência reflexiva, ao que esta fez adensar o convívio social, engendrou-se no homem o referido processo de interiorização: um mundo inteiro a se expandir e se estender como que entre duas membranas (cf. GM/GM II § 16). No cômputo geral, o homem evidentemente manteve uma configuração instintual, que é a de sua animalidade, mas agora provido de um centro de mediação e de reflexão (que duplica a reflexividade já existente entre os instintos) – a consciência reflexiva. Nesse quadro, substituiu-se a relação com as coisas e os estímulos do mundo pela relação com os *nomes* a eles atribuídos – ou seja, por uma abstração linguística. Esse homem passa a conviver com uma série de instintos que não podem ser descarregados em virtude do convívio social e de sua consciência moral. De um homem assim provido de reflexividade, moralidade e alma, obtidos à custa de tantos percalços,[37] não se espere estabilidade nem placidez, que, obviamente, não existem nem

---

36 "A história da linguagem é a de um processo de abreviação –; com base nesse rápido entendimento as pessoas se unem, cada vez mais estreitamente" (JGB/BM § 268).

37 A esse respeito, cf. FW/GC § 354, em que se tem a hipótese para a constituição da consciência reflexiva entre os homens, e a segunda dissertação da *Genealogia da moral*.

mesmo entre os instintos, e não se o tome por um estado acabado. Em seu âmbito, não se conte com respostas certeiras nas relações com o meio que o cerca, como as que acalentava quando era pura instintualidade.[38] É de supor que os instintos que gostariam de se descarregar e não o fazem, bem como sua alma feito caixa de ressonância e de frustrações, proporcionem um quadro dramático como não seria o do indivíduo que se constituísse tão somente como configuração instintual a interagir e a se descarregar. Por tal dramaticidade, a condição do homem é a de um *pathos* em tensão interna (EH/EH "Por que escrevo livros tão bons" § 4), de uma tensão interna que quer se expressar e também se ressente por não interagir com a natureza, que não obstante a todo o tempo lhe assedia em seu âmbito fisiológico. Com sua necessidade de (se) expressar, esse homem se vê às voltas com um duplo obstáculo: o primeiro é a própria impossibilidade de externar suas necessidades instintuais como na vida animal; o segundo é não ter os canais adequados para expressar esse estado de tensão interna.

A expressividade, pelo homem, de sua própria singularidade está intimamente atrelada à sua relação com a natureza, tratando-se, na verdade, de uma adesão a ela. Se reiteradas vezes aqui fizemos referência à natureza sentida no homem, a natureza que assim demanda ser vivenciada não deve ser tomada por um conceito abstrato ou inatingível, mesmo distante, por mais que o homem tenha cortado o contato que com ela travava de modo direto e imediato. O problema aí, nessa atitude, estaria mais em se limitar a tomá-la por um conceito, e um conceito apartado de quem opera o discurso. Ora, a natureza, para Nietzsche, longe de ser um conceito apartado ou um "princípio", faz-se presente pela ideia de vida no caso do homem. Nesse sentido, a "distância" em relação a ela pode ser a da respiração, a do fôlego da elocução, a da pulsação, a dos tempos fortes e fracos de uma frase musical, bem como a da fala – de tal maneira que acima nos referimos a uma "adesão". Isso significa que ela não será acessada pela insipidez da

38 Com "respostas certeiras", outra maneira de se referir ao "vínculo conservador dos instintos", não se deve ter em vista uma cegueira à maneira da vontade de Schopenhauer, mas o contrário: como se verá no capítulo II, entre sua instintualidade há reflexividade, que aqui referimos por "protorreflexividade", uma vez que entre eles há (rudimentos de) comunicação.

palavra gregária, mas sim por algo que *permeia* um certo uso da linguagem, algo que desde sempre envolveu a elocução linguística e pode ser resgatado pelo exercício do estilo. Pela imanência do estilo na linguagem, esta deixa de ser tão só obra e função da gregariedade. Pelo estilo, entabula-se uma relação pela qual os pensamentos não são apenas pensados ou creditados, mas são também *sentidos* (cf. 1 [109], julho-agosto de 1882). Se os signos se orientam para a horizontalidade do comunicar, o estilo opera na verticalidade daquele que, antes de comunicar, é tensão interna a demandar expressividade. Operar em sua verticalidade significa dizer respeito à pessoa daquele que comunica, adequar-se à sua singularidade. Significa antepor à abstrata gregariedade da palavra o fôlego e a fala, testemunhos legítimos da singularidade de quem expressa.[39] Significa sopesar a palidez do escrito com a expressividade da récita.[40] Significa, ainda, "revelar a riqueza da vida pela *riqueza dos gestos*" (1 [109], julho-agosto de 1885). A vida que se faz represada pela articulação linguística encontra vazão no sentir e pulsar coetâneos à elocução, dos quais se vale a prática do estilo. O estilo, aliás, além de uma prática, pode ser um aprendizado: "É preciso *aprender* a tudo sentir como gestos – a extensão e brevidade das sentenças, as pontuações, a escolha das palavras, as pausas, a sucessão dos argumentos" (1 [109], julho-agosto de 1885). Da mesma forma, pela respiração e pelo fôlego, intrínsecos à linguagem falada, a vida se presentifica como não o faz pelo uso irrefletido da palavra.[41] E não apenas a respiração, mas de modo geral os sentidos são um modo com que, acessando-se a natureza pela vida, e a vida por seu próprio metabolismo e por sua própria fisiologia, faz-se possível contornar o que é mera abstração.

39 "Deve-se saber com precisão: 'eu falaria e declamaria assim e assim' – antes que se possa escrever. Escrever deve ser uma imitação" (1 [109], julho-agosto de 1882).

40 "Uma vez que a quem escreve faltam muitos *meios* de récita, com isso ele deve, de modo geral, ter como inspiração um tipo muito expressivo de récita: a imagem desta, que é o escrito, deve necessariamente se sair muito mais pálida" (1 [109], julho-agosto de 1882).

41 "Cautela diante do período! Aos períodos só tem direito aquele que tem fôlego longo também na linguagem. Para a maior parte [das pessoas] o período é uma afetação" (1 [109], julho-agosto de 1882).

I.XI. O fazer artístico em filosofia III: ritmo e pulsação (*tempo*)

Falar em estilo em Nietzsche é compreender a relação entre a expressividade de uma singularidade e a fisiologia que será a um só tempo moto e canal para que assim se expressem tensões inerentes à própria fisiologia. Para além da vivência musical do próprio Nietzsche, em sua juventude, para além da influência de Schopenhauer, que dignificara a música acima das outras artes por expressar sensações do modo mais abstrato, por bem outro motivo, isto é, porque escandida em uma temporalidade, a música vem a ser a forma expressiva por excelência de uma fisiologia: na música, a pulsação sanguínea e os batimentos cardíacos se fazem presentes pela noção de compasso – do alemão *Takt*, em português também referida pelo termo "pulsação". Em razão do ancoramento fisiológico, além do músico, mesmo o *prosador*, assim como o poeta, podem se valer da expressividade do compasso: "o compasso do bom prosador na escolha de seus meios consiste em se aproximar *cerradamente* da poesia, sem porém jamais avançar a linha que o separa dela" (1 [109], julho-agosto de 1882). E porque escandida no tempo, a música proporciona um elemento fundamental para se compreender a relação entre aspectos da expressividade humana e a fisiologia que assim se expressa, como quando o filósofo transpõe da terminologia e da vivência musical a noção de *tempo* a fim de pensar o estilo de uma língua (cf. JGB/BM § 28). A subjazer ao ritmo, a constituir, em unidades de tempo, o compasso, a identificar-se com a pulsação básica em que se espraia uma composição, não apenas a música, mas o *tempo* também de uma língua é fisiológico a ponto de não poder ser traduzido, o que significa que não passa pela questão do sentido e de imaginários referentes das palavras.

Se fisiologia e linguagem são tão intimamente entremeados a ponto de Nietzsche se referir a um "*tempo* médio de seu 'metabolismo'" (JGB/BM § 28) como se se tratasse do dispositivo de intersecção entre sistemas interligados, que seriam fisiologia e linguagem, de modo talvez menos alegórico a conexão entre eles é referida como sendo da ordem do instinto: desde seu período filológico, Nietzsche afirma que "resta-nos considerar a linguagem como produto dos instintos"[42] e, levando em conta que o "cerne mais íntimo de um ser" para ele por certo não estará na alma, na mente nem em uma unidade última e indissolúvel, a menção à linguagem como "a coincidir com o cerne mais íntimo de um ser"[43] aponta para uma ligação íntima entre linguagem e vida instintual. E note-se que aqui, sem ainda poder discernir de forma precisa qual será a natureza dessa relação, e nem mesmo a natureza do "instintual" - pois disto trataremos no capítulo II -, entre linguagem e instinto devemos ressaltar uma convivência não pontual, propondo justamente uma relação prolongada, de fôlego perene, nos antípodas de uma ação de mero desencadeamento ou de causalidade, até porque esta última, para Nietzsche, comporta sempre interstícios tão metafísicos quanto inexplicáveis. Trata-se, assim de uma relação como a que não fora postulada ou considerada pelos filósofos que antes dele haviam proposto algo como um breve "momento de convivência" entre instinto e linguagem. As filiações e referências de Nietzsche nesse campo já foram devidamente apontadas pela fortuna crítica. Já se mostrou que a origem da linguagem nos instintos estaria presente em diversos lugares e autores com quem ele travara contato, direto ou indireto, como Schopenhauer e Rousseau,[44] tratando-se, de resto e para além disso, de uma posição bastante difundida em seu tempo[45] - essa disseminação e esse contato podemos aqui tomar como uma *primeira fonte* de sua compreensão da relação entre instinto e linguagem. Já se ressaltou igualmente que, quanto ao viés artístico da linguagem, tanto o seu texto *Retórica*, com anotações sobre curso homônimo por ele ministrado, quanto o ensaio *Sobre verdade*

---

42 NIETZSCHE, F. "Vom Ursprung der Sprache". *Nietzsche Werke*. Org. Fritz Bornmann. Berlim/Nova Iorque: Walter de Gruyter, 1993, p. 185 (Kritische Gesamtausgabe, II).

43 *Ibidem*.

44 Cf. CRAWFORD, C. *The Beginnings of Nietzsche's Theory of Language*. Berlim: Walter de Gruyter, 1998, p. 44.

45 Em seu estudo seminal, Claudia Crawford analisa e propõe que, embora Nietzsche tivesse adotado o arcabouço tropológico de Gustav Gerber, presente em *A linguagem como arte* (*Sprache als Kunst*), como hipótese de trabalho de questões que permearam todo o seu trajeto, tal arcabouço ele concebera e elaborara de modo independente antes mesmo de sua leitura de Gerber no outono de 1872. Cf. CRAWFORD, *op. cit.*, p. 16, 24, 200 e p. 199-220 (capítulo XIV, "Nietzsche's Note for a Course on 'Rhetoric' and 'On Truth and Lies in a Nonmoral Sense'").

e mentira no sentido extramoral remetem ao *A linguagem como arte (Die Sprache als Kunst)*, de Gustav Gerber,[46] que assim seria uma *segunda fonte*, ou pelo menos uma questão de afinidade ou de *esprit du temps*, embora Nietzsche efetivamente tenha lido Gustav Gerber.[47] Mas a detecção dessas fontes históricas e a alegação de haver da parte do filósofo pura e simples aderência e apropriação está longe de dar conta da teoria da linguagem do jovem Nietzsche, muito menos dos desdobramentos práticos da teoria assim formulada.[48] Não raro, os mesmos estudos que descortinam as fontes de Nietzsche nesse campo dão a entrever a visão do filósofo como indo além daquelas do horizonte de que partiu, a transcender as posições disseminadas a que teria aderido.[49] Nesse sentido, se para Schopenhauer, como em seguida se terá para Nietzsche, as origens da linguagem remetem à instintualidade,[50] o que se tem no filósofo de Frankfurt é uma coexistência limitada ao estágio mais primitivo, vindo a dar lugar aos progressos da razão, e de uma razão alheia aos instintos que a desencadeiam. Nesse sentido, se já Rousseau assumia que a origem da linguagem estaria nos instintos, em se tratando das articulações e elocuções linguísticas esses mesmos instintos já não teriam direito de cidadania, e a razão da gramática por certo não comportaria a inconsciência e a "rebeldia" instintual.

Uma *terceira fonte*, mais próxima e também mais decisiva, como se verá, seria Eduard von Hartmann, e remeteria ao uso que tanto Nietzsche

46 Aqui se diz respeito ao artigo "Gustav Gerber und Friedrich Nietzsche", de Anthonie Meijers. Cf. MEIJERS, A. "Gustav Gerber und Friedrich Nietzsche". *Nietzsche Studien*, 17: 369-390, 1988 (Alemanha).

47 Sobre a concepção, por Nietzsche, de seu modelo linguístico afinado ao de Gustav Gerber, mas independente dele, cf. notas 44 e 45 sobre a tese de Claudia Crawford.

48 Cf. notas 45 e 46.

49 Cf. nota 45 acerca do caso talvez mais consistente e emblemático a esse respeito, que é o de Claudia Crawford. Exceção a isso é o citado artigo de Anthonie Meijers (nota 46), no qual é contestado pela própria Crawford em seu capítulo XIV ("Nietzsche´s Note for a Course on 'Rhetoric' and 'On Truth and Lies in a Nonmoral Sense'"). E a esse respeito, de se entrever uma concepção propriamente nietzschiana em meio a suas filiações, tem-se também CAVALCANTI, A. H. *Símbolo e alegoria: A gênese da concepção de linguagem em Nietzsche*. São Paulo: Annablume, 2005, p. 50-62, sobretudo p. 51, 53, 55.

50 Cf. CRAWFORD, 1998, p. 44.

quanto o próprio Hartmann - autor de *A filosofia do inconsciente* - fizeram de Schelling quando este afirmava que sem a linguagem uma consciência humana não seria pensável, uma vez que tal consciência *depende* da linguagem, razão pela qual a fundação da linguagem não pode estar na consciência.[51] Ora, também e já para Schelling a linguagem - podendo ser tanto a da poesia e da filosofia como a do mito - não apenas é natural, como também produção orgânica. Sendo assim, o modo pelo qual adquire suas disposições mais características e seus traços mais concretos advém de uma invenção instintiva, e, pelo caráter mesmo do que é instintivo, de uma invenção que se dá no lusco-fusco entre o intencional e o não intencional.[52]

Claudia Crawford tornou possível ver a linhagem entre Schelling e Nietzsche, com a crucial e abundante intermediação de Hartmann, que pode ser lapidarmente sintetizada pelo enunciado de Schelling que Hartmann faz constar na abertura de seu capítulo dedicado à presença do inconsciente na origem da linguagem: "todo o pensamento humano é possível somente com o auxílio da linguagem".[53] Toda a originalidade da hipótese para o surgimento da linguagem, conforme apresentada no aforismo 354 d'*A gaia ciência*, parece se esvair aí, na acomodação de Nietzsche a tal linhagem. E assim, pensar instinto e linguagem, fisiologia e pulsação em Nietzsche no limite poderia bem demandar tão somente um olhar a Hartmann, ou mesmo ao romântico Schelling. Ocorre que, para além dessas referências e antecipações, a relação de entremeio entre instinto e linguagem em Nietzsche não se restringe a uma confluência de origem, com a subsequente "emancipação" da linguagem. E isso em um grau como não se teve em nenhum outro, e com consequências não tidas em nenhum outro filósofo para o seu ato de filosofar, que se assinala, poderíamos dizer, como extrateórico. Para começar a rastreá-las, haveria que pensar de modo consequente a organicidade, no âmbito da origem da linguagem, proposta por Schelling. Desse modo, a relação de Nietzsche com o que

---

51 *Ibidem*, p. 17.

52 *Ibidem*, p. 45.

53 *Ibidem*, p. 19.

podemos arrolar como sua *terceira fonte* demanda ser mais precisamente nuançada. Já se ressaltou que em seu "Da origem da linguagem" ("Vom Ursprung der Sprache"),[54] texto oriundo de um curso por ele ministrado em 1869-1870, Nietzsche estaria advogando um ponto de vista de fato não exatamente seu sobre a origem das línguas[55] – o que não significa que ele não o compartilhasse, aliás, é justamente o contrário. Nesse texto, na verdade uma colagem feita pelo filósofo, a partir do *A filosofia do inconsciente*, de Eduard von Hartmann,[56] é de Hartmann que ele parte para propor o caráter inconsciente e gramaticalmente estruturado da linguagem como elemento subjacente e propulsor do pensamento consciente.

A reflexão de Hartmann vem a ser propriamente uma compreensão e um tratamento linguístico do pensamento kantiano[57] pelo qual as categorias e os juízos, mediante os quais percebemos e conhecemos o mundo, advêm das sínteses do entendimento, que, afinal, nada mais são do que operações inconscientes desse mesmo entendimento. E Nietzsche, em sua "colagem" do texto de Hartmann, discute a tese de que a linguagem *não é* o resultado de uma reflexão consciente, mas sim que o pensamento consciente só se faz possível mediante a linguagem; em um momento seguinte – e nosso filósofo, que, como já se observou, inverte a ordem dos

---

54 *Ibidem*, p. 17-21 e CAVALCANTI, *op. cit.*, p. 50-62.

55 Sobre a influência de Eduard von Hartmann (que por sua vez, como se observou, teria sido influenciado por Schelling) na concepção por Nietzsche das relações entre linguagem e instinto, Cf. CRAWFORD, *op. cit.*, p. 45-56; CAVALCANTI, *op. cit.*, p. 50-62; SANTINI, C. "'Nicht der Anfang, sondern der Ende': Friedrich Nietzsche und das Unbewusste in der Geschichte". *In:* GEORG, J.; ZITTEL, C. (Orgs.), *op. cit.*, p. 138-140. Sobre esse mesmo aspecto, mas de modo mais amplo, isto é, não especificamente voltado à influência exercida por Hartmann, cf. BEHLER, E. "Die Sprachtheorie des frühen Nietzsche". *In:* BORSCHE, T.; GERRATANA, F.; VENTURELLI, A. *Centauren-Geburten: Wissenschaft, Kunst und Philosophie beim jungen Nietzsche*. Berlim/Nova Iorque: De Gruyter, 1994, p. 100-111; *idem,*"Nietzsches Sprachtheorie und der Aussagecharakter seiner Schriften". *Nietzsche Studien*, 25: 67-79, 1996 (Alemanha); e GERRATANA, F. "Der Wahn jenseits des Menschen. Zur frühen E. von Hartmann-Rezeption Nietzsches (1869-1874)". *Nietzsche-Studien*, 17: 391-433, 1988 (Alemanha).

56 Cf. CAVALCANTI, *op. cit.*, p. 52.

57 *Ibidem*, p. 53.

argumentos presentes no capítulo "Das Unbewusste in der Entstehung der Sprache" ["O inconsciente no surgimento da linguagem"], da *Filosofia do inconsciente* –,[58] propõe-se mais a discorrer sobre como os conceitos filosóficos desenvolvem-se a partir da estrutura e das categorias gramaticais.[59] Disso se infere que, pensando a partir de Eduard von Hartmann, enfatizando, porém, menos a unidade linguística subjacente aos conceitos e mais o modo como o pensamento consciente se faz impelido pela estruturação inconsciente da linguagem,[60] Nietzsche concebe algo em um sentido contrário ao de uma relação em dois tempos, a uma diacronia entre instinto e linguagem, que fora a compreensão de um Rousseau, de um Schopenhauer, possivelmente de um Schelling. Da parte do instinto se tem, na verdade, como acima ressaltamos, um fazer-se uno com a linguagem "no cerne mais íntimo do ser". E se demos a entender haver para ele uma sincronia entre instinto e linguagem, que fique bem clara a diferença em relação a seus predecessores (de antes de Hartmann): para Nietzsche, o instinto *continua* a entabular uma relação de reciprocidade com a linguagem, e pode assim se fazer sentir segundo modos que já estávamos a enunciar aqui, ou seja, se fizemos referência à relação entre *tempo* da linguagem e metabolismo em *Para além de bem e mal*, a verdade é que, já à época de sua produção filológica, Nietzsche antecipava a atenção que viria a dar ao fator *tempo* ao implicar o metabolismo, que ali fazia as vezes da questão do ritmo. Já naquele momento ele entendia que o homem, tanto mais for excitável e quanto mais próximo estiver de suas origens, mais sensível se fará ao ritmo.[61] É evidente que isso se dá porque no homem próximo das origens a capacidade linguística ainda não foi sucessivamente enfraquecida e acobertada pela dimensão que referimos como horizontal, ou seja, da gregariedade, constituída pelos signos compartilháveis.[62]

58 *Ibidem*.

59 *Ibidem*.

60 *Ibidem*, p. 52-53.

61 Cf. NIETZSCHE, F. "Rhytmische Untersuchungen". *Gesammelte Werke III*. Munique: Musarion Verlag, 1922, p. 300.

62 Também nesse aspecto de declínio Nietzsche vem ecoar Schelling e Hartmann, encetando, assim, um alinhamento, uma pequena tradição. Discordâncias há, porém,

Em contraposição ao sentido gregário, a sensibilidade ao ritmo se compõe de traços como a compulsão (*Zwang*), que lhe invade como um prazer irresistível - tanto que, ato contínuo, aquele que imanentemente recebe o ritmo o começa a imitar. O liame fisiológico *tempo*-metabolismo evidencia-se aí sobretudo pela ação da descarga e da catarse exercidas pelos movimentos ritmados. Relação desse gênero instaurava-se com o uso do ritmo em cerimônias de povos ancestrais, que pelas batidas e movimentos ritmados procuravam impressionar os deuses, enquanto, em ação reversa, eles próprios se impressionavam com o efeito que produziam.[63]

Mas isso não ocorria só entre povos ancestrais: o ritmo seria, assim, ao que propomos, uma primeira via de acesso para se fazer uno com a linguagem, para se entabular uma relação de reciprocidade entre fisiologia e linguagem, e se operar, em filosofia, uma relação sincrônica entre instinto - entre os processos pulsionais - e a linguagem, por cujo exercício a ação consciente tanto pode ser engendrada como se esvair. E se estamos neste momento a abordar parte de sua obra filológica, Nietzsche ali de fato procede a uma série de investigações sobre o caráter ritmado e as relações temporais no âmbito da linguagem. Tem-se a percepção do ritmo nas relações temporais realçada como um traço especificamente helênico. Ao contemplar a língua grega em sua relação com o ritmo, o filósofo deve ter se dado conta do quanto as possibilidades simbólicas da linguagem, se ilimitadas, dão-se a enformar pelo tempo, deixando-se por ele imprimir

---

quanto ao que é própria e diretamente responsável pelo declínio: se em sua *Introdução à filosofia da mitologia [Introduction der Philosophie der Mythologie]* Schelling aborda a riqueza filosófica das primeiras linguagens - segundo ele, se a mitologia é provida de vitalidade, a língua é uma mitologia exangue, que manteve apenas *in abstracto* o que a mitologia continha de concreto e vivo –, a partir daí, "enquanto Hartmann afirma que o progresso da cultura corresponde ao declínio das formas linguísticas antigas, Nietzsche atribui esse declínio não apenas à cultura, mas ao desenvolvimento do pensamento consciente: 'O desenvolvimento do pensamento consciente é prejudicial à linguagem. Declínio com o avanço da cultura'" (cf. CAVALCANTI, *op. cit.*, p. 55). Quanto a isso, mais uma vez se pode atestar, em relação a Hartmann, a tendência de Nietzsche em enfatizar as dinâmicas inconsciente-consciente a impelir o pensamento e a produzir o referido declínio.

63 E note-se que essa relação contém em si os três aspectos ou traços predominantes do fazer artístico que arrolávamos acima, sobretudo o segundo deles, que, pelo fator transfiguração, implica uma interpenetração com o mundo.

e se expandir – ou se limitar. O sentido do tempo é intensificado pela audição da palavra declamada, devidamente coagida pelo ritmo audível, marcado e irresistível. Com isso, considera-se que "uma única palavra pode responder à percepção artística de um duplo ponto de vista, que é o de sua enunciação e de sua audição".[64] O modo da elocução condiciona e torna atraente a recepção do conteúdo – e o que condiciona e atrai, de modo imanente e irrefreável, é justamente o ritmo. Assim, pela rítmica e pela métrica, os gregos imprimiam um sentido que já não era tão só e isoladamente o simbólico, o do *logos*, mas, a subjazer ao simbólico, era também um sentido temporal, e temporal porque ritmado, e porque ritmado, enfim, também fisiológico e instintual.

I.XII. O alcance da arte em Nietzsche: obra permeada pelo fazer artístico

Com o quadro assim exposto, podemos tentar compreender a relação entre o ritmo e as referências que acima arrolávamos, ou seja, acerca de as considerações sobre a arte em Nietzsche apontarem para além dos domínios até então tidos por artísticos: a arte não estaria restrita às obras, nem ao fazer artístico do ponto de vista do espectador. O que se tem, como víamos, é um fazer artístico em que a deliberação pela consciência reflexiva vem aliciar forças inconscientes em um espetáculo encenado no átrio da alma em expansão, o que é efeito da consciência moral (cf. GM/GM II § 16); tal espetáculo é, a um só tempo, demandado e viabilizado pela fisiologia, esta que no e pelo ritmo vimos ter papel tão evidente. Arrolamos o ritmo como elemento integrante da noção de estilo em Nietzsche, capaz de conferir singularidade e embriaguez à gregariedade e insipidez das palavras. Tanto com o exercício do ritmo como também no do compasso, seja em um ritual africano ou pré-colombiano, seja no coro dionisíaco, ou então na escrita poética, ou na prosa de Nietzsche, a existência, antes um espraiar informe ao longo de horas e dias, ganha escansão nas sílabas poéticas, na prosa bem metrificada, como o obtinha nos rituais ao som

64 Cf. NIETZSCHE, 1922, p. 320.

de tambores ancestrais – pois tanto em um caso quanto no outro está se, a bendizer, a divinizar a existência. A realidade inóspita e insípida dessa mesma existência é envolvida na pulsação vital que fisiologicamente atrela o ritmista à natureza. O que nela é obstáculo ou insipidez faz-se vencido por um gesto ritmado, a exprimir o indizível, o desprovido de referentes. Justamente por não ter referentes – e também por implicar a embriaguez de um entremear-se com a natureza –, o ritmo pode bem ser considerado "aparência pela aparência" e "prazer na mentira" (cf. GT/NT "Prefácio" § 5; cf. 8 [7] verão de 1887, 17 [3], maio - junho de 1888; 25 [386], primavera-verão de 1884). A realidade, como obstáculo, sensaboria ou recalcitrância, é assim vencida por um sentimento de potência intensificado, pelo gesto ritmado que "arredonda" a sensaboria,[65] torna perfeito o por si só insuficiente e se faz estimulante de vida.

Mas a questão do ritmo não se coaduna apenas com este que, como se pode reconhecer, é o que arrolamos como primeiro aspecto do fazer artístico. À medida que procura marcar para contornar e envolver a passagem do tempo, assinalar ou influenciar eventos da natureza, tornar a palavra universalmente vigente em expressividade singular, o ritmo, assim como a pulsação, a métrica, a escansão das sílabas na poesia é uma busca de fusão com a natureza – tanto que, por ele, como acima observávamos, vai se entabular uma relação de reciprocidade entre instinto e linguagem. O ritmo opera feito uma corda a vibrar, tensa, de modo que o texto falado ou percutido, que atua do discurso ao metabolismo e vice-versa, vem coincidir com a própria pressão sanguínea de quem o emite. A fusão com a natureza se dá, assim, ao modo de uma transfiguração, permitindo que ela, a natureza, se lhe adentre mediante o ritmo, a métrica, mediante o tempo em que o indivíduo, por sua vez, igualmente a penetra, imitando o estímulo ritmado que lhe vem infundir, ou criando a partir dele. Sob forma inerente e imediata de fusão com a natureza, pelo ritmo se dá o

---

65 "A *lealdade* teria o nojo e o suicídio por consequência. Mas agora nossa lealdade tem uma potência oposta, que nos ajuda a desviar tais consequências: a arte como a *boa vontade* com a aparência. Nem sempre proibimos nossos olhos de arredondar, de fingir até o fim: e então não é mais a eterna imperfeição que portamos sobre o rio do vir-a-ser" (FW/GC § 107; trad. RRTF).

que Nietzsche observa como, ao que propomos aqui, o segundo traço do fazer artístico n'*A gaia ciência*: "Afastamo-nos das coisas até que não mais vejamos muita coisa delas e nosso olhar tenha de lhes juntar muita coisa para vê-las ainda" (FW/GC § 299). Em suma, e com um adendo: a fusão com a natureza, mediante a sua própria fisiologia, pela via do ritmo, no exercício da linguagem, ao se revelar um traço do fazer artístico, faz com que Nietzsche assuma uma posição peculiar, mais profunda e também extemporânea, ante o niilismo, questão que permeia tanto o seu tempo como também o nosso: se de tão próximos da vida, ao tempo em que dela apartados, não vemos ali um sentido, pela vivência do ritmo são lhe acrescentados traços para vê-la ainda, e nisso lhe imputamos um traço que ali não está - vale dizer, um sentido. Ao assim criar, ou mais precisamente transfigurar a percepção que da vida se tem, o indivíduo acaba, pelo ritmo, por se fundir à vida - e, por extensão, à natureza, de modo que já não pode julgar a primeira, nem se apartar da segunda. Assim, a questão do *sentido* da vida - do otimismo *versus* pessimismo, candente em seu tempo - de antemão não se coloca, transposta como se faz, prévia e mais profundamente substituída pelo êxtase de fusão com a vida.

I.XIII. A metáfora e a tarefa inconsciente da arte

Se vimos que o ritmo assim se evidencia ancorado na fisiologia e na musicalidade, outro dispositivo a relacionar a fisiologia à expressividade humana, por via da retórica, é a metáfora. A retórica obviamente não se constitui apenas do *tempo* da elocução, tão privilegiado e exercido na retórica grega, mas também das imagens que em seu processo são criadas. Nietzsche renuncia à distinção entre linguagem figurativa e linguagem literal e, justamente, sua compreensão da metáfora e do caráter metafórico de todo discurso fazem-no visualizar, em detrimento de toda e qualquer literalidade da linguagem, o seu caráter figurativo - mitopoiético, como no limite se poderia dizer. Nietzsche entenderá a metáfora, se igualmente calcada na fisiologia, como elocução que tem por missão traduzir a excitação nervosa em imagens, e primeiramente em imagens sonoras, afinal, de maneira célebre, se tem "um estímulo nervoso, primeiramente transposto em uma imagem! Primeira metáfora. A imagem, por sua vez, modelada em um som! Segunda metáfora" (WL/VM § 1; trad. RRTF). Ora, desses dois saltos metafóricos teria advindo o pensamento tal como o conhecemos, sua inteira história, o alcance de suas obras, o autoesquecimento quanto à sua proveniência, ao tempo mesmo em que ele se põe como consciente. Mas o que haveria precisamente em cada um desses saltos, em cada uma dessas transposições? Para respondê-lo, considere-se de que modo a concepção da linguagem como intrinsicamente metafórica remete a um pano de fundo intelectual do qual Nietzsche seria herdeiro. Estamos a nos referir, antes de mais nada, à concepção aristotélica da metáfora, entendida como transposição. Para Aristóteles, a transposição de um termo se opera na passagem de sua significação habitual, e isso segundo quatro modalidades: (1) do gênero para a espécie; (2) da espécie para o gênero; (3) de uma espécie para a outra; (4) segundo a proporção.[66] Obviamente que menos afeito ao ímpeto categorizador de Aristóteles, Nietzsche aceita somente essa última modalidade – na primeira se teria apenas a migração do termo para um uso mais preciso, e a segunda seria apenas questão da extensão conceitual do termo, enquanto a terceira seria pouco clara.[67] Se o próprio Aristóteles tem o quarto caso, da metáfora proporcional, como o melhor deles, Nietzsche o tem como o único a efetivamente caracterizar a metáfora. Não por acaso, já que é o mais fluido e desprovido de anteparos: sendo a essência das coisas, desde Kant, enigmática, para dizer o mínimo, também os aristotélicos gênero e espécie seriam metáforas, assim como metafórica seria a própria ideia de transposição. Em Aristóteles, o anteparo da coisa classificada segundo gênero ou espécie fazia com que, para ele, a metáfora pudesse se pautar tão somente por uma breve comparação.

Se a concepção aristotélica da metáfora lhe é o enquadramento mais amplo e mais antigo, ocorre que, no século XIX, de modo geral, e no caso de Nietzsche, em particular, tal enquadramento fazia-se enriquecido e contrabalançado por um debate intelectual ali mais recente acerca da dimensão

---

66 Cf. ARISTÓTELES. *Poética*. Trad. Eudoro de Souza. Lisboa: Imprensa Nacional – Casa da Moeda, 2000, p. 133 (1457a – 1457b).

67 Cf. KREMER-MARIETTI, A. *Nietzsche et la rhétorique*. Paris: PUF, 1992, p. 130-131.

histórica da metaforicidade e do caráter metafórico do discurso, em particular do discurso filosófico. Ainda no século XVIII, da parte de Condillac e Rousseau havia uma teorização sobre estágios primevos do desenvolvimento linguístico marcados por padrões figurativos; esses padrões, por sua vez, baseavam-se em uma expressividade da ordem do sensível e de cunho onomatopaico.[68] Nietzsche estaria ciente de tal teorização pelo menos por intermédio dos filólogos Theodor Benfrey, com sua *Geschichte der Sprachwissenschaft* [*História da ciência da linguagem*] (1869) e, antes disso, Friedrich August Wolf, com as *Vorlesungen über die Alterthumwissenschaft* [*Lições sobre a ciência da antiguidade*] (1831-39).[69] E proposta por Johann Gottfried Herder (*Fragmentos sobre uma nova literatura alemã* [*Über die neuere Deutsche Literatur*], 1767), de não pouca influência, já foi uma concepção da linguagem ao modo um organismo, cujo ciclo de vida se daria segundo os estágios de expressão emotiva (primeiro estágio), expressão poética e musical (segundo estágio), o estágio de uma prosa estruturada e ordenada (terceiro estágio), e culminância filosófica, mediante um conjunto lógico de regras (quarto estágio).[70] No âmbito da disseminação desse modelo de desenvolvimento, já no século XIX uma questão importante se fez presente, em um sentido orgânico, dos estágios anteriores no estágio de maturidade da linguagem: o ponto de discordância dá-se a reconhecer pelo filólogo Wilhelm Wackernagel, para quem, em uma posição que se alinhava à de Rousseau e se apartava da de Herder, o estágio de maturidade tornava a linguagem cada vez mais dominada por formas abstratas e lógicas,[71] portanto, fazendo-se menos figurativa. Nietzsche, porém, fiel à posição de Herder, propunha que a condição figurativa dos

---

68 Cf. EMDEN, C. *Nietzsche on Consciousness, Language and the Body*. Urbana/Chicago: University of Illinois Press, 2005, p. 63.

69 "Pelo menos" por se tratar de uma concepção disseminada no campo filosófico e científico (filológico), que Nietzsche não receberia tão só por esta ou por aquela fonte. A ênfase que aí se faz, da pena de Christian Emden, remeteria às fontes mais imediatas de nosso futuro filósofo, por parte e por viés das quais ele teria travado contato com a referida concepção. Emden ressalta ainda uma via de acesso possível pelas obras dos filólogos August Schleicher e Heynmann Steinthal. Cf. *ibidem*.

70 *Ibidem*, p. 64.

71 *Ibidem*, p. 65.

primeiros estágios não se teria perdido, com a linguagem assim sempre tornando a se constituir como poesia original (*Urgedicht*) (cf. 14 [8], outono de 1881). Essa posição assinala um compromisso com um entremeio, possivelmente um embate, entre instinto e linguagem, *pathos* e *logos*, já que aponta na mesma direção que a ideia, que vimos acima, da sincronia, isto é, da conservação da ação instintual, pela via fisiológica, no exercício da linguagem.[72]

Conceber a linguagem como de caráter mitopoiético, isto é, uma linguagem como metafórica desde a origem, traz implicações que precisam ser evidenciadas: ou assim se concebe uma linguagem que se constrói mediante atos de transposição - na verdade, artísticas transfigurações, como se verá - ou se a faz pagar tributo a coisas e referentes - o que seria próprio a uma linguagem que espelha o mundo em vez de transfigurá-lo, de se interpenetrar com ele. Nietzsche adere ao primeiro posicionamento. O próprio sentido de metáfora, assim por ele esposado, ganha em profundidade e em radicalidade. No registro aristotélico não havia criação de nomes, apenas substituição entre os já existentes, uma vez que o processo se dava entre o estrito registro da linguagem e o registro ontológico, e no âmbito de um e outro é que justamente cumpria distinguir as coisas como a pertencer a gênero ou espécie. Pois pela concepção de Nietzsche, não há nem a possibilidade de um registro estrito nem a do anteparo ontológico. As transposições metafóricas não se dão em espaço algum, mas no registro para o qual a linguagem remete - ou para o qual presta contas, talvez melhor dizendo -, e aqui somos de novo remetidos à fisiologia. Desse modo, se em Aristóteles há sempre substituição e não criação, em Nietzsche o ato de criação artística é o que se tem a cada projeção linguística à revelia de anteparos ou de referentes, a cada transposição no âmbito fisiológico. A criação artística é o que se tem quando a interioridade de uma fisiologia singular é acionada e implicada a cada movimento de exteriorização por expressividade. Na e pela fisiologia esse embate engendrará, por fim, a palavra[73] - não a palavra gasta e rigidificada, mas a palavra como conversão

72 Cf. seção I.X. "O fazer artístico em filosofia III: ritmo e pulsação (*tempo*)".

73 "Um estímulo nervoso, primeiramente transposto em uma imagem! Primeira metáfora. A imagem, por sua vez, modelada em um som! Segunda metáfora. E a cada

de necessidade em capacidade de comunicar, ao modo de um sempre reiterado evento mitopoiético.

Ora, ao que no movimento para fora a reiteradamente acionar uma interioridade se tem um embate, certamente aí se está a pôr em xeque uma concepção de linguagem como mera instrumentalidade. Tal concepção, simplista, é inviabilizada por se ter no homem um dispositivo que, para além de usá-la feito moeda de troca, efetivamente *forma* a linguagem. Para tanto, ele não está a lidar "com coisas ou acontecimentos, mas somente com excitações" (WL/VM § 1; trad. RRTF). A fisiologia orgânica se entremeia com o mundo mediante o embate entabulado entre uma excitação e a sensação por ela provocada. Por haver um embate entre a estimulação, mais exterior, e a sensação, mais interior, não se terá aí um espelhamento, nem um registro fiel, uma vez que a sensação suscitada por uma estimulação nervosa não apreende o que seria a própria coisa. O que se tem é, ainda uma vez, um artístico ato de transfiguração. Mais precisamente, o movimento será semelhante ao do instinto, que, ao já não visualizar as coisas, por delas estar afastado, acrescenta-lhes, inventivamente, uma série de traços (cf. FW/GC § 299) que a ele próprio dizem respeito. Isso significa que só mesmo o aspecto artístico da transfiguração - que propusemos ser o segundo traço do fazer artístico - pode dar conta do que se passa entre o estado de alma em que se tem a sensação e esse estado se fazer representável por meio de uma imagem sonora. Transfiguração, sim, já que não há identidade nem espelhamento entre o material em que se dá a representação e o material em que a alma opera.

I.XIV. Frouxidão e fidelidade da linguagem à luz dos tropos linguísticos

A dignidade concedida por Nietzsche à metáfora no discurso e na expressividade retórica obviamente se estende aos demais tropos e figuras

---

vez completa mudança de esfera, passagem para uma esfera inteiramente outra e nova". Cf. NIETZSCHE, F. "Sobre verdade e mentira no sentido extramoral". *Obras incompletas*. Trad. Rubens Rodrigues Torres Filho. São Paulo: Abril Cultural, 1978 (Os pensadores).

de linguagem, com ênfase na metonímia e na sinédoque,[74] sobre os quais ele se debruçou, sobretudo em seu curso intitulado *Apresentação da retórica antiga*, do período filológico da Basileia.[75] Por isso, entendemos que há ainda um terceiro elemento a complementar o que seria uma teoria da expressividade em Nietzsche - além do ritmo como modo de se inserir e interferir na passagem do tempo, e da metáfora como modo de se inserir e interferir no espaço –, na qual tem-se, naturalmente, os demais tropos ou figuras de linguagem. Assim como a metáfora, os demais tropos linguísticos são acionados por uma necessidade de dar conta de lacunas da língua ante necessidades expressivas, que na verdade são necessidades de uma singularidade fisiológica - no nascimento da linguagem, na corrente linguagem humana, como na prosa de Nietzsche. Na prosa de Nietzsche, o recurso a tais figuras, como à metáfora, tem o condão de assinalar a inadequação entre mundo e linguagem, o caráter esboroado de qualquer candidato a referente, a necessidade de uma intransferível singularidade ser acionada e se fazer expressar. E se a atenção que lhes dá o próprio Nietzsche é muito menor que a conferida à metáfora - e dizemo-lo com base em tematizações e ocorrências –, a modéstia não será desprovida de eficácia. Com o uso concentrado e deliberado das figuras de linguagem, em vez de um discurso constituído de palavras feito moedas de troca de que se gastou a efígie, passa-se a ter um discurso com ressonância na singularidade

74 Sobre o contato de Nietzsche com linguistas e semiologistas alemães como Christian Karl Reisig (1792-1829), o próprio idealizador da semiologia e para quem "metáfora, metonímia e sinédoque eram, mais do que meras figuras de linguagem, leis universais da mente humana, isto é, padrões de associação conceitual", cf. ZAVATTA, B. "Nietzschean Linguistics". *Nietzsche Studien*, 42: 28, 2013 (Alemanha) e *idem*, "The Figurative Patterns of Reason: Nietzsche on Tropes and Embodied Schemata". *In:* DRIES, M. *Nietzsche on Consciousness and the Embodied Mind*. Berlim/Boston: De Gruyter, 2018, p. 197.

75 A referência aqui, com o *Apresentação da retórica antiga* [*Darstellung der antiken Rhetorik*], é ao curso ministrado em 1874, no qual Nietzsche procura identificar o instinto artístico inconsciente, do qual a linguagem se origina, a uma dinâmica retórica (cf. ZAVATTA, 2018, p. 198). Na verdade, a sensibilidade do Nietzsche filólogo à retórica como dinâmica a que se entremeia a formação do pensamento inconsciente e consciente revela-se pela quantidade de cursos por ele dedicados à retórica enquanto professor da Universidade da Basileia: nove cursos sobre retórica em dez anos de professorado. A esse respeito, cf. *ibidem*, p. 197, nota 3.

fisiológica de quem o manuseia, vale dizer, um prolongamento deliberado e condicionado de sua instintualidade e da embriaguez a ela inerente. Esse discurso então se desdobra pela imposição de formas – e formas singulares – sobre palavras que de outro modo lhe seriam indiferentes, assim como no fazer artístico a imposição de formas humanas se dá sobre um mundo que lhe é surdo e indiferente. E da mesma forma como na arte se tem o homem a se tornar tão mais consciente quanto mais puder interferir no mundo, assim se tem na relação das figuras de retórica com os próprios meios de expressão: tal como na metáfora recém-criada, também pelas demais figuras de retórica há um chamado à consciência na esfera do discurso a partir de uma ação artística inconsciente, fisiologicamente ancorada.[76] As figuras de linguagem podem tanto acumular meios de expressão que de outro modo seriam anódinos, como no caso do pleonasmo, como pode submetê-los a uma minimização, com a elipse, ou a uma transposição entre luxuriosa e controlada,[77] como no caso da metonímia e da própria metáfora. O Nietzsche filósofo e pensador da retórica faz constar e afirma que "as diferentes línguas, colocadas lado a lado, mostram que nas palavras nunca importa a verdade, nunca uma expressão adequada" (WL/VM § 1; trad. RRTF). O que ele percebe é que uma significação tem o poder de conferir sentido, não a prerrogativa de se vincular a esse ou àquele referente. Se não são as coisas que rigidamente determinam a significação, tampouco elas vão determinar o gesto artístico daquele que a propõe. É, sim, pelo gesto, a prolongar a força instintual, que se terá o movimento de inserção no mundo, movimento este que se dá por força dos intercâmbios simbólicos – mediante o estilo exercido por Nietzsche, pelo qual a linguagem é sempre algo que transpõe, no que é sempre um ato de fricção. A linguagem jamais expressa algo acabado; ela apenas realça um indício que aparentemente se destaca.[78] E se não é algo acabado, tampouco é expediente que remeta a uma origem: isso significa que não

---

76 Não exatamente sobre a figura de retórica a prolongar o ato artístico metafórico, como se tem aqui, mas sobre a arte a prolongar a força artística inconsciente, cf. KOFMAN, S. *Nietzsche et la métaphore*. Paris: Payot, 1972, p. 47.

77 Cf. KREMER-MARIETTI, *op. cit.*, p. 134.

78 Cf. NIETZSCHE, 1923, p. 299.

existe uma "naturalidade" não retórica da linguagem,[79] a linguagem sendo toda ela, e a todo o tempo, gesto de transfiguração do mundo. Sua essência é, assim, a retórica, que é artística e um gesto simplificador e formador que se faz não a partir de coisas ou processos, mas de um estímulo, do qual a sensação apreende um indício, para convertê-lo em som.[80] Daí também ela se fazer estímulo e em estímulo converter o que na realidade se dá como obstáculo ou como recalcitrância. Daí para Nietzsche a retórica intrinsicamente metafórica ser inventiva e artística, a criar objetos, não a refleti-los. Daí ele perceber, no próprio nascedouro de seu percurso intelectual, que toda a linguagem tem algo de metonímia, que nenhum conceito semântico é o "normal", que ao se lançar mão de um termo há sempre um processo de aproximação, de substituição, de se tomar a causa pelo efeito.[81] E uma vez que a percepção é sempre perspectiva e unilateral, em todo processo de expressividade linguística tem-se necessariamente a sinédoque, tão próxima à metonímia,[82] a corroborar a direção assinalada aqui de que a criação no ato de expressão nunca parte do zero, nem do novo, sendo sempre uma interpretação pela qual necessariamente se designa o todo pela parte, ou a parte pelo todo.[83]

A ação das figuras de linguagem se põe nos antípodas da ideia de que o pensamento reflete ou é capaz de refletir, neutra ou fielmente, o mundo que o cerca. Nietzsche deve ter se feito especialmente sensível a esse aspecto inventivo e antirrepresentacional da linguagem ao vivenciar, em sua experiência filológica, o quanto uma significação é transformada ao se acrescentar expressões supérfluas ao já suficientemente evocado, como no pleonasmo. Ou então, no sentido contrário, ao dar-se conta da possibilidade da significação mesmo ao omitir meios de expressão, como no

79 *Ibidem*, p. 298.

80 *Ibidem*.

81 *Ibidem*, p. 299.

82 Vale notar que, aderindo às pesquisas filológico-linguísticas de Reisig sobre os princípios psicológicos presentes em certas figuras de linguagem, em seu curso sobre a retórica antiga, *Apresentação da retórica antiga*, ou simplesmente *Retórica*, os únicos tropos em que Nietzsche se detém são a própria metáfora (p. 316), a sinédoque (p. 318) e a metonímia (p. 319).

83 *Ibidem*.

caso da elipse. E a elasticidade da expressão deve ter ficado clara ao jovem Nietzsche também uma vez que, pelo contato com a sinonímia, ele viu expressarem-se as mesmas designações de um conceito por meios diferentes. O anacoluto pode tê-lo feito atentar para a fricção entre pensamento e linguagem verbal articulada, já que por essa figura o pensamento se dá em velocidade muito maior do que a fala é capaz de computar. O desvio entre pensamento e seu modo de expressão linguística pode também ser evidenciado pela paronomásia, pela qual se tem a contraposição engenhosa de termos de sonoridade semelhante. E com isso, por fim, ao longo de seu estudo e explanação sobre a "expressão trópica",[84] sobre as modalidades de transferência linguística admitidas entre gregos e romanos da Antiguidade, o filósofo por certo atentou ao processo comparativo, presente no ato de forjar da linguagem, assim como deve ter atentado ao modo pelo qual, nesse forjar, se evidencia a frouxidão de seu uso se esse for pensado como designação de possíveis referentes, ao passo que já se tem um vigor se ele for pensado como gesto expressivo.

Acima de tudo, em todo esse trato com as figuras de linguagem, com a atenção ao modo como operam, Nietzsche deve ter atentado que o próprio uso da linguagem pode se dar de modo consciente, ou melhor, de uma tomada de consciência, ao se empregar deliberadamente os meios artísticos do discurso,[85] ou inconsciente, se se tiver em vista tão somente os referentes e sem se atentar à dimensão artístico-criadora da retoricidade. No exercício mesmo da figura, dispositivos psíquicos já existentes e devidamente acomodados são aplicados a novas situações – "teto" passa a significar "casa", "o homem" passa a significar todos os homens, para ficar no caso da sinédoque, trabalho vira "suor do rosto" na metonímia, a verdade vira "mulher", no caso da metáfora –, de modo que, por meio delas, entendidas como estratégias retóricas conscientes, a própria consciência é ativada, fazendo-se a capacidade cognitiva subitamente desperta,

84 *Ibidem*, p. 315.

85 Não por acaso, no referido texto filológico sobre a retórica antiga, Nietzsche assimila o retórico a esse emprego consciente: "chamamos 'retórico' um autor, um livro, um estilo no qual se nota um emprego *consciente* de meios artísticos do discurso". Cf. NIETZSCHE, 1923, p. 297 (em livre tradução; itálico nosso).

modeladora do mundo. Esse contato se dá mediante a adesão consciente do emissor a seu próprio fazer linguístico, que depende de ele exercer a dimensão deliberadamente artística da linguagem, que, por sua vez, passa pela doação da forma linguística – como pelo ritmo, pela pulsação, pela expressividade do gesto de transferir, ao qual sempre subjaz o elemento de criação como transfiguração. A inconsciência de um processo fisiológico de transposições de estímulos nervosos faz-se, desse modo, consciência da palavra expressa, ou seja, consciência como estratégia consciente enquistada – e passível de ser revivificada – no automatismo linguístico, seja ele o do dia-a-dia, seja o da conceitualidade filosófica.

Por se estar em um âmbito pelo qual se pode atuar sobre esferas fisiológicas profundas, obviamente inconscientes e atuantes no seio dos tipos humanos, o ato de criação da metáfora sempre encontra paralelos – como na ação de povos ancestrais em sua criação dos mitos. Na criação de mitos, o mundo é transformado à imagem daquele que procede à criação metafórica, e nesse recorte perspectivo ele assim transforma o mundo, e o controla, no âmbito da escala em que o produziu. Nietzsche não pretende "controlar o mundo" ou parte dele por seu fazer metafórico, pois o processo, em seu caso, já não se passa de modo de todo inconsciente, como entre os povos arcaicos. O que ele pretende dominar é o próprio processo, que, se normalmente se passa de modo inconsciente, no caso de sua filosofia ter-se-á uma chave comutadora, pela qual ele sabe como converter o inconsciente em consciente, e, desse modo, reiteradas vezes exerce a conversão. Em razão dessa "chave comutadora", um paralelo significativo se tem com o caso do homem, que deixa a pura animalidade rumo à condição que se passará a entender por humana. O que se quer dizer é que a mesma transposição de instintos inconscientes em conscientes se dá na "suposição, talvez extravagante" (FW/GC § 354; trad. RRTF) pela qual o autor d'*A gaia ciência* propõe o surgimento da consciência no homem, como coetânea à linguagem verbal articulada: "o refinamento e a força da consciência estão sempre em proporção com a aptidão de comunicação de um ser humano (ou animal), e a *aptidão* de comunicação, por sua vez, com a *necessidade* de comunicação" (FW/GC § 354; trad. RRTF, *itálicos nossos*). Tanto no que se refere a "raças inteiras e a gerações sucessivas"

(FW/GC § 354; trad. RRTF) como no caso do homem individual, que é singularidade instintual, o que se tem é a conversão de uma sensação em forma linguística e de uma necessidade instintual em capacidade linguística. Daí se ter que, tanto no caso do homem ancestral ao criar a linguagem quanto no caso do criador da metáfora, um e outro se põem em contato com suas próprias ações, tomando consciência de si mediante o engendramento linguístico:[86] "ele precisava, como o animal mais ameaçado, [...] de saber tornar-se inteligível – e, para tudo isso, [ele] necessitava, em primeiro lugar, de 'consciência', portanto, de 'saber' ele mesmo o que lhe falta, de 'saber' como se sente, de 'saber' o que pensa" (FW/GC § 354; trad. RRTF). A verve de Nietzsche, a poesia, a figuratividade de seu discurso é, a todo tempo, conversão da necessidade de comunicar em capacidade de comunicar. Pelo gesto artístico, o filósofo a todo o momento revive a "capacidade de comunicar" – o criador de um tropo linguístico acaba por se dar conta da gênese que o leva à elocução, por *saber* esse processo, por tornar-se consciente de sua ação de expressar-se artisticamente. Pela criação linguística no âmbito das figuras de linguagem, assim, pode-se sempre fazer frente à inconsciência do discurso filosófico, ensejada pela intermitência própria à consciência e à linguagem gregária e automatizada. A consciência é assim suscitada, desde as formações inconscientes, pelo fazer linguístico artisticamente criado em processo análogo ao que fez surgir a consciência no homem.

I.XV. As intermitências da consciência em filosofia: conceito, esquecimento da metáfora

Vimos acima que, da filogênese à ontogênese, por um processo de formação que se dá tanto na espécie como no indivíduo, o engendramento de um signo linguístico é o prolongamento de um instinto, é o projetar-se na natureza com algo que não pertence a ela, mas tão somente ao homem. Sua

86 Conforme se observou anteriormente na seção I.XI, "O fazer artístico em filosofia III: ritmo e pulsação (*tempo*)", a ideia de uma concomitância, congruência e dependência entre linguagem e consciência teria chegado a Nietzsche, como se apresenta no aforismo 354, pela via de Schelling e Eduard von Hartmann.

fidelidade não se dá para com um referente, em relação ao qual é frouxo e arbitrário, mas com a singularidade de quem o emite. Tanto em um caso quanto no outro, são pensamentos que se projetam em uma outra ordem, pensamentos que se tornam conscientes (cf. FW/GC § 354). Ocorre que o gesto linguístico, ao engendrar um "atentar" ou tornar-se consciente, é mais um ímpeto do que um estado, é mais intermitente do que duradouro, é mais um entrejogo de recuperar e deixar-se esvair do que aquisição definitiva. Por isso mesmo, a própria metáfora pode ser usada, ou talvez melhor, está sujeita a ser usada de um modo que não se configura como um esforço artístico, provido dos três traços estruturantes acima propostos (1) conversão de obstáculo em estímulo; 2) transfiguração; e 3) gesto simplificador). Sendo assim, o emprego da metáfora pode não produzir qualquer ressonância em estados fisiológicos profundos, remetendo tão somente às convenções e necessidades gregárias. Isso porque, mesmo que não se considere, a exemplo de Nietzsche, toda a linguagem como metafórica, nossa linguagem cotidiana é repleta de metáforas cristalizadas,[87] cujo efeito propriamente metafórico é nulo ou muito rarefeito. Nesse caso, ao valer-se de tais metáforas, quem emite uma delas deixará de fisiologicamente sentir sua ação sobre o meio à sua volta como fosse um prolongamento de seus instintos, e deixará de sentir um aumento de sua força, assim como de sua plenitude – o já referido estado de embriaguez. Em nome de uma horizontalidade por meio da qual a metáfora passa a atender a necessidades compartilhadas, a linguagem perde seu efeito vertical de acionamento de camadas fisiológicas do emissor, fazendo-se moeda que perde a efígie de tanto servir à função de uso.[88] De modo semelhante, no caso da aquisição da linguagem e da consciência no âmbito da espécie humana, tão logo

---

87 E aqui nos referimos a "repleta de metáforas cristalizadas", e não, por exemplo, a "*inteiramente* constituída de metáforas cristalizadas", por não esposar, nesse sentido e neste momento, a concepção do próprio Nietzsche, que, na mesma direção de Gustav Gerber, propõe que toda palavra, toda língua seja metafórica, impelida por um impulso artístico (*Kunsttrieb*) e, assim, sempre calcada em um complexo e abrangente processo de transposições.

88 Sobre a metáfora nietzschiana do uso e da desaparição da efígie, cf. KOFMAN, *op. cit.*, p. 41.

devidamente assentada a conversão heroica de necessidade em capacidade, tem-se o momento em que tudo "se torna raso, ralo, relativamente estúpido, geral, signo, marca de rebanho" (FW/GC § 354; trad. RRTF). Esse processo de vulgarização e de rarefação de vivências se dá, é verdade, porque se substitui o embate com os estímulos do mundo circundante - ou seja, com as coisas - pelo corte transversal e compartilhável desses mesmos estímulos. Contudo, ele assume a dimensão que assumiu no gênero humano em razão do esquecimento. Do esquecimento de que as palavras não são as coisas, não as refletem, e só as representam porque, para tanto, elas foram engendradas em um ato de inventiva criação. Isso vale tanto para o nascimento da linguagem no seio da espécie humana como vale para o engendramento de uma metáfora. A diferença é que no caso da metáfora estamos a lidar com um ato de criação no seio da linguagem verbal já devidamente assimilada e disseminada. Ao que devidamente decifrada e, sobretudo, difundida a metáfora, cai no esquecimento o seu processo de formação, à medida que é pretensa e ilusória a sua capacidade de designar e mesmo o seu sentido - torna-se moeda de troca já sem efígie. O esquecimento em questão versa sobre o ato de nomear e suas implicações. A dimensão "consciente" do processo, se assim se pode chamar a dimensão desperta da atividade linguística, ficará restrita ao âmbito horizontal da linguagem, aos usos compartilhados, fazendo-se assim uma consciência superficial, sem lastro fisiológico nem vivencial, uma vez que a relação com sua própria ação de nomear estará envolta como que por um véu de inconsciência. Tudo se passa como se o embate entre forças inconscientes e conscientes, que referíamos ao tratar da formação da metáfora, passasse a se dar em outra disposição: passa a haver uma atitude apenas superficialmente desperta e consciente no manuseio das coisas e processos designados pela linguagem, ao passo que todo esse arcabouço é movido e envolvido por um processo muito mais amplo, mais profundo e mais determinante, do qual não se tem consciência. Isso pode não parecer um problema para grande parte das atividades práticas - pelo contrário, há de ser mesmo providencial -, mas terá sempre seu cabedal de problemas quando se demanda uma compreensão da relação do homem com seus próprios desejos, com suas próprias ações e valorações, e revela-se um problema maior nas relações políticas e interpessoais. Mas, como está a se ver desde o início, o que realmente nos interessa aqui é a ação de toda a esfera inconsciente sobre ações pretensamente conscientes naquela que se pretende a mais desperta das atividades: a filosofia.

Com o intuito de compreender de que modo a inventividade da metáfora se converte em desmemoriado conceito, e de que modo a fidelidade a quem a cria e emite desfaz-se em uma pretensa e frouxa fidelidade a referentes, importa deixar claro que estamos a nos valer da menção ao esquecimento da metáfora presente em *Sobre verdade e mentira no sentido extramoral*, compreendendo esta, porém, à luz de uma noção ativa de esquecimento, advinda de um embate que Nietzsche só irá propriamente formular em sua filosofia da maturidade, na *Genealogia da moral*. Ora, se tanto no âmbito da semântica como no da moral, se no processo de cristalização da metáfora, assim como no da culpa, tem-se um esquecimento, este não é simplesmente um núcleo duro, e por trás dele não se tem imobilidade nem passividade, mas sim uma luta:

> Esquecer não é uma simples *vis inertiae* [força inercial], como creem os superficiais, mas uma força inibidora ativa, positiva no mais rigoroso sentido, graças à qual o que é por nós experimentado, vivenciado, em nós acolhido, não penetra mais em nossa consciência, no estado de digestão (ao qual poderíamos chamar 'assimilação psíquica'), do que todo o multiforme processo de nossa nutrição corporal ou 'assimilação física' (GM/GM II § 1).

O esquecimento é, assim, uma força inibidora ativa, na verdade um embate com a memória, e se o identificamos em fenômenos diversos como o da regressão da metáfora ao conceito e no da culpa moral, é porque na verdade ele permeia todo e qualquer organismo, estando em jogo entre o que penetra em nossa consciência e o que é impedido de fazê-lo. Se estamos no âmbito do orgânico, no cerne desse jogo está a vida – não própria e simplesmente a sua conservação, mas o seu sempre florescimento, o ímpeto à vida como sentimento do aumento de potência, a caracterizar a embriaguez que a constitui e lhe é indelével. Se se pode mesmo admitir, em Nietzsche, um marco a diferenciar as concepções de impulsos e instintos – ao menos em algumas ocorrências, e segundo alguns contextos –, esse marco certamente será a memória, com os instintos a se constituir de aglomerados de impulsos uma vez providos de memória.[89] A memória, no caso, faria marcar e diria respeito às interações pulsionais mais propiciadoras de vida. De tal maneira a memória é intrínseca ao florescimento e à reprodução da vida, a propiciá-los na vida orgânica sem que se tenha de atentar a seus processos, que Sarah Kofman chega a assinalar a função da memória como sendo a de "instaurar o esquecimento da vida"[90] precisamente por ser um dispositivo que, orgânica e inconscientemente, a propicia. Mas, na pura e simples animalidade, assim como no âmbito do discurso de constituição metafórica, se não há memória sem o embate vital com o esquecimento, na própria filosofia esse embate se instaurou justamente no uso da linguagem e no dispositivo inconsciente-consciente suscitado e presidido pelo uso que dela se faz. No caso da filosofia até Nietzsche, estamos falando de um certo uso da linguagem, que sempre foi o mais corrente, uso em que um ato de criação, deliberadamente metafórico, e assim consciente de si, de pronto recai em um esquecimento de si, com a atividade desperta restringindo-se à superficialidade das relações de trocas linguísticas. Uma vez suprimido o momento de acionamento da consciência pela elaboração da metáfora – já que tudo são conceitos esquecidos de sua condição criativa e metafórica –, o embate necessário que se daria entre esse momento e seu subsequente esquecimento – este que é a porta de entrada para a inconsciência – faz-se todo transposto para o âmbito do que referimos como consciência superficial, calcada na inconsciência de sua proveniência e de sua elocução. Ao se esquivar da produção metafórica em função do que podemos chamar de anquilosia do conceito, a filosofia renuncia a esse embate entre memória como disposição orgânica e esquecimento como força ativa, espraiando-se nas águas aparentemente

89 A polissemia de Nietzsche, com relação a impulsos, instintos, afetos, vontades e forças, será abordada mais adiante, no capítulo II.

90 Cf. KOFMAN, *op. cit.*, p. 73.

mais calmas do puro e simples esquecimento. Ora, nesse arremedo desvitalizado do referido embate inconsciência-consciência veio incidir a filosofia.

Porque esquecido do processo da gênese de um termo linguístico, do que nele há de transposições fisiológicas, o homem, e mesmo o filósofo, relaciona-se com a linguagem e com a sua expressividade valendo-se de ideias como, por exemplo, a de que o modo de se referir a coisas e ao mundo é desinteressado e se dá com justeza. Com essa mesma crença na ausência de saltos e sobressaltos, da linguagem logo se passa aos conceitos, pois a "linguagem é uma soma de conceitos" (8 [41], inverno de 1870-71 – outono de 1872). Nesse sentido, linguagem e conceitos são imaginados como apartados do embate fisiológico entre lembrar e esquecer, das referidas transposições e violências, pensados então como dados, como entidades inefáveis e puras,[91] sem se cogitar que em dado momento foram estímulos nervosos, que foram carnais e, dessa forma, "impuros", que assim demandaram e protagonizaram um gesto artístico. E bem pela ideia de ter sido "o conceito, num primeiro momento, um fenômeno artístico" (8 [41], inverno de 1870-71 - outono de 1872) é que se pode compreender o quanto ele se tornou um esquema do que podemos chamar de "evasão de vivências": ele é o "simbolizar de uma inteira profusão de fenômenos, originalmente uma imagem, um hieróglifo. Portanto, [ele é] uma imagem no lugar de uma coisa" (8 [41], inverno de 1870-71 - outono de 1872), uma rubrica, em vez de expressar um amplo processo de coações e transposições. Pelo conceito se ignoram traços individuais, e, por um movimento inconsciente, de uma multiplicidade de propriedades de pronto se lhes imputa um portador (cf. 19 [236], verão de 1872 - início de 1873) e produzem-se abstrações a valer como suas causas (cf. 19 [236], verão de 1872 - início de 1873).

Na direção oposta, a formação filológica de Nietzsche fê-lo perceber as abstrações conceituais à luz da metonímia, pela qual se invertem causa e efeito, com a atenção a essa inversão fazendo-se uma constante no percurso filosófico nietzschiano (cf. MM/HH §§ 13, 608; FW/GC 110; GD/CI "A razão na filosofia" § 4 e "Os quatro grandes erros" § 6; 15 [43], [85], [90], primavera de 1888). Com o conceito, bem como com a linguagem tomada

91 *Ibidem*, p. 71.

de modo geral, inconscientemente se cria uma nova esfera, ladeando, por exemplo, à coisa lápis o conceito lápis (cf. 19 [242], verão de 1872 – início de 1873), o que até não seria um problema se não se passasse a confundir uma e outra, e se não fosse o esquecimento de que a "nova esfera" foi um ato de criação. Fruto do esquecimento, a crença no conceito também proporciona uma série de atos reflexivos tão indevidos quanto inconscientes: "O conceito de 'realidade' e 'ser', por exemplo, é retirado de nossos *sentimentos* de 'sujeito'" (9 [98], outono de 1887). Igualmente oriunda da crença no conceito, "a crença em substância, acidente, atributo etc. tem sua força de convencimento no hábito de se considerar todo o nosso fazer como consequência de nosso querer" (9 [98], outono de 1887). E também para o conceito de unidade se tem esses hábitos inconscientes: "o conceito de unidade é plagiado de nosso mais antigo artigo de fé, de nosso 'eu'" (14 [79], primavera de 1888). Justamente pelo pensar conduzido pelas rédeas estreitas do conceito, sem o perceber, o homem projeta para fora de si o que Nietzsche chama de "fatos interiores", que são, na verdade, processos na fronteira do inefável, substancializando-os como vontade, espírito e eu, concebidos como causas e entidades bem mais autônomas do que de fato são.

Justamente, o que se tem com tais projeções é também uma amplificação das causas mentais. Se "o 'mundo interior' é cheio de miragens e fogos fátuos" (GD/CI "Os quatro grandes erros" § 3), nele a abstração dos processos metafóricos pelo conceito é levada a falsear o que no fundo é ou seria vivido como mero acontecer. Nesse "mero acontecer", fantasia-se um mundo de poder e voluntarismo: "um mundo de causas, um mundo de vontade, um mundo de espíritos" (GD/CI "Os quatro grandes erros" § 3). Pelo fantasiar, que estamos a chamar de "poder e voluntarismo", imagina-se controlar o mundo e, também, na esteira da inversão de causa e efeito, imagina-se algo que, segundo Nietzsche, "vêm no final" – e que nem deveria vir, já que postulam entidades inexistentes (cf. GD/CI "A razão na filosofia" § 4); sob a máscara de "elevados", tem-se conceitos gerais a ponto de se tornarem vazios. O pensar pela via dos conceitos permite a inversão – e atuação inconsciente – do que podemos chamar de um "ímpeto assegurador": ante um caos reinante, esse ímpeto insere como sendo de primeira ordem "todos os conceitos mais elevados, o ser, o incondicionado", fantasiando também o "bem, o verdadeiro, o perfeito" (GD/CI "A razão na filosofia" § 4). Com delírios de onipotência, fantasia-se também que nenhum desses conceitos veio a ser, tampouco se tornou, sendo desde sempre *causa sui* (cf. GD/CI "A razão na filosofia" § 4).

Disso podemos inferir que a filosofia que se apega a um conceito fá-lo se abstrair de toda proveniência e o imagina correspondendo a um referente; assim, tal filosofia, na verdade, torna-se entremeada de atribuições e juízos dos quais ela própria não dá conta, embora os acione e neles se ancore. Sendo assim, tudo se passa como se quem filosofasse fossem, na verdade, impulsos inconscientes a demandar por um eu, por uma causa a que logo se acorre ante algum efeito, a irrefletidamente se demandar por unidades, por princípios mais elevados, por agentes imaginados como sua própria autônoma vontade, como oriundos de seu próprio rigor. Contudo, para além dessas intromissões admitidas e mesmo suscitadas pelo conceito, podemos inferir ainda outras, que Nietzsche não refere, mas, de modo relevante, permite pensar. Podemos propor que a filosofia que se dá por conceitos permite mesmo a intromissão e decisiva atuação de elementos deterministas. Ao conceber a filosofia mediante uma conceitualidade inconsciente, obviamente sob a crença na linguagem, Descartes não poderia perceber que sob seu propósito de busca de um ponto fixo, e da correspondência das ideias com o mundo, estaria a atuar uma moralidade inconsciente; sob sua superficialidade e pressa, a filosofia por conceitos admite a intromissão de compromissos travados em esferas subterrâneas justamente por não proceder a genealogias. Quanto a Spinoza, por pensar a filosofia mediante conceitos, os flancos abertos em uma reflexão assim pautada permitiram imaginar que ele pudesse se manter imune à ação dos afetos que conceitualmente abordou. Se vivenciou a sua filosofia, foi de maneira bem outra, a de uma autocorrosão à sua revelia, incidindo na condição contrária à da ambicionada e imaginária quietude.

O pensar por conceitos é sempre um pensar *grosso modo*, com o agravante de não se perceber como tal. Em nome da delimitação por uma convenção linguística, abre mão de um exame detido e minucioso – nos casos que estivemos a ver, precisamente em relação às proveniências fisiológicas que os suscitam. O pensar por conceitos, se permitiu os avanços que as visões generalistas costumam permitir, por certo impediu Rousseau de detectar o quanto de sua filosofia era projeção de seus medos e anseios reativos. Impediu-o também de perceber que a interioridade a que chegara era compartilhada e ancestral. E na sequência a Rousseau, no mesmo século XVIII, um encouraçamento conceitual jamais visto em filosofia fez com que Kant, tal qual um conhecimento que não chega à coisa-em-si, tal qual sua moral sem inclinações, e seu juízo do gosto sem desfrute - tudo se perde na universalidade –, fizesse-se o filósofo mais apartado das vivências, e possivelmente o mais sequestrado por tipologias alheias: como se o apego aos conceitos fosse inversamente proporcional ao exame de seus condicionamentos e à capacidade de vivenciar.

Apesar do filtro grosseiro dos conceitos, já no século XIX chegou o tempo em que o homem finalmente se viu frente à frente com sua animalidade (cf. 9 [178], outono de 1887). A animalidade, em sua voracidade que pouco ou nada poderia ser contida, Schopenhauer só pôde mesmo apresá-la em um torturante conceito de vontade. Os três séculos arrolados por Nietzsche na passagem referida acima, se foram séculos de sobejamento filosófico, não impediram que o que propomos ser o embate por excelência da filosofia, para o autor do *Zaratustra*, se visse relegado a uma disposição debilitante e especialmente perversa - tenha-se em mente aqui as despertas, reflexivas e conscientes trocas conceituais, calcadas, porém, em uma inconsciência de fundo. Entre negativas, ardilezas e volteios, o eros inconsciente das ações humanas veio dar no domicílio filosófico, e só o poderia fazer como um impulso da natureza à revelia do homem: um conceito de vontade a estranhamente revestir a sua mais brutal ausência.

CAPÍTULO II
Arte e agonismo nas interações pulsionais

II.I. A ação inconsciente em Sócrates

No capítulo anterior, foram constantes as referências a "processos da ordem do corpo, do fisiológico, do inconsciente", à "determinação fisiológica" ou "ditames fisiológicos inconscientes". Fez-se referência ao "entrejogo de forças, conscientes e inconscientes" e à "mobilização de forças artísticas inconscientes" e, ainda, à "ação artística inconsciente" e a um "ímpeto fisiológico profundo e inconsciente". Houve também uma ênfase em ações irrefletidas, em "pensamentos inconscientes a determinar uma atividade pretensamente consciente", tudo isso sob a tônica de uma "tarefa inconsciente da arte", proposta da qual, segundo vimos, Nietzsche não se desvencilhou. Para além de uma estrita corroboração teórica, corroborou-a protagonizando-a ao longo de seu percurso a fim de lidar de outra maneira com um certo e inevitável momento de cisão entre ação consciente e inconsciente, fazendo-o de maneira outra que não fosse a que durante tanto tempo prevaleceu em filosofia, esta que chamamos de "conceitualidade inconsciente".

Ao longo de nosso percurso até aqui, a todo tempo se apontou para uma ordem pouco referida, menos ainda contemplada em filosofia – afinal de contas, a filosofia, ao menos até Nietzsche, não teria sido uma forma, ou a forma por excelência de "'saber' o que pensa" (FW/GC § 354; trad. RRTF), de fazer com que o pensamento se torne consciente? Como este então daria lugar privilegiado a um pensar que não sabe que está pensando? De modo que, até pelo relativo ineditismo da tematização do inconsciente em filosofia, as referências de até aqui devem bem ter parecido vagas ou cifradas. Não se estaria a, circularmente, postular uma entidade gigantesca e insondável, um não saber responsável por tudo o quanto não se sabe ou não se domina? Aliados a essa desconfiança, se tem também uma questão da dificuldade inerente à abordagem dessa esfera e o problema de que a ênfase em uma entidade passível de ser entendida como única, monofásica, indiferenciada, poderia bem se revelar uma construção equivocada, a bem dizer nos antípodas do que seria da lavra de Nietzsche como o filósofo da pluralidade radical. O caso é que não se trata de uma entidade única, monofásica, indiferenciada, pois o "inconsciente" é um dispositivo linguístico, de uso estritamente funcional, para dar conta de uma extensa gama de processos, em última instância volitivos, situados no corpo, que assim o constituem. O que então se demanda, no presente momento, é tornar mais claro que tipo de "processos" são os da ordem do corpo, do fisiológico, o que está a se falar nas menções a, por exemplo, "entrejogo de forças inconscientes", e o que está fisiologicamente em questão em uma "ação artística inconsciente": é o caso de saber o que, afinal, é acionado por tal ação e de que modo o é.

Antes de mais nada, porém, tomando-se a esfera dos filósofos e da filosofia, podemos abordar a fisiologia (do) inconsciente em Sócrates segundo Nietzsche, até porque, em se tratando de compreender a ação dos instintos (inconscientes) em filosofia, em nosso filósofo as referências mais diretas e bem explicitadas a respeito se têm no caso de Sócrates – no "problema de Sócrates" (cf. GD/CI "O problema de Sócrates" § 1-6). Se Descartes, com sua dúvida metódica e hiperbólica, teria feito os próprios pensamentos atentarem contra as instâncias que os suscitam, e se Schopenhauer fez seu conceito de vontade se vergar contra a própria vontade, bem antes disso Sócrates fez o pensamento se voltar contra a própria vida. Para nós é, enfim, providencial a referida objeção e a tal "lacuna", uma vez que, como não acontece com nenhuma das referências a outros filósofos, o problema de Sócrates é explicitado não no tocante à não vivência da filosofia, que é um problema tipicamente moderno, mas no tocante à sua relação com os instintos. Sócrates era o caso mais extremo de instintos convulsionados em um meio de instintos convulsionados. Sendo o ponto culminante do desregramento (GD/CI "O problema de Sócrates" § 8 e 9), arrojou a si mesmo e aos que o cercavam para fora daquela ordem. Sentindo em si e em seu meio um *ágon* frouxo, carente de tônus, vislumbrou um *ágon* em outra ordem (GD/CI "O problema de Sócrates" § 8). Se Nietzsche fala em "miséria geral" para se referir a tal desregramento, este não era o provocado por uma vida modesta e atribulada, quadro com que se depararam mesmo Jesus e Paulo, mas o desregramento instaurava-se no seio de uma nobreza ateniense, que, de forma consciente ou inconsciente, via-se atordoada pela relativização conceitual e argumentativa, obra dos sofistas. Os sofistas se valiam de uma retórica que Sócrates interpretou como isenta de lastro racional, com a relativização de qualidades e de argumentos – de fracos podiam ser tornados fortes, e vice-versa. A racionalidade que a reflexão grega hauria com os sofistas estava a ponto de lhe imputar a relatividade, a ponto de fazê-la sucumbir. A situação era de emergência, de ameaça, mas também de um possível arrojo: ou se sucumbia ou, a bem dizer, se introjetava a ameaça. A ameaça era a racionalidade, em sua versão sofista? Que então, como demonstração de força, se fosse absurdamente racional. Aos riscos da fluidez retórica fazia-se necessário contrapor uma fixidez. Se o terreno de que se dispunha não a comportava, que a fixação se fizesse em outra ordem, que, superior, seria entendida como um "chamado à consciência".

Por certo que Sócrates não chega a instaurar tal outra ordem, como fará Platão, mas pressenti-la e apontar para ela já não é pouco. Não é pouco "ficar no método" quando esse método é o dialético. Pelo método dialético, Sócrates fazia-se seta a apontar para fora da ordem que era de enredamento e ameaça. Apontou para um registro conscientemente racional e discriminante como até então não havia. Era como se à traiçoeira baixeza dos instintos, atraentes e sorrateiros, de que se locupletavam os sofistas, se impusesse um passo atrás, e como se, contra a racionalidade deletéria e ameaçadora desses mesmos sofistas, impusesse-se uma "capacidade de" racionalidade, um assenhorear-se dela e, pelo ato de torná-la consciente, "uma racionalidade a todo custo" (GD/CI "O problema de Sócrates" § 11). Urgia uma racionalidade como que "a fórceps" porque seria uma racionalidade salvadora, a principiar por um tomar consciência de uma ação que se desempenha, de uma qualidade que se valoriza. Porém, esse chamado à consciência (GD/CI "O problema de Sócrates" § 11) pressupunha uma abstração das motivações, da própria capacidade de realizar uma ação, por exemplo, uma ação corajosa, ou de se valorizar uma qualidade, por exemplo, a da beleza ou da justiça. Como se sabe, Sócrates, em detrimento de uma aderência à execução de uma ação, faz atentar para a abstração de uma aventada definição.

Ocorre que a ação de Sócrates obviamente não se limitou a marcar posição contra a relativização sofista. Com a percepção inconsciente do desregramento dos instintos, era o caso de regrá-los, e isso em todos os domínios da ação humana, chegando-se a ver desregramento onde não havia. Esse ímpeto se converteu, de modo puro e simples, em depreciação da atividade instintiva, desprezo este que Sócrates inoculou em Eurípedes (ST/ST, p. 34). No caso do drama musical, o desprezo pelos instintos e a intromissão da razão consciente se deu por uma série de desdobramentos, como a introdução do racionalismo ingênuo no campo da ética, pelo qual "tudo tem de ser consciente para ser ético" [1 [106], outono de 1869], como com Eurípedes fazendo-se o "poeta desse racionalismo ingênuo, inimigo de todo o instintivo, a buscar o intencional e consciente", a fazer-se propriamente "o primeiro poeta dramático a seguir uma estética consciente" [1 [106], outono de 1869]. E por essa estética tornada consciente, um deslocamento, isto é, a preocupação com o espectador, com o *entendimento* do espectador assumiu uma dimensão peculiar. Se com Ésquilo e Sófocles a tragédia empregava "os mais engenhosos meios artísticos para pôr em mãos do espectador, nas primeiras cenas, em certa medida de um modo acidental, todos aqueles fios necessários ao entendimento" (GT/NT § 12), isso significa que os elementos formais, da intenção racional do poeta a transparecer na obra, eram devidamente mascarados e transparecidos como acidentais: eram razões que até então não precisavam ser mostradas, embora estivessem ali atuantes, eram uma reflexividade imersa no âmbito que a suscita sem a necessidade de uma reflexividade "a mais" ou de um "saber o que se pensa"; era uma reflexividade do herói trágico, que não afetava imparcialidade e autonomia. Assim, o que dissemos ser uma "preocupação peculiar" com o espectador na verdade vem a ser uma duplicação de reflexividade a impor um distanciamento em relação ao ambiente em que ela se dá, em relação aos móveis que estão a instá-la. Quando leva o espectador ao palco, Eurípides não o aproxima do drama, mas opera justamente no sentido contrário: opera pela emissão do juízo sobre o drama, sobre as ações do herói e das personagens principais, bem como de seu sentido; em vez do ponto de vista imanente e imediato da criação poética, tem-se o ponto de vista mediado e indireto que se imagina ser o do espectador. A racionalidade socrática faz distanciar da ação instintiva, e, quando se imiscui no poeta trágico, passa a considerar o que vê "do outro lado", munindo-se da referida preocupação especial com o espectador, por meio de uma interpretação – e interpretação aqui no sentido de intromissão indevida e de simplificação: em vez do espectador individual, o espectador é imaginado como a entidade do "público", a sua fluidez e particularidade são substituídas por "uma grandeza homogênea e em si persistente" (GT/NT § 11). Se fazemos referência a esse aventado espectador e à sua percepção como "imaginários", é porque o próprio Nietzsche na sequência corrige a afirmação sobre o caráter "provisório" da ponderação pela qual Eurípedes teria levado o espectador ao palco. Na verdade, ele teria se desviado do espectador, imaginando um abismo entre a tragédia e o público. Tal abismo teria sido mais uma projeção do abismo cavado entre a própria perspectiva distanciada e racionalizante e o ato de criação do poeta trágico. Por essa projeção, com a atitude crítica a anteceder o gesto poético, passou-se a imaginar uma *entidade* entre o fazer artístico e a recepção do público: "o que era para o poeta o mais alto e mais difícil não seria sentido pelo espectador absolutamente como tal, mas como algo indiferente" (ST/ST, p. 31). Ocorre que a interceptação racionalizante de seu fazer poético levava-o a considerar somente dois espectadores: o próprio Eurípedes, "*como pensador*, não como poeta" (GT/NT § 11), e o espectador que não estimava a tragédia porque, racional e distanciado, não a compreendia – o próprio Sócrates. Unicamente esses espectadores interessavam ao "tribunal dessa estética racionalista" (ST/ST, p. 31).

Ao ser transposta para o âmbito da tragédia, a preocupação socrática com a definição, levada a efeito pelo método dialético, converte-se no ditame "tudo precisa ser racional para que possa ser entendido" (ST/ST, p. 31). Se ali se tinha o crítico a se tornar poeta, no âmbito da própria tragédia havia o herói a entrar em cena antes de seu desenrolar, a explicar quem ele é, o que aconteceu até ali e o que acontecerá dali adiante (cf. ST/ST, p. 31). Se antes, de modo imanente e protagonista, o efeito era buscado no *pathos* a pesadamente carregar as cenas, como se tinha no coro a protagonizar as reaparições do ditirambo dionisíaco, o distanciamento crítico faz com que o próprio coro pareça "quase coordenado com os atores, como se se tivesse alçado da orquestra para o interior da cena" (GT/NT § 14). No lugar da música na tragédia, a imaginária adoção do ponto de vista do espectador faz com que se passe a buscar, ao tempo mesmo em que busca contornar, a tensão, a incerteza quanto ao que se dará nos momentos seguintes (cf. ST/ST, p. 31): por força da dialética otimista socrática, o contato com o inexorável, com a necessidade, com "o duro, o horrendo, o mal" (GT/NT "Prefácio" § 1) é perdido em razão de uma imaginária capacidade de contornar obstáculos por artimanhas racionais. A imersão no padecimento do herói e dos personagens principais, para daí se ter o gozo no padecimento – que é o próprio componente trágico para Nietzsche –, passa a ser substituída por um cálculo das ações e do sentido das personagens: ainda uma vez, o otimismo raso em função da estreita perspectiva da racionalidade. Foi bem essa estética consciente, essa busca intencional da parte de Eurípedes (ST/ST, p. 32) que, segundo Nietzsche, solapou a tragédia por dentro. Passou a haver o que podemos chamar de "equacionamento especular", com a busca de que o herói e os demais personagens sejam tal qual falam e se apresentam no prólogo (ST/ST, p. 32). O esforço de criação é posto a perder, uma vez que tais figuras contêm a sua própria dissecação. E em vez das camadas de sua fisiologia mobilizadas pela expressividade, tem-se a concentração na superfície em que o oculto se revela, mas revela-se apenas em sua última configuração: as razões são explicadas, mas de modo algum são rastreadas. Na tragédia de Ésquilo e Sófocles, ainda que com este último se iniciasse o seu declínio, o herói pensava suas ações e motivações estando em contato com elas. Por isso, sua visão era obviamente parcial, e sua autonomia, limitada. O pensar que assim lhe era possível era um pensar "de primeira ordem", igualmente limitado, e em razão dessa limitação o herói acabava por cruzar o limite traçado por uma moral cósmica, mimetizada na *pólis*. Ao cruzar esse limite, é tragado pelas forças que lhe são superiores, também conhecidas por "destino". Por isso, pode-se bem entender a tragédia ao tomá-la por um assunto da *pólis* a reproduzir uma ordem cósmica, e nisso o herói ali, na verdade, ao forçar e dar a conhecer os limites – da sua ação, da moral, da *pólis*, já que o limite inconsciente-consciente não se colocava – é o próprio problema.[1] Sua consciência limitada era contemplada de um ponto de vista moral, e essa moral detinha um lastro cósmico. Nesse âmbito, imersos na coerência ritual que envolvia a encenação da tragédia, o coro e o espectador viviam a experiência de se fundir às forças cósmicas e ao vir-a-ser de maneira controlada, sob a devida proteção do mito e do fazer artístico. Com Eurípedes isso já não basta, a aderência que havia passa a ser interceptada pela razão consciente; a coerência ritual perde validade em função de uma coerência textual.[2]

II.II. Arte como continuidade do trabalho instintual

Abordamos já, alhures,[3] a condição de filosofias dos séculos XVII a XIX como dispositivos de resposta a ameaças a um equilíbrio orgânico, ressaltando que esse "orgânico", como no caso de Descartes e do XVII, pode ser uma visão de mundo. Se comparamos tais dispositivos à conversão de uma necessidade em capacidade, como se teve no seio do gênero humano, a engendrar a linguagem verbal e a consciência, como se tem no transfigurador uso da linguagem por Nietzsche, a esse mesmo movimento, próprio a uma espécie ameaçada, procedeu Sócrates. Sócrates e

---

1 A esse respeito, cf. CRITCHLEY, S. *Tragedy's Philosophy*. Humanities Lecture Series, Brigham Young University, Utah, 21 fev. 2014. Disponível em: https://www.youtube.com/watch?v=tv3j9U0g0qQ&t=3199s. Acesso em: 13 fev. 2019.

2 Sobre identidades culturais, que de baseadas em coerência ritual passam a sê-lo em coerência textual, cf. MÜLLER, E. "Alogia und die Formen des Unbewussten: Euripedes – Sokrates – Nietzsche". *In:* GEORG, J.; ZITTEL, C. (Orgs.), *op. cit.*, p. 21. Müller, por sua vez, faz referência ao trabalho de Jan Assmann, *Das kulturelle Gedächtnis: Schrift, Erinnergung und politische Identität in frühen Hochkulturen* (Munique: Beck, 2000).

3 Cf. nota 75 da "Introdução".

Eurípedes solapam a tragédia ao lhe introduzirem uma versão grega do "'saber' o que lhe faltava, 'saber' como se sentia, 'saber' o que pensava" (FW/GC § 354; trad. RRTF). Mesma dinâmica, êxitos inversos: salvou-se a espécie humana no primeiro caso, mas perdeu-se a tragédia, mais elevado feito de seu espírito, em outro. Seja como for, com a ascensão da razão consciente o homem se faz mais espectador e menos aderência. A Sócrates já não convinha aderir aos instintos: "em toda parte os instintos estavam em anarquia; em toda parte se estava a poucos passos do excesso [...]. Se os instintos querem fazer o papel de tirano, deve-se inventar um *contratirano* que seja mais forte" (GD/CI "O problema de Sócrates" § 9). Daí impor a necessidade de justificar logicamente o que se faz; daí o primado do conhecimento a todo custo, e de tornar inteligível o que existe a ponto de esse tornar inteligível identificar-se ao "Bem". Justamente, a virtude não apenas pode ser ensinada, mas pode sê-lo a ponto de ser igualada ao saber por Sócrates: ciência e moral identificam-se absolutamente; já não basta a verdade como sendo útil em alguns casos, a inverdade em alguns outros, e isso por um movimento que menos é lógico e é mais, ele próprio, moral.

A esse respeito, aliás, ao tratar dos lapsos inconscientes a pautar filósofos como Descartes, Spinoza, Rousseau e Kant,[4] vimos que o racional, o lógico, não raro *não* costuma sê-lo em estado puro, já que o pretensamente consciente não o é de modo exclusivo. No caso específico de Descartes e suas intromissões inconscientes, ressaltamos a relação da moral com a fixação, a necessidade que o homem tem da fixidez e, com isso, a "importação" da moral para domínios em que ela não se aplicaria, nem seria desejável, como é o do conhecimento. No caso de Sócrates, porém, justamente pela extensão da moralidade a campos indevidos acontece o contrário da referida restauração, ou melhor, da tentativa de restauração de um equilíbrio ameaçado ou perdido. Isso porque, para Nietzsche, a tragédia, e especificamente a tragédia ática, era a manifestação artística na qual a duplicidade dos impulsos apolíneo e dionisíaco da natureza conjugavam-se com a máxima perfeição, precisamente "em sua diversidade, em seu caminhar lado a lado, na maioria das vezes em discórdia aberta e incitando-se mutuamente a

4 Cf. nota 75 da "Introdução".

produções sempre novas" (GT/NT § 1). Lembrando ainda uma vez o que dizíamos no capítulo I, valer-se da metáfora ao filosofar, como no caso de Nietzsche, é valer-se de uma força artística inconsciente e é convertê-la, pelo ato criativo, em uma força consciente.[5] A metáfora, ou, de modo mais geral, os tropos linguísticos, bem como o ritmo na elocução do discurso, compõem a modalidade artística no ato de filosofar, já que por meio dela se tem uma criação de formas mediante transposições que mobilizam desde as camadas mais profundas da fisiologia até a esfera do que é puramente signo. Em dado momento, Nietzsche afirmou que "a arte não pertence à natureza, mas tão somente ao homem" (23 [105], final de 1876 - verão de 1877). Faltou dizer nesse momento, como virá a dizê-lo depois, o quanto essa mesma arte se encontra entranhada na natureza humana, que é um *continuum* com a extra-humana, mas não lhe é tal e qual: estamos falando de uma natureza que fisiologicamente vê sons, cores e formas (cf. 23 [150], final de 1876 – verão de 1877), e vê, sobretudo, sentido onde há mutismo e indiferença. A arte, como Nietzsche virá a reconhecer, prolonga o trabalho das forças inconscientes, criadoras de formas desde nossas profundezas fisiológicas. Conforme anunciamos no início deste capítulo, as formas artísticas inconscientes são inconscientes por serem fisiológicas, ou fisiopsicológicas, como preferirá Nietzsche (cf. JGB/BM § 23). Enquanto fisiopsicológicas, remetem à nossa natureza animal, ou seja, são a manifestação viva e pulsante da natureza no homem. Sabemos que no homem, para Nietzsche, um "retorno à natureza" à maneira de Rousseau seria de todo inviável, assim como é inviável atribuir ao filósofo qualquer ressonância de nostalgia - é inegociável seu apego e seu amor aos fatos, e o fato em questão aqui é que desde o advento das consciências epistêmica (intelecto) e moral o homem desencontrou-se definitivamente da natureza. Mas se tampouco a natureza nos é afeita, e sim nos é surda e indiferente, há um modo pelo qual o homem, apesar de já consciente e moral, pode com ela entabular relação análoga à que se tem na pura instintualidade: pela criação de formas, ele penetra na natureza com uma embriaguez própria à condição de ser tragado pelo vir-a-ser. Tanto na tragédia como nas manifestações tribais ancestrais, a música e o coro, a

5 Na seção I.XIII, "A metáfora e a tarefa inconsciente da arte".

dança, o gestual,[6] possibilitavam e potencializavam esse efeito de interpenetração com a natureza. E para Nietzsche essa interpenetração, esse *pathos* manifesta-se propriamente na ação do coro, e não na representação e no diálogo. Por força desse *pathos*, por mais que a natureza seja surda, muda e indiferente para com o homem, naquele pequeno mundo do ato criativo o homem transfigura a natureza e a humaniza.

Ao entabular esse tipo de relação com a natureza, mesmo "sem pertencer" a ela, no seio da arte, e sobretudo em uma arte como a tragédia, o homem prolonga e traz para dentro de si interação tal qual se tem no trabalho instintual dos organismos vivos no seio da natureza. Era bem a continuação desse trabalho instintual que se exercia na arte trágica dos gregos e que a racionalizante intervenção socrática pôs a perder: assim como quando, na hipótese para o surgimento da linguagem no homem (cf. FW/GC 354), este converte em capacidade uma necessidade imposta pela natureza, com a reação consciente de Sócrates-Eurípedes igualmente se tem uma conversão com a consequente racionalização e individualização do herói trágico. Nesse caso, o herói passou a "saber" como se sente, "saber" o que pensa, e, ao assim "saber" sobre seus anseios e suas ações em função da adveniente reflexão, perdeu o contato direto com eles. Nesse sentido, com a agonia e a morte da tragédia via racionalização euripidiana, o homem corta seus liames com a natureza, entendida como a forma de vida nele pulsante, uma segunda vez – a primeira fora com o advento da linguagem e, logo, da consciência moral. O que um dia fora o sentimento trágico dissipa-se tal qual a vida pulsional do homem sob o advento da consciência intelectual e moral. Esse homem passa a se relacionar já não com coisas e processos, mas com suas produções linguísticas acerca deles, bem como já não com seus próprios impulsos, e sim com a interpretação gregária a reprimi-los, a transfigurá-los. Mas aqui entra um dispositivo que, se obviamente já está relacionado à questão do "entrar em contato com suas próprias ações", relaciona-se também com uma questão trazida ao final do capítulo I[7] acerca do que se passa na filosofia que se dá

---

6 Como se viu no capítulo I, mais precisamente na seção I.XI, intitulada "O fazer artístico em filosofia III: ritmo e pulsação (tempo)".

7 Mais precisamente na seção I.XV, "As intermitências da consciência em filosofia: conceito, esquecimento da metáfora".

por conceitos: por mais que se tente expulsar a inconsciência de domínios que ilusoriamente pertenceriam tão só à razão consciente, a esfera inconsciente sempre retornará, procurando reestabelecer a mesma relação de tirania e predominância que se teve outrora.

II.III. O inconsciente no *corpus*: das menções a uma concepção nietzschiana

Estivemos aqui a falar reiteradas vezes, e continuamos a falar, de ações inconscientes, não de "o" ou "um" inconsciente substantivado, como entidade, mas ao modo de fatores não percebidos a atuar sobre ações e processos percebidos; estes seriam, assim, apenas pretensamente conscientes. São bem poucas as referências de Nietzsche a um inconsciente substantivado, e remetem ao início de seu percurso (cf. 1 [43], outono de 1869 e ST/ST § 1), quando sob impacto da já referida obra de Eduard von Hartmann, *A filosofia do inconsciente*. No mais, o que há são referências a um inconsciente que poderíamos ter como "predicativo", e, se o uso frequente por diversas vezes pode assumir ares de circunstancialidade em virtude de o inconsciente ter se convertido em tema recorrente nos círculos científicos e culturais do século XIX, o mais das vezes trata-se de referências de fundo propositivo, como de quem, mesmo que sob a influência de Hartmann, está a descobrir um novo horizonte, um reino mais amplo, em cujo seio se encetariam as próprias produções conscientes. Ainda que de início não se tenha problematizado a sua constituição, o inconsciente sendo acatado mais como uma "massa amorfa" atuante, as referências dão mostras de se estar diante de um novo campo de investigação: daí o filósofo fazer referência a uma alvissareira "força inconsciente" e a uma "força formadora inconsciente" (GMD/DMG § 1), a uma enigmática "sabedoria inconsciente" (10 [1], início de 1871), ao lusco-fusco das representações conscientes e inconscientes (cf. 12 [1], primavera de 1871), ao contraste e comparação entre pensador consciente e pessoas inconscientes (cf. 14 [28], primavera de 1871 - início de 1872), à própria "tarefa inconsciente da arte" (19 [12], verão de 1872 - início 1873), bem como ao papel da educação, de conferir forma inconsciente a atividades conscientes (cf. 5

[87], primavera de 1871 – início de 1872), ao papel desencadeador das "conclusões inconscientes" que estimulam o pensamento e ao caráter do pensamento inconsciente, que se dá não em conceitos, mas em intuições (*Anschauungen*) (19 [107], verão de 1872 – início de 1873).

Apesar de estar, à época, em uma espécie de "ordem do dia" – da qual a citada *A filosofia do inconsciente* de Hartmann era apenas a expressão mais irradiadora e eloquente –, mas sobretudo em razão das mais prementes preocupações nietzschianas, as menções a "inconsciente" e "consciente" não se mantêm ao longo do *corpus*. Nietzsche renega e buscará evitar qualquer associação com Hartmann. Pode-se supor, nesse sentido, que algo de dúvida ou de precaução logo veio a pairar quanto ao uso do termo e a suas implicações. Ressalte-se, antes de mais nada, que o inconsciente substantivado é referido entre aspas logo em 1881 (11 [13], primavera-outono de 1881), e tornará a sê-lo em 1888 (15 [99], primavera de 1888), as aspas aí significando que o termo não é apropriado, que Nietzsche não acredita no próprio uso que dele está a fazer. O que se tem são menções que efetivamente vão na direção do que se propõe aqui, acerca de uma coexistência de consciente e inconsciente e de um embate entre eles: conta-se com a referência à ação de "fenômenos inconscientes", que podem ou não ser levados em conta em dada operação (cf. M/A § 129), bem como se afirma que "nosso olho é um poeta inconsciente" (15 [9], outono de 1881); o filósofo procede a arrazoados como "já não pensamos conscientemente em nós, mas sim de modo *fortemente inconsciente*, como quando [...]" (M/A § 133); e sobre a mais reflexiva das atividades, a filosofia, menciona "intenções inconscientes" (MM/HH § 6) como faz referência ao "dogmatismo inconsciente de Kant" (7 [4], final de 1886 – primavera de 1887); fazendo jus à linhagem que o atrela a Hartmann e a Schelling, como já vimos, entende haver um "domínio e direção inconsciente das funções gramaticais" (JGB/BM § 20; *tradução ligeiramente modificada*); no âmbito da proposição de sua fisiopsicologia, alerta para "resistências inconscientes no coração do pesquisador" (JGB/BM § 23). Mas o embate entre consciente e inconsciente é formulado de maneira ainda mais clara já antes disso, em *A gaia ciência*: há menções a um "intelecto interpretante" a trabalhar "de modo inconsciente", a "um estímulo ser sentido como prazer ou desprazer" (FW/GC § 127), e, de modo decisivo, "O pensar consciente, em particular o do filósofo, é a espécie menos vigorosa de pensamento e, por isso, também aquela relativamente mais suave e tranquila" (FW/GC § 333) – nesse aforismo, aliás, o consciente é ressaltado como desvirtuador: "daí que justamente o filósofo pode se enganar mais facilmente sobre a natureza do conhecer" (FW/GC § 333), e nessa mesma direção ele afirma que "do estado consciente advêm inúmeros erros" (FW/GC § 11), e, ainda, "também por trás dos reais amigos da verdade, dos filósofos, trabalha uma intencionalidade frequentemente inconsciente" (26 [15], verão - outono de 1884).

O estado consciente não apenas é desvirtuador em relação aos processos inconscientes, mas em relação a eles é também muito menor, e subsidiário: "todo o consciente é de importância apenas secundária" (7 [126], primavera-verão de 1883); "a maior parte do pensamento consciente deve ser incluída entre as atividades instintivas, até mesmo o pensamento filosófico" (JGB/BM § 3); assim, o que se dá deles como consciente é apenas um recorte (cf. 10 [137], outono de 1887) e um sintoma (cf. 1 [59], outono de 1885 - primavera de 1886). Porém, Nietzsche chega a hipotetizar também o caráter da relação entre eles: o consciente *trabalha* em função do inconsciente (cf. 11 [83], novembro de 1887, itálico nosso), sendo meio e instrumento de seus processos. A esse respeito, os processos inconscientes são associados a algo maior e sem propósito finalista: "a vida racional consciente faz parte do desenvolvimento da vida desprovida de finalidade" (7 [209], primavera-verão de 1883); e além de "sem finalidade", por certo que os processos inconscientes são também desconhecidos, diferentes do que aparece à consciência (24 [16], inverno de 1883 - 1884). No entanto, seu caráter nada terá de cego, já que o autor do *Zaratustra* os refere como "aquele intelecto mais elevado e abrangente" (cf. 24 [16], inverno de 1883-1884) bem como "nosso intelecto inconsciente" (26 [52], verão-outono de 1884). Também é referido ao modo de uma razão maior pautada por "harmonia e sutileza" (7 [228], primavera-verão de 1883), em relação à qual o posicionamento segundo meios e fins é mero e superficial aparato de simplificação (cf. 26 [52], verão-outono de 1884). E, de modo célebre e alegórico, "O corpo é uma grande razão, uma multiplicidadc com um só sentido, uma guerra e uma paz, um rebanho e um pastor. Instrumento de teu corpo é também tua pequena razão que chamas de 'espírito', meu irmão, um pequeno instrumento e brinquedo de tua grande razão" (ZA/Za I Dos desprezadores do corpo).

Se iniciamos aqui por assinalar a necessidade, em algum grau e logo percebida por Nietzsche, de não conceber os processos inconscientes como um "inconsciente" sob a forma de entidade una e monolítica, de caráter substantivo e mesmo substancial, ou então justificador e providencial à maneira de Hartmann, e se nos ancorarmos na própria letra de Nietzsche, seremos levados, ao longo de seu percurso filosófico, bem aos antípodas desse equívoco, que por ele parece ser tão evitado. O autor do *Zaratustra* observa que "o mundo *consciente* de sentimentos, intenções, avaliações de valor" (10 [137], outono de 1887) – e note-se a descrença no termo "consciente" por inseri-lo em itálico –, se por si só já é altamente plural, faz-se na verdade sintoma de "um trabalho pró e contra que constitui a vida conjunta de todo o organismo" (10 [137], outono de 1887). Mas já anos antes, Nietzsche caracterizava esse "trabalho pró e contra" como "lutas entre células, tecidos, órgãos, organismos" (11 [128], outono de 1881). Ocorre que esses embates não encontram um "núcleo duro" nem mesmo entre células, tecidos e entidades, mas sim bem nesse âmbito ele propõe a ação ativa, e de certo modo consciente – com rudimentos de consciência –, de afetos, ou impulsos, ou instintos. Sentimentos, intenções, valorações remetem a movimentos fisiológicos, que, por sua vez, remetem a afetos, e ali enigmaticamente Nietzsche os caracteriza como "apenas interpretações intelectuais lá onde o intelecto nada sabe, mas tudo *pensa* saber" (11 [128], outono de 1881).

Sendo assim, tem-se no inconsciente uma série de "interpretações intelectuais" e o que Nietzsche chama de afetos. Estes serão pautados não propriamente por uma finalidade, que pressuporia teleologia, e sim por uma espécie de norte imanente, que ele parece ter estado sempre a tatear e acabará por formular como – veremos mais adiante – vontade de potência. Desse modo, pelo que se arrolou aqui, têm-se afetos ou instintos ou impulsos providos seja de uma certa consciência – até pela referência a "afetos conscientes" em 11 [128], outono de 1881 –, seja de uma ação reguladora e, de certo modo, racional, uma vez que os "impulsos [são] reguladores e inconscientemente certeiros" (GM/GM II § 16). Eles são despertos à medida que, em função da coordenação do corpo, fazem-se "dependentes e subservientes, e não obstante em certo sentido mandatários" (37 [4], junho-julho de 1885). Ora, e se são conscientes a ponto de Nietzsche os chamar "consciências" (37 [4], junho-julho de 1885), eles o são com uma atuação de excelência (1) no âmbito de um organismo vivo; (2) no âmbito dos tipos humanos entendidos como espécie no seio das espécies animais; (3) no âmbito das ações vitais que realizamos sem delas nos darmos conta; e, ainda, no âmbito (4) das tipologias que atuam sobre os filósofos sem que disso se deem conta: enfim, são afetos, instintos ou impulsos que, mais do que serem propriamente intencionais, são, de certo modo, conscientes em sua atuação inconsciente. Se com esse arrazoado, como se espera ter deixado claro até aqui, não há contradição na relação aparentemente paradoxal entre eles, é a conexão de mobilidade e de resistência, e mesmo de embate entre afetos – instintos – e impulsos que demanda ser entendida.

II.IV. Insuficiências do debate sobre impulsos na literatura analítica

Passando em revista nosso percurso até aqui, o que é ao menos aparentemente paradoxal parece ter sido a tônica da reflexão: (1) tivemos a recorrência a metáforas como meio de operar uma passagem de inconsciente a consciente, e deste (2) à sua assimilação gregária, ao automatismo, retornando-se à inconsciência. Pois agora estamos vendo (3) instintos providos de ação consciente no âmbito da conservação da espécie – tão consciente que, em dado momento, instauraram uma reflexividade a mais, além daquela que já vigorava: surgia a linguagem verbal articulada e, de par com ela, a consciência-intelecto tal como a conhecemos. Nesse entrejogo tivemos, por um lado, *relações de relatividade*, quais sejam, uma reflexividade funcionalmente consciente na inconsciência da ação instintual, e, por outro lado, uma consciência assolada por uma inconsciência como que "de origem", mesmo no caso dos filósofos. Tivemos também *relações de mobilidade*, com instintos ou impulsos podendo ter sua reflexividade duplicada, a resultar no homem consciente, e, no sentido inverso, a ação da consciência como intermitente (cf. FW/GC § 11). A complexidade desse entrejogo de relações, a envolver passagens e patamares distintos, foi, até agora, apenas disposta, sem ser analisada, muito menos compreendida. Por certo ela não se deixará compreender esgrimindo-se conceitos destinados a corresponder a referenciais em uma realidade, para que a relação biunívoca entre eles então nos ilustre o que em tal realidade se passa. Indo em sentido contrário a esse, Nietzsche arrola aqui, como alhures, a série de dispositivos linguísticos que acima anunciamos: afetos, instintos e, sobretudo, impulsos.

Não obstante a preocupação do filósofo em expressar as mais variadas perspectivas e facetas da ação inconsciente, para tanto se valendo de dispositivos linguísticos, há toda uma literatura sobre a ação pulsional em Nietzsche a pender para uma compreensão unilateral. A se fiar no relato de Paul Katsafanas em seu "Nietzsches's Philosophical Psychology", o que se tem no debate sobre os impulsos no filósofo alemão pelo olhar da filosofia analítica é, em grande parte, um embate entre ênfases exclusivas. Peter Poellner ressalta o aspecto agencial dos impulsos à medida que Nietzsche atribui a eles ações como desejar, querer, mandar e obedecer, interpretar.[8] Se o indivíduo é uma configuração temporária e hierarquizada de impulsos, e se os impulsos são intrinsicamente ações como essas tais arroladas, eles seriam agentes dentro dos agentes que somos nós, e, por essa razão, seriam como que homúnculos.[9] Tal leitura é endossada por Clark e Dudrick, para quem impulsos são igualmente "homúnculos" ou "protopessoas" a atuar,[10] como quando Nietzsche fala em mando e obediência a pautar as relações entre impulsos (cf. JGB/BM § 19). Da mesma forma, a ideia de dominação e exploração dos demais impulsos concorrentes fez com que Thiele atribuísse aos impulsos um caráter agencial,

8 Cf. KATSAFANAS, P. "Nietzsche's Philosophical Psychology". Disponível em: http://peopole.bu.edu/katsa/NPP.pdf, p. 2. Acesso em: 15 ago. 2015.

9 *Ibidem*.

10 *Ibidem*, p. 5.

predominante a ponto de obscurecer quaisquer outras dimensões.[11] Brian Leiter, na mesma direção, inclina-se a identificar impulsos a ímpetos, com esse traço esgotando sua caracterização.[12]

Em uma outra extremidade, pois de fato as posições acabam por se tornar extremas, Peter Janaway se aparta da ideia de impulsos como agentes autoconscientes, concebendo-os ao modo de tendências. Para ele, impulsos são uma tendência a ativar um comportamento de um certo tipo.[13] Richard Schacht entende que a noção de impulsos aplica-se a disposições fortemente estabelecidas.[14] Já segundo Hales e Welshon, impulsos são estados e disposições funcionais.[15] E Richardson, enfim, em busca de uma interpretação para a qual os impulsos "não sejam agentes conscientes",[16] concebe um impulso, segundo Nietzsche, como uma disposição selecionada para certo resultado.[17] Katsafanas observa, e com razão, que tais abordagens não proporcionam uma explicação efetiva do que chama de "linguagem agencial" em Nietzsche. Ele próprio, por sua vez, esposará uma posição inclinada ao caráter disposicional, tomando-o por avaliativo e racionalizador,[18] deixando de lado a ideia de empuxo e de descarga prazerosa, traço este que é o mais reiteradamente associado aos impulsos por Nietzsche.

Aqui trazemos esse quadro não ao modo de um *status quaestionis*, mas sim como um certo ilustrativo estado de coisas no qual se tem a tentativa de, no âmbito da filosofia de Nietzsche, fazer equivaler um termo, "impulsos" a outro termo, que pode ser "agente", "ímpeto", ou então "tendência" ou "disposição". A frequência com que nosso filósofo põe em

11 *Ibidem*, p. 6.

12 *Ibidem*, p. 8.

13 *Ibidem*, p. 7.

14 *Ibidem*.

15 *Ibidem*.

16 *Ibidem*, p. 8-9.

17 *Ibidem*.

18 De sua parte, Katsafanas concebe os impulsos segundo quatro traços, a saber: (1) disposições que geram orientações afetivas, (2) que admitem distinção meta/objeto, (3) que dispõem de agentes para buscar mais suas metas do que seus objetivos e (4) que são disposições constantes. *Ibidem*, p. 39.

questão a crença na estabilidade, na objetividade e na unicidade de um suposto referente não é um aspecto contemplado, assim como as múltiplas designações a que recorre não são algo a que se atente de modo consequente – nem mesmo quando Janaway observa que impulsos podem ser idênticos a afetos, ou quando Cox sugere alguma analogia entre "impulsos", "instintos", "forças", "paixões", "desejos".[19] Justamente por isso, e porque em Nietzsche, ao contrário do que se tem nesse debate em filosofia analítica, não se trata de relacionar enrijecimentos conceituais a supostos referentes, proporemos aqui uma compreensão do que se passa nos impulsos/instintos/afetos com base na própria trama textual em que aparecem. No seio dela, o filósofo lança mão desses termos não para que correspondam a referentes dados, mas para expressivamente proceder a suas construções filosóficas.

II.V. Sutilezas terminológicas da contraposição ao *logos*: "afetos", "instintos", "impulsos"

De nossa parte há, justamente, um alinhamento à posição pela qual em Nietzsche não se trata de se valer de termos diferentes para referentes diferentes, como não há termos unos e inequívocos a fazer referência a um quadro dado e objetivo. Trata-se mais de, pela própria linguagem, performativamente assinalar os limites da linguagem.[20] Mas uma sinonímia entre "impulsos" e "paixões", como chegou a ser sugerida no debate acima,[21] só pode ser levada em conta atentando-se ao contexto específico de sua aparição e pressupondo-se uma reinterpretação nietzschiana do termo "paixões", uma vez que a teoria dos impulsos seria justamente o aprofundamento de um debate que, em séculos anteriores, mantendo-se restrito ao registro consciente, dava-se no âmbito das paixões. Na verdade, indo mais longe, nossa perspectiva não nos permite nem que se

---

19 *Ibidem*, p. 8.

20 A esse respeito, cf. DÉNAT C.; WOTLING, P. *Dictionnaire Nietzsche*. Paris: Ellipses, 2013, p. 12 e 15.

21 *Ibidem*.

assemelhe impulsos a paixões, nem que os considere pura e simplesmente sinônimos no sentido de termos diferentes para o mesmo referente, mas permite inferir que se trata de dispositivos linguísticos acionados a depender da trama textual em uma linguagem que se pretende, antes de referencial, expressiva, e, antes de gregária, suscitada por uma intransferível singularidade. Justamente por privilegiar a trama textual – à qual, como é óbvio, o filósofo atenta mais na obra que destinou à publicação do que nos escritos do espólio –, o modo como lança mão de um termo ou de outro pode parecer pouco rigoroso, e mesmo eventualmente casual ao sacar "instintos", "impulsos" ou "afetos". De fato, tem-se aí uma impressão que em diversos momentos nos ocorre, e, às vezes, pode até mesmo ser acertada. Mas no fundo ela parece associada à expectativa, equivocada, de que esse ou aquele termo estaria mesmo vinculado a um referente. Em meio ao que aparenta ser um cipoal nomenclatório, façamos uma tentativa de deslindar as nomenclaturas, começando pelas referências a "afetos" [*Affekte*].

Com sua concepção de "afetos", Nietzsche encontra para a sensibilidade dimensões até então insuspeitadas, bem como radicaliza a disparidade entre sua ação e a capacidade que teria uma subjetividade de controlá-la ou mesmo de percebê-la. Como acima ressaltamos, essa renovação passa pelo evidenciar de uma esfera mais profunda do que a tradicionalmente entendida como "das paixões". E se também afirmamos que "afetos" não seriam propriamente sinônimos de "impulsos" ou "instintos", alinhamo-nos à posição segundo a qual "deles [os afetos] só se distinguem de fato por ressaltar a dimensão intrinsicamente passional de seus processos infraconscientes",[22] ainda que não se deva confundir e emprestar a esse sentido a conotação de passividade própria aos afetos como se tem em Spinoza. Spinoza, por certo, em seu século XVII, é um dos filósofos para quem tal debate só pode mesmo se dar até o âmbito das paixões, isto é, no âmbito do intelecto *versus* paixões. E quanto à diferenciação acima esboçada, pretendemos fazer ver que essa e outras eventuais distinções em relação ao que se terá com "impulsos" ou "instintos" podem mais bem ser reconhecidas nos contextos de uso desse ou daquele termo por Nietzsche. Em

22 *Ibidem*, p. 23.

tais contextos, é frequente a menção a "afetos" com um qualificativo ou com uma referência à discriminação de alguns afetos, por exemplo, "raiva (e outros *afetos*) [sendo] primeiramente um estado do corpo" (9 [44], maio-junho de 1883; *itálicos nossos em todas as ocorrências de "afetos" nas citações a seguir*); "*afetos*, aspirações e vontades" (24 [21], inverno de 1883–1884); "nossos *afetos* maus também têm uma consciência [moral] e se zangam"; "*afetos* de potência, de sagacidade, de poder esperar, de compromisso, de rigor, de guerreiro" (25 [459], primavera de 1884); "trata-se aqui de caracterizar corretamente uma unidade na qual pensar, querer e sentir e todos os *afetos* estão reunidos" (40 [38], agosto-setembro de 1885). Na obra publicada igualmente contamos com ocorrências dessa ordem: "supondo, porém, que alguém tome os afetos de ódio, inveja, cupidez, ânsia de domínio como *afetos* que condicionam a vida" (JGB/BM § 23) e, ainda, outro exemplo eloquente, "e já nos processos mais 'simples' da sensualidade predominam *afetos* como medo, amor e ódio, sem esquecer os afetos passivos da indolência" (JGB/BM § 192).

Além disso, há reiteradas referências a "afetos" em relação com as valorações que deles são feitas "do outro lado do espectro", ou seja, pela racionalização, e com isso pretendemos incluir, de modo mais geral, também suas relações com as valorações e atitudes conscientes, fazendo ver nessas ocorrências uma espécie de embate entre *logos* e *pathos*. Daí se ter "a avaliação feminina dos *afetos*" (1 [50], julho-agosto de 1881; *itálicos nossos nas ocorrências de "afetos" a seguir*); "o louvar e censurar de nossos *afetos*, portanto o avaliar dos valores" (4 [143], novembro de 1882 – fevereiro de 1883); a menção a "orgânico-moral (contenda dos *afetos* e supremacia de um *afeto* sobre o intelecto)" (16 [33], outono de 1883); também "a calúnia a todos os estímulos inconscientes, o desprezo pelos *afetos*" (25 [106], primavera de 1884); "moral linguagem de sinais dos *afetos*" (25 [113], primavera de 1884); "o intelecto como reino intermediário dos sentidos [...], uma espécie de estômago de todos os *afetos*" (25 [185], primavera de 1884); "o compreender para além dos *afetos*" (35 [9], maio--julho de 1885); e ainda "temos um direito de negar a consciência, mas dificilmente teremos o direito de negar os *afetos* atuantes" (1 [54], outono de 1885 – primavera de 1886); e finalmente "a moral é uma parte da doutrina dos *afetos*: mas quão longe chegam os *afetos* no coração da existência?" (1 [73], outono de 1885 – primavera de 1886).

As circunstâncias, como essas acima arroladas, o modo de uso, o sentido encetado pelo contexto e, ainda mais, o gesto – antes de um imaginado referente – impedem que o emprego que se faz de "afetos" possa ser, sem mais, identificado ao de "instintos" [*Instinkte*]. Diga-se, de antemão, que na obra publicada o filósofo parece preferir a denominação "instintos", como se tem no aforismo 11 d'*A gaia ciência*, na relação dos instintos com a consciência, ou no *Crepúsculo dos ídolos*, ao tratar da ação dos instintos [*Instinkte*] em Sócrates (GD/CI "O problema de Sócrates" § 9, 11). Independentemente dessa inclinação, que parece reservar para "impulsos" o tratamento mais técnico, dispensado no espólio, entre as ocorrências de "instintos" por todo o *corpus* com frequência estão aquelas de sentido pouco técnico e próximo do senso comum, ainda que o contexto, em se tratando de Nietzsche, esteja muito longe do senso comum: "nossos *instintos* nos dão a necessária cegueira [para perseguirmos uma meta]" (6 [373], outono de 1880; *itálicos nossos para todas as ocorrências de "instintos" a seguir*); "o homem é conduzido por seus *instintos*" (7 [239], primavera-verão de 1883); "a todo efeito segue um efeito – essa crença na causalidade tem uma sede nos mais fortes dentre os *instintos*, na raiva" (4 [53], novembro de 1882 – fevereiro de 1883); de modo semelhante ao que já se teve com afetos, o filósofo se refere a "*instintos* morais" (7 [178], verão de 1883 e 26 [369], outono de 1884 e 14 [442], primavera de 1888), e, de modo ainda semelhante, "instintos" são trazidos com seus qualificativos: "a miríade de *instintos* ordinários" em referência a um certo romancista francês (25 [181], primavera de 1884), "*instinto* social" (MM/HH § 98), "*instinto* de independência" (MM/HH § 262), "*instinto* de justiça" (MM/HH § 101), "*instintos* nobres" (25 [200], primavera de 1884), "*instintos* inamistosos" (25 [492], primavera de 1884), "velho *instinto* de vingança" (M/A § 202), "*instintos* femininos em degenerescência" (26 [361], verão – outono de 1884), "*instintos* espirituais" (26 [375], verão-outono de 1884), "*instintos* históricos" (7 [4], final de 1886 – primavera de 1887), "*instinto* de liberdade" (GM/GM II § 16) e "*instintos* fundamentais criadores" (35 [37] maio-julho de 1885) e ainda, não por último, o célebre "instinto de horda" (FW/GC § 116 e 117; 27 [30], verão-outono de 1884 e 10 [57], outono de 1887).

Além dessas referências, que têm algo mais de menção do que propriamente tematização – em todo o caso remetem a uma esfera que nos impele e nos dirige sem que disso tenhamos consciência –, há uma modalidade de ocorrências pela qual estas já podem contar entre as tematizações, ainda que não raro transversais, nas quais algo do funcionamento instinto-pulsional é trazido à tona. No aqui já citado aforismo 11 d'*A gaia ciência*, dedicado à consciência, os instintos são invocados como a encetar uma ação animal e organicamente providencial contra as pretensões, ilusões e descaminhos da consciência: se o estado consciente a todo tempo produz inúmeros erros, se seus juízos teriam levado ao perecimento da humanidade (cf. FW/GC § 11), contamos com a compensação vital do "tão mais forte e conservador vínculo dos *instintos* (FW/GC § 11; *tradução ligeiramente modificada; itálicos nossos para "instintos" nas próximas ocorrências*); e para deter a consciência de seus erros e devaneios, revela-se um aspecto da ação instintual: eles tiranizam a consciência – a mesma consciência que sobre eles se imagina sobranceira. Além disso, o próprio funcionamento dos instintos é revelado, já pelo jovem Nietzsche, em relação ao papel de Sócrates sobre a tragédia: a sabedoria instintiva, que prevalecera sobretudo com Ésquilo, para Sócrates é algo de todo *anormal*. Ele procede a uma inversão: se "em todas as pessoas produtivas, o *instinto* é justamente a força afirmativo-criativa, e se a consciência se conduz de maneira crítica e dissuasora, em Sócrates é o *instinto* que se converte em crítico, a consciência em criador" (GT/NT § 13). Para a arte trágica, Sócrates trouxe o mesmo tipo de perplexidade e de observação com que confrontava cidadãos e celebridades do mundo ateniense: estes, sem ter uma compreensão da qual podemos dizer "conceitual" sobre seus valores e suas profissões, seguiam-nos "apenas por *instinto*" (GT/NT § 13). Mas o que teria realmente se passado com Sócrates e os instintos será por Nietzsche deslindado bem mais tarde, em "O problema de Sócrates", no *Crepúsculo dos ídolos*: o pai da maiêutica vislumbrou "em toda a parte os *instintos* em anarquia, a poucos passos do excesso, e isso significa que em razão de sua disposição circunstancialmente anárquica fez-se visível a ele a tirania dos *instintos*" (GD/CI "O problema de Sócrates" § 9). Para contrapor-se a tal tirania, inventou um contratirano que fosse mais forte (cf. GD/CI "O problema de Sócrates" § 9), justamente a dialética, que foi o modo como a racionalidade assim se deu como salvadora (cf. GD/CI "O problema de Sócrates" § 10). Porém, Nietzsche dá a entender que Sócrates na verdade teria se valido mesmo da força e onipresença dos instintos, pois para além da própria dialética, da racionalidade pura e crua, o que lhe rendeu fascínio junto aos aristocratas atenienses foi "mexer com o instinto agonal dos gregos" (cf. GD/CI "O problema de Sócrates" § 8).

Assim, realçando aspectos não contemplados nas menções a "afetos" no *corpus* nietzschiano, com "instintos" algo se nos dá a entrever quanto a seu funcionamento, a mobilizar as instâncias infraconscientes. Um traço que se fez presente na relação dos instintos com a consciência (cf. FW/GC 11) e na presença instintual no feito dialético de Sócrates é o de que, quanto mais se imagina tomar distância dos instintos – o que se teve tanto em um caso como no outro –, tanto mais neles e por eles se é enredado, como se ao instintual coubesse a última palavra. Isso porque, em última instância, sempre se há que satisfazê-los e se é por eles comandado. Mas e quanto ao que seria, digamos, a "primeira palavra", ou o que poderia fazer as vezes de "primeira palavra" na configuração de um organismo vivo, ou, sem querer a tanto descer na escala dos seres vivos, na configuração de ser humano?

Instintos, ao que tudo indica, são decorrências, tanto que chegam a ser referidos como "frutos": "O que é simulado torna-se enfim *natureza*: a simulação acaba por suprimir a si mesma, e órgãos e *instintos* são os inesperados *frutos* do jardim da hipocrisia" (M/A § 248; *itálicos nossos para "instintos" e "frutos"*). Nietzsche refere-se aí a uma simulação não na esfera social, mas na própria natureza: de tanto simular, deixa de ser simulação, convertendo-se no que comumente se tem por "original", ou seja, converte-se em instinto. E em corroboração à ideia do caráter derivado do instinto, ele é referido mesmo como proveniente do hábito (cf. MM/HH § 228) ao modo de um assentamento. A relação entre instinto e um assentamento deixa-se referir também em comparação com a moralidade em um processo em que se tem coerção, acomodação à coerção, costume, logo depois "obediência livre", para então haver uma conversão em "quase instinto" (MM/HH § 99). Ora, mesmo que a intenção aí não seja falar de um processo instintual e sim da moralidade, a passagem em questão traz um dispositivo passível de valer para qualquer "acomodação" instintual. E à pergunta sobre o que haveria antes de o hábito "fazer" o instinto, uma chave pode se ter no aforismo 1 d'*A gaia ciência*: ao referir a utilidade de um instinto especialmente caro a qualquer espécie animal - que é o da própria conservação da espécie –, Nietzsche o remete ao que seria uma versão pluralizada desse instinto e sua economia: "impulsos sem os quais a humanidade teria há muito se estiolado ou corrompido" (FW/GC § 1).

Ao que tudo indica, portanto, os impulsos seriam instintos "antes do hábito", antes da formação da memória, processos nos quais um padrão análogo ao dos instintos se conflagraria a todo tempo, com a diferença de ainda não se contar com a formação da memória, ou seja, sem as cristalizações de grupos de impulsos que se fazem instintos em função de um hábito de interação instituído. E da noção de instintos, portanto, assim tornamos à noção de impulsos, cuja tentativa de compreensão da parte da filosofia analítica trouxemos aqui no início. Pusemo-nos frontalmente contrários aos termos limitados pelos quais se dá aquele debate, que, no entanto, traz algo de pedagógico: a necessidade de dar conta de diferentes aspectos dos processos pulsionais e a impossibilidade de se chegar, pela via imanente, dos impulsos à consciência reflexiva quando se adota uma perspectiva limitada como ali se viu - impulsos "são" tão somente ímpeto, empuxo, uma descarga; impulsos "são" tão somente disposições entre eles próprios. Com base na referida necessidade de fazer jus à multiplicidade de aspectos, e na inviabilidade de uma perspectiva única, pensamos e propomos uma abordagem que se daria já não segundo um traço único ou predominante, mas segundo *dimensões* que, ao se desdobrarem, farão suscitar uma a outra por serem interdependentes.

II.VI. Do prazer ao sentimento de potência: os impulsos e a primeira dimensão pulsional

Dito isso, um primeiro traço característico dos impulsos, sua marca da qual se pode dizer ser a mais nítida e recorrente, é o de uma inebriada busca por prazer e satisfação. Os impulsos querem a sua satisfação (cf. 4 [121], verão de 1880, 6 [144], outono de 1880, 12 [30], outono de 1881, 21 [5], verão de 1882 e 7 [260], [263] primavera-verão de 1883, 7 [62], verão de 1886 - primavera de 1887), que é obtida mediante a liberação de sua força, (cf. JGB/BM § 13, 26 [277], verão-outono de 1884), a ponto de sua geração e sua procriação serem definidas como "uma espécie de prazer" (6 [145], outono de 1880). Deve-se observar, porém, o caráter não finalista nem teleológico dessa relação com o prazer: embora a um só tempo sejam fontes de prazer e haja neles uma aspiração ao prazer (cf. 6 [59], outono de 1880), eles são desprovidos de metas, ao menos de metas que de algum modo lhe sejam apartadas: como impulsos de prazer que são, "a meta é alcançada, mas não desejada" (6 [366], outono de 1880). Isso significa não haver espaço para o desejo, para o desejo apartado de seu objeto, o que, por sua vez, implica não haver mediação e transcendência: o prazer, por mais que desejado, não obstante é instância onipresente e incontornável.

A aspiração ao prazer é inerente aos impulsos a ponto de fazer transparecer o caráter secundário de qualidades que, de uma perspectiva teleológica, seriam tidas por primeiras e fundamentais: se a certa altura o filósofo chega a referir os impulsos como maus e bons, ele dá a entender que tal deve parecer a uma perspectiva limitada, já que mesmo os impulsos maus são convenientes e conservadores da espécie (cf. FW/GC § 1 e 4; 6 [456], outono de 1880); algo neles faz com que se agarrem ao que lhes é agradável, não ao que lhes é útil (cf. 11 [5], primavera-outono de 1881).

Na verdade, as relações entre o prazer e o querer desde o início estiveram presentes nas reflexões de Nietzsche, até por encontrar em seu mestre Schopenhauer uma concepção de vontade que, estranhamente, negava a si própria. E, aliás, em seu tempo, a segunda metade do século XIX, que justa e extemporaneamente elegera Schopenhauer como interlocutor e porta-voz, tinha-se uma vontade que buscava motivos para desejar, sem encontrá-los, a vontade sendo assim um princípio da natureza que não se coadunava com o prazer. Diante disso, Nietzsche passou a ponderar ser "o prazer sempre uma forma intermitente da vontade - rítmica quantidade do querer" (3 [19], inverno de 1869-1870). E se Schopenhauer pensara a vontade de vida como equacionada a uma fuga ao desprazer e busca do prazer, uma e outra como "fato universal" e também "fato original" (cf. 23 [12], final de 1876 – verão de 1877), Nietzsche, em um primeiro momento e até certo ponto, concorda, afirmando que "a inteira lógica da natureza se dissolve, então, num sistema de prazer e desprazer" (19 [161, verão de 1872 – início de 1873). Se n'*A gaia ciência* ele oferecerá teses de oposição a Schopenhauer quanto ao que antecede prazer e desprazer, o fato é que em momento algum chega a conferir magnitude primeira a esses dispositivos: "tudo se apega ao prazer e foge ao desprazer, são as leis eternas da natureza" (19 [161, verão de 1872 – início de 1873). Ora, com "tudo se apega" e "leis eternas da natureza" tem-se uma porta aberta para a compreensão do que estaria a subjazer ao processo de "busca e fuga": pois a subjazer-lhe desde cedo ele imagina uma "*aspiração* [*Strebung*] a expressar-se [então, justamente] em prazer ou desprazer, sob suas diferentes formas" (3 [19], inverno de 1867 – primavera de 1870; itálico nosso), mas sem a eles se reduzir. Anos depois, será de outra maneira que formulará essa relação do prazer com o que diríamos ser "um fundo atuante": "existe uma espécie de vontade livre, que modifica a essência de uma coisa, com base em busca do prazer e fuga ao desprazer" (19 [164], verão de 1872 – início de 1873). Também observará que "todos os impulsos são associados a prazer ou desprazer" e que "não há impulso que em sua satisfação não anseie por prazer" (29 [16], verão-outono de 1873). Prazer e desprazer, assim, além de não serem fatos últimos, não se suprimem, tampouco são pensados como opostos (cf. 9 [1], verão de 1875), mas como "apenas quantitativamente diferentes, havendo graus de passagem de prazer para dor" (9 [1], verão de 1875). Ora, se um e outro são questão de quantidade e de grau, e se o prazer individual e localizado nem sempre seria sentido como tal, isso se deve ao prazer e a dor estarem envolvidos em um processo ou em um estado que os abarcaria sem propriamente se identificar a eles. Nesse já citado fragmento, Nietzsche propõe o que seria "um estado de inúmeros e prazerosos estímulos individuais" (9 [1], verão de 1875). Tal estado propõe-no também como "uma potência propulsora", que impeliria sempre, mas observa, possivelmente tentando interpretar Schopenhauer e o seu tempo, "com frequência o impulso vital é fraco [...] a ponto de levar à negação do estado, que é a pior forma de *desprazer*" (9 [1], verão de 1875).

Adentrando a década de 1880, a questão do estímulo como estado subjacente ainda aparecerá em 1881, a sobrepor-se a prazer e desprazer, como quando ele afirma: "o ser *estimulado* [*Gereizt*] é o mais importante para o homem. O *estímulo* é em si algo outro que não prazer e desprazer (ou estes serão seus extremos)" (11 [216], outono de 1881). Prazer e desprazer estarão presentes em diversos momentos da obra do ano seguinte, *A gaia ciência*, quando justamente se tematiza o desencontro do homem com sua capacidade de desejar – e é de modo sintomático que suas ocorrências aparecem sem o "estímulo", o "impulso vital", a "vontade" que lhes daria lastro e legitimidade: por um viés crítico e negativo, o prazer é associado a um cálculo frio, daí o homem de seu tempo ser o contrário do indivíduo nobre, de fortes sentimentos de prazer e desprazer (FW/GC 4); daí a ciência de seu tempo ser devotada a proporcionar o máximo de prazer e o mínimo de desprazer (cf. FW/GC 12), sem reconhecer o que subjazeria a ambos. Em um sentido contrário, na mesma obra, "o indivíduo nobre e magnânimo possui alguns sentimentos de prazer e desprazer tão fortes, que o intelecto tem de silenciar ou de servi-los" (FW/GC § 3; tradução ligeiramente modificada); daí, por não se antever o processo de fundo a subjazer a um e outro, o filósofo criticar os adeptos da religião da compaixão e da comunidade, que "veem o sofrimento e o desprazer como maus" (FW/GC § 338).

Ora, essa reinterpretação de prazer e desprazer para o caso do homem nobre e a importância conferida à sua intensificação deve-se justamente ao novo lastro que Nietzsche propõe para eles, uma ampla esfera de onipresente estimulação, também ela obviamente imanente, agora que o prazer ou desprazer de um ser vivente já não podem ser da responsabilidade de Deus (15 [49], outono de 1881). Não por acaso, no ano seguinte às considerações sobre prazer e desprazer n'*A gaia ciência*, o filósofo apresentará "vontade de potência" em *Assim falava Zaratustra* – que vem a ser uma formulação definitiva para o "sentimento de sua própria potência" e para o "prazer da potência" a que ele se refere no acima citado fragmento de 1876-1877. Um dos traços da vontade de potência que se pode ressaltar em sua relação com prazer e desprazer está na ausência de um "momento" ou "substrato negativo": em contraposição à "vontade de vida" de Schopenhauer, bem como à vontade schopenhaueriana em sentido geral, não se trata de um apetite, de uma aspiração a algo que ainda não se tenha, bem como a um estado de que ainda não se desfrute, ou a uma vantagem ou condição de que não se disponha. Não há nada por trás de prazer e desprazer, com que vontade de potência devesse ser conjugada e a ele se contrapor, mas há, isto sim, nas relações entre eles, intensificação e sobejamento. Há positividade, por certo, mas uma positividade imanente. Justamente por isso, *vontade de potência* é o fato último que Nietzsche acaba por não atribuir ao prazer: "Nossos impulsos são redutíveis à vontade de potência. A vontade de potência é o *factum* último a que podemos descer" (40 [61], agosto-setembro de 1885). Os impulsos são a ela redutíveis, mas não são dela decomponíveis; ela atua na pluralidade a ensejar o modo como os impulsos são "fontes de prazer" (6 [59], outono de 1880) por buscar sua saciedade a todo o tempo, de modo que se confundirão com o prazer, sem se identificar a ele: afinal, se negar a sua potência e vitalidade é o estado de máximo desprazer, exercê-las será a fonte de prazer por excelência, que nos impulsos se dá sob a forma de descarga. Por essa razão, a vontade de potência como lastro imanente e de embriaguez, a buscar intensificar um prazer que já lhe é intrínseco, será, quanto aos impulsos, algo de tão próprio e inexorável que propomos ser um aspecto de sua natureza, mesmo uma dimensão – sua primeira dimensão.

II.VII. Da depuração à comunicação: a segunda dimensão pulsional

Se estancássemos neste ponto, teríamos da vontade de potência uma visão limitada, e dos impulsos, tanto mais, uma concepção unilateral. Da vontade de potência não daríamos conta, pois se ignoraria seu inteiro caráter de processo interpretativo, no que se tenderia a tomá-la como "causa" da atividade interpretativa. E pensada como causa, ela seria também um "a parte", e não interferiria em suas produções e resultantes, não se projetaria no mundo, poderia ser confundida com a cegueira da vontade segundo Schopenhauer, ou com o caráter providencial do inconsciente segundo Hartmann. E, mais uma vez, incidiríamos na separação entre intelecto, ou racionalidade, e ação inconsciente, ou então, de outro ponto de vista, entre *logos* e *pathos*. Quanto aos impulsos, tenderíamos a concebê-los de modo homuncular, incidindo em uma das vertentes do debate da filosofia analítica. A tendência seria concebê-los como unidades simples, por mais que o filósofo nos advirta de que "de modo geral todos os impulsos, anseios, ojerizas etc. não são 'unidades', mas sim aparentes 'estados simples'" (12 [25], verão de 1883). Tampouco haveria como ascender do *pensar* que contínua e organicamente se dá, disseminado por todo o corpo, para um "'saber' o que lhe falta, 'saber' como se sente, 'saber' o que pensa'" (FW/GC 354; trad. RRTF) a instaurar-se na ordem pulsional. Em outras palavras, não se chegaria ao advento da racionalidade e da consciência humanas pela via imanente, como Nietzsche pretende: o que é homúnculo e substancial, fechado em si, nem demandaria o outro, a com ele interagir sob uma racionalidade funcional, nem com isso se poria em atitude desperta, consciente.

E eis que no âmbito dos impulsos em dado momento se tem um "'saber' como se sente, [de] 'saber' o que pensa" (FW/GC § 354; trad. RRTF). Sob certo ponto de vista, Nietzsche foi conduzido à questão das interações pulsionais pelo intento de, por via imanente, chegar à consciência-intelecto, que se fez marca do gênero humano – pois para o filósofo, como já vimos, há "consciências" disseminadas pelo corpo (cf. 37 [4], junho-julho de 1885). Em um primeiro momento, porém, ainda que ele partisse sempre dos impulsos como processos plurais, a busca da dupla reflexividade – isto é, da consciência como a conhecemos – parece ter hesitado precisamente na questão das interações, com o filósofo custando a compreender suas implicações e sua profundidade. Por mais que desde as primeiras tentativas os impulsos fossem concebidos como processos intrinsicamente plurais, por mais que estivessem identificados à própria luta travada entre eles (cf. 9 [1], verão de 1875, 6 [80], [83] e [127], do outono de 1880), a tentativa de compreender o modo como de sua pura animalidade o homem chegou às construções lógicas e racionais, morais e religiosas, deparava com uma resistência: como por uma inércia inconsciente, havia uma persistência em tomar os próprios impulsos como entidades unas, que deveriam, de algum modo, ser depuradas. Era tão fácil quanto equivocado lhes atribuir certo isolamento e substancialidade, e é por isso que Nietzsche, em uma tentativa de compreensão, chega a conceber os impulsos como entidades passíveis de crescer (cf. 6 [18], outono de 1880). Como outra tentativa, chega a cogitar uma "substituição" de impulsos, sem saber ao certo de que modo se daria: para a constituição do indivíduo teria havido "um evanescimento dos impulsos fundamentais e substituição desses por altruísmo" (6 [4], outono de 1880). O filósofo aventa uma separação entre impulsos: haveria impulsos pura e simplesmente físicos, dos quais a moral seria uma interpretação (cf. 6 [7], outono de 1880), com a prolífica e central ideia de interpretação fazendo aqui as vezes de elemento depurador. Como outro indício da compreensão limitada da dinâmica pulsional, os impulsos são pressupostos como unidades substanciais e iguais a si mesmas – nessa medida é que poderiam ser sublimados (cf. 6 [67], outono de 1880); e são categorizados de antemão: há impulsos sociais e religiosos (cf. 6 [80], outono de 1880) e também morais (cf. 11 [19], primavera-outono de 1880); impulsos podem ser sem pensamento e com pensamento (cf. 6 [265], outono de 1880); impulsos se modificam e não obstante querem a sua satisfação – com esse "modificar-se" tem-se mais uma versão da intentada depuração de impulsos sub-repticiamente concebidos como atomizados. Os limites da ideia de depuração fazem-se tanto mais claros ao que Nietzsche pondera que o "impulso científico" nada mais seria do que o impulso da caça, que continua a se exercer por milhares de anos (cf. 6 [370], outono de 1880). Reconhecerá ainda que "muitos impulsos – por exemplo, o sexual – são capazes de grandes refinamentos pelo intelecto (o amor humano, a adoração a Maria e aos santos, arrebatamento artístico)" (11 [124], primavera de 1881). Da mesma forma, "ao que um impulso se torna *intelectual*, ele recebe um novo nome" (11 [124], outono de 1881) – o que está a indicar que o impulso "uno" subsistiria por trás da nomeada.

Ainda no marco de uma concepção dos impulsos como sub-repticiamente substancializada e atomizada, uma preocupação de Nietzsche mostrou ser o modo como a abstração pulsional – e lembramos que a noção de impulsos é uma abstração – remeteria a um processo fisiológico mais profundo, difícil de discernir, mas, de algum modo, imbrincado a experiências vividas e identificáveis, a sentimentos nossos conhecidos, como "raiva, ódio, amor, compaixão, cobiça, conhecimento, alegria, dor" (M/A § 115). Tudo se passa como se a persistência de uma concepção que, pela tendência de todo o pensar à fixidez, substancializa os impulsos, impusesse problemas que o próprio Nietzsche constata no período 1880-1881:

"O juízo é algo de muito lento em comparação com a atividade eterna infinitamente pequena dos impulsos – os impulsos são sempre muito mais rápidos, e o juízo só acontece após um *fait accompli*" (6 [63], outono de 1880). Da mesma forma, tudo se passa como se Nietzsche, em seu esforço de compreensão, estivesse a se admirar ante a insuficiência de um renitente modelo correspondencial segundo o qual a uma ideia, a uma palavra ou enunciado deveria corresponder um ente, um objeto, um aspecto da realidade. Mas se esse modelo era, por óbvio, rechaçado pelo autor do *Zaratustra*, tal não significa que de certo modo não sucumbisse a ele. E é bem em razão desse sucumbir, que se concretiza em um conjugado de substancialização e correspondencialidade, que a relação entre impulsos e palavras é pensada por meio de comparações e imagens sugestivas: "As palavras são como um teclado dos impulsos, e pensamentos (em palavras) são seus acordes" (6 [264], outono de 1880).

Passando dos escritos do espólio, não raro de caráter mais técnico ou despretensioso, para a obra publicada, que é de compromissos e preocupação estilística, na obra do chamado período intermediário ele retoma a ideia acerca do quanto os processos fisiológicos e psicológicos – "fisiopsicológicos", como conceberá em *Para além de bem e mal* § 36 – constituem-se de atividades infinitamente reduzidas e repetitivas, ressaltando-se, porém, que se comporiam "de graus mais suaves e medianos" (M/A § 115), e que seria sumamente difícil apreendê-los, não obstante sua relevância: "[se] os graus mais suaves e medianos, e mesmo os graus mais baixos, continuamente presentes, nos escapam, [...] são justamente eles que tecem a trama de nosso caráter e nosso destino" (M/A § 115). Desse modo, o referido caráter, bem como o "assim chamado 'Eu'" (M/A § 115) – que em última instância nada mais são do que configurações temporárias e hierarquizadas dessa ínfima e incansável atividade pulsional – fazem-se miragens construídas pela "linguagem e [pel]os preconceitos em que se baseia a linguagem[, que] nos criam diversos obstáculos no exame de processos e impulsos interiores" (M/A § 115). Um dos tais obstáculos está em "só haver palavras para graus *superlativos* desses processos e impulsos" (M/A § 115), o que não é de se admirar se se pensar que processos da ordem do inconsciente não combinam com uma linguagem referencial, já que os nomes não abarcarão "o número e a intensidade dos impulsos, o fluxo e o refluxo, o jogo recíproco sobretudo, as leis de sua alimentação" (M/A § 119; *tradução ligeiramente modificada*).

Dado esse quadro, poderíamos perguntar: mas por que mesmo fazê-los corresponder a algo que, pela ação grosseira da linguagem, é artificialmente unificado e atomizado? Se o filósofo concebe os impulsos como plurais, por que motivo, não obstante, forçá-los a uma unidade? Não seria o caso de, libertando-se da bitola de os fazer corresponder a uma unidade, pensar essa pluralidade até as últimas consequências? Pensar tal pluralidade até as últimas consequências equivaleria a reconhecer o aspecto múltiplo e plural dos impulsos como sua *segunda dimensão pulsional*, desdobramento da primeira, uma vez que o sentimento de prazer no aumento de potência demanda a resistência e o estímulo de outros impulsos. Enquanto o filósofo não leva às últimas consequências o caráter plural e interacional na pulsionalidade – e não chega ao que ora proporemos ser a segunda dimensão –, a interação é referida mediante sugestivas alegorias, como se tem no próprio aforismo 119 de *Aurora*: ao introduzir a alegoria dos "braços de pólipo", observa: "supondo que um impulso se ache no ponto em que deseja satisfação – ou o exercício de sua força, ou desafogo dela, ou o preenchimento de um vazio [que estão no âmbito do que caracterizamos como primeira dimensão pulsional] – é tudo linguagem figurada" (M/A § 119). Em outro momento do mesmo aforismo, a compreensão do que virá a ser a segunda dimensão pulsional tampouco vai além da sequiosa busca de cada impulso, com a abstração pulsional de novo sendo trazida para a realidade que nos é mais próxima, que é a de nossos gestos e nossas motivações: "Esse impulso agarrou o incidente como uma presa: por que justamente ele? Porque estava à espreita, sedento e faminto" (M/A § 119). Ou ainda:

> [...] ele [o impulso] considera, em cada evento do dia, como pode utilizá-lo para seus fins; se o indivíduo corre, descansa, lê, irrita-se, fala ou exulta, o *impulso* como que tateia, em sua sede, todo estado em que ele se encontra, e, se ali nada encontra para si em geral, tem de esperar e continuar sedento (M/A § 119; tradução ligeiramente modificada; itálico nosso).

O que as belas alegorias para o ato de busca de satisfação pulsional revelam é que o impulso não se satisfaz sozinho, mas precisa buscar, lançar os tais braços de pólipo. Porém, desse ponto de vista, o que se tem nos aforismos de *Aurora* sobre a questão pulsional é, mais do que qualquer outra coisa, o assinalar de uma distância entre impulsos, de um lado, e a imagem do eu e os sentimentos desse eu, de outro (cf. M/A § 119). A mesma distância é assinalada entre os impulsos e nossas sensações e o que nos é mais próximo (cf. M/A § 118); entre impulsos e nossas motivações (cf. M/A § 129); e, ainda, entre processo fisiológico e "nossos juízos e valorações morais" (M/A § 119). Por certo que esse constante realce vem se coadunar com o enquadramento e com o objetivo da obra: se o combate à moral já está presente no ciclo do *Humano, demasiado humano*, em *Aurora* esse combate se dá sob uma incipiente tentativa de compreensão de dinâmicas fisiológicas: o filósofo afirmará que *Aurora* é o livro de "um 'ser subterrâneo' a trabalhar, um ser que perfura, que escapa, que solapa" (M/A "Prólogo" § 1). Pelo que se viu, o próprio recurso a alegorias vem atestar que, não obstante a intenção de Nietzsche, nessa obra os processos fisiológicos são obviamente sugeridos, mas são e ficarão mesmo desconhecidos. O fenômeno fisiológico e pulsional ali não é para ser explicitado ou compreendido em meandros e nuanças, sendo mais o caso de se apontar para a sua presença tão atuante quanto oculta. Entretanto, naquele momento, o período de 1880-1881, a fisiologia pulsional definitivamente já é antevista como um novo tipo de substrato, vivo, pulsante e infinito, a fim de – o moto da obra – se erigirem novas "leis da vida e do agir" (M/A § 453). Pode-se dizer que o modo como os impulsos se autorregulam no organismo faz-se mais esboçado com o viço da primeira vez do que discernido e efetivamente compreendido: trata-se de fazer ver que a esfera pulsional subjaz aos sentimentos morais e que as análises psicológicas e históricas desses sentimentos devem efetivamente contar com a subjacência pulsional e sugeri-la.

Mas por certo que não será esse o ponto de vista único ou definitivo pelo qual Nietzsche abordará a questão pulsional. Ressaltar sua distância e o descompasso em relação a nossas ações e motivações está longe de ser toda a história. Exatamente por isso, o filósofo irá além da ideia, ou melhor, da imagem pela qual impulsos "puxam" ou estendem seus braços. N'*A gaia ciência*, em sua primeira edição (1882), inicialmente pensada como continuação de *Aurora*, nosso autor se contrapõe a uma tradição metafísica, em que a busca pela verdade é procedimento ascético e espiritual, propondo, em vez disso, uma concepção de conhecimento que, pulsional e voraz, advém das entranhas do corpo. A atitude daquele que conhece não é a de quem assiste ao mundo de forma pretensamente neutra, acreditando estar fora dele, mas de alguém que, de dentro do mundo, com ele protagoniza a comédia da existência. Quanto ao conhecimento, o riso e a comicidade se dão em razão daquele que conhece imaginar-se fora do mundo, no alto de suas pretensões cognoscitivas, enquanto na verdade está a errar – nos dois sentidos do termo –, condicionado por seus modos de interagir com o mundo e imerso nesse mundo. E por se lhe demandar uma atitude que não será a da postura pretensamente contemplativa do sábio de até então, essa atitude será sempre de mescla: a do riso sábio, que sabe do risível da sua condição, a do sonho lúcido, que é lúcido por se saber sonhando, a da inconsciência consciente, que, bem ao contrário do que podemos chamar de "consciência inconsciente" (cf. FW/GC § 11), torna-se consciente da função de novamente tornar instintivo – inconsciente – o saber que adquiriu. Nesse contexto, o conhecimento não será mais aquele que se impõe como objetivo último o máximo de prazer e o mínimo de desprazer (cf. FW/GC § 12), mas o que vivencia um e outro, neles reconhecendo o seu moto. *A gaia ciência* é a obra em que o filósofo mostra que os pensamentos, como um conhecimento calcado em antigos erros incorporados, estão inscritos na imemorial história da vida, que, de orgânica e animal, muito tardiamente se fez humana (cf. FW/GC § 54). E se agora se desvela que viver e conhecer não se contradizem (cf. FW/GC § 110), sendo interdependentes, o conhecimento, longe de ser algo conciliatório, "é apenas uma relação dos impulsos entre si" (FW/GC § 333), não necessariamente consciente, e, aliás, o mais das vezes inconsciente (cf. FW/GC § 333). Com a "relação dos impulsos entre si", chegamos ao que em *Aurora* fora mais sugerido e alegorizado. A "distância" ali evidenciada pelo hiato dos processos fisiológicos começa a ser preenchida – ou compreendida –, fazendo-se relação de "impulsos que lutam entre si [e] sabem muito bem fazer-se sentidos e fazer mal uns aos outros" (FW/GC § 333).

Mas o texto de *A gaia ciência* permite compreender para além da relação de tirania, conforme aponta um desdobramento da relação de luta: ainda uma vez retomando a questão da "velha humanidade e animalidade" a se impor ao "homem do conhecimento" (cf. FW/GC § 54), Nietzsche afirma que "muitas hecatombes humanas ocorreram, até esses impulsos chegarem a apreender sua coexistência e a sentir que eram todos funções de uma força organizadora dentro de um ser humano!" (FW/GC § 113) – e à formulação definitiva dessa "força organizadora" ele chegará poucos anos depois, com vontade de potência (cf. JGB/BM § 36). Mas atente-se uma vez aqui a impulsos como *funções* de uma força organizadora. A ideia de *função* aparecerá mais uma vez em seguida ao se tratar da moralidade como "instinto de rebanho no indivíduo" (FW/GC § 116), onde se lê: "com a moral o indivíduo é levado a ser função do rebanho e a se conferir valor apenas enquanto função" (FW/GC § 116). Ora, se os impulsos são funções de vontade de potência assim como o indivíduo é função do rebanho, podemos nos perguntar se a relação de função valeria unicamente para pautar os impulsos em relação à força organizadora de caráter geral ou se não se poderia trazê-la ao nível dos detalhes e especificações, isto é, pensá-la como modalidade a pautar todas as interações pulsionais. De pronto temos uma sugestão de resposta: "é virtuoso que uma célula se transforme numa função de outra célula mais forte? Ela tem de fazê-lo. E é mau que a mais forte a assimile? Ela tem de fazê-lo também" (FW/GC § 118). Logo, se as relações entre as células são pautadas pela ideia de algumas se fazerem *função* de outras, se os impulsos eles próprios são *funções* da força a coincidir com seu âmago, que é vontade de potência, e sendo a relação fisiológica entre impulsos similar à que se tem entre as células (cf. 7 [94], primavera-verão de 1883), pode bem se supor que também *entre os impulsos* as interações vão se pautar por impulsos mais fracos sendo feitos de funções de outros impulsos, mais fortes ou de atuação mais irresistível.

Assim, o que era uma distância não especificada em *Aurora*, entre processos fisiológicos e nossas motivações e ações morais, o que era o esquema de função a pautar as relações entre as células (cf. FW/GC § 118), entre indivíduo e rebanho (cf. FW/GC § 116), entre pessoas (cf. FW/GC § 119), bem como entre impulsos (cf. FW/GC § 113), em *A gaia ciência*, faz-se sumamente aproximado a ponto de, já em *Para além de bem e mal*, o filósofo poder afirmar não que há um "braço de pólipo" entre impulsos e um pensamento, mas que "pensar é apenas a relação desses impulsos entre si" (JGB/BM § 3).[23] Essa afirmação se dará em um segmento argumentativo que se inicia com a questão da vontade, passa por uma certa concepção de moralidade propositiva, afirmativa, passa também por um fenômeno do corpo constituído por essa moralidade, e termina com a ideia de vida (JGB/BM § 19). Ora, a vontade em Nietzsche não é constituída de forma atomizada, como em bloco, mas é um "afeto de comando" em meio a uma pluralidade de sensações, dos estados que se deixa e para os quais se vai, as sensações todas a envolver tal processo, ou seja, a vontade é decomposta num afeto que algo comanda em meio a "um *complexo* de sentir e pensar" (JGB/BM § 19). Para compreender essa relação, isto é, para se saber quem aí manda e quem obedece, Nietzsche ressalta alguns dispositivos presentes nos impulsos disseminados pelo corpo – e observe-se que, como a nova linguagem do filósofo não está atrelada a referentes, os impulsos são referidos como vontades (no que se realça a primeira dimensão), ainda

23 Alguns motivos poderiam ser alegados para a não abordagem de *Assim falava Zaratustra* ao percorremos o *corpus* nietzschiano. Se pertencêssemos à tradição analítica, nós o deixaríamos de lado em nome da tão privilegiada clareza conceitual, para a qual a inteira dimensão retórica, aflorada ali, certamente seria um ônus (a filosofia analítica, mesmo a que versa sobre Nietzsche, prima pela separação, mesmo asséptica, entre conceitos e seus meios de expressão, por mais que tal separação seja algo distante do universo nietzschiano). Outro motivo remeteria ao fato de a obra ser escrita em forma alegórico-ficcional, o que de fato leva muitos comentadores a preferir abordar suas questões segundo outra versão, de outras obras do filósofo, ou mesmo do espólio. De nossa parte, ainda que de certa forma "participemos" das razões acima alegadas (muito embora nossa maneira de abordá-lo se pretenda nos antípodas da leitura analítica), os motivos para não trazer aqui a chamada "obra capital" do filósofo, à parte, talvez, alguma menção à "grande razão do corpo" de "Os desprezadores do corpo", são outros: em primeiro lugar, a problematização axiológica em que a obra está ancorada, ao passo que optamos por privilegiar o viés epistemológico, mais afeito aos embates consciente-inconsciente na obra de Nietzsche. Um segundo motivo, talvez mais forte que o primeiro, encontra-se em um fator especialmente caro à nossa pesquisa, qual seja, o fator protagonização: embora Zaratustra não seja um alter ego de Nietzsche, tem-se ali a obra em que ele, por excelência, pela via ficcional e pela poética, protagoniza. A obra faz-se assim a realização mesma do que teorizamos aqui, razão pela qual quisemos resguardá-la, entendendo-a infensa ao escrutínio teórico. Abordá-la pela via teórica como as demais, ou como os fragmentos póstumos, seria – como tantas vezes se faz na pesquisa Nietzsche – simplesmente domá-la.

que logo acima ele use a ferramenta linguística "afetos" para ressaltar o caráter perceptivo e passional dos processos pulsionais.

Para compreender essa relação, isto é, para saber quem (ou o quê) aí manda e quem (ou o quê) obedece, Nietzsche ressalta alguns dispositivos presentes nos impulsos disseminados pelo corpo. O primeiro deles é o afeto de superioridade – "o afeto de superioridade em relação àquele que tem de obedecer" (JGB/BM § 19); o segundo, o "retesamento da atenção, o olhar direto que fixa exclusivamente uma coisa" (JGB/BM § 19); o terceiro, a incondicional valoração que diz "isso e apenas isso é necessário agora" (JGB/BM § 19); e, por último, uma certeza interior – a de que haverá obediência (cf. JGB/BM § 19). Tem-se, pois, no que atomisticamente se mostra como vontade, uma ação com elevado grau de consciência a compreender os seguintes aspectos: um *sentimento* (de achar-se superior), uma *atenção* (retesada e fixa), uma *valoração* (incondicional) e uma "certeza interior" (de que virá obediência). Convenhamos, à parte os deliberados antropomorfismos, tem-se de fato toda uma gama de ações perceptuais e reflexivas nos processos mais ínfimos a constituir o organismo animal-humano. A regê-los, uma moralidade, que não é a que o filósofo critica, mas a moralidade que está a hierarquizar as ações de mando e obediência, sendo responsável pela regulação orgânica que acaba por atender pelo nome "vida". Esse quadro sinaliza um passo, ou melhor, um salto em relação às ideias de tirania e função, presentes em *A gaia ciência*, e tanto mais em relação às imagens poético-humorísticas de *Aurora*. O avanço lhe possibilitará caracterizar o ato de pensar *como* uma relação entre impulsos, e é bem isso que, no biênio 1886-1887, na segunda edição d'*A gaia ciência*, vai lhe facultar a elaboração de uma hipótese para o surgimento da consciência entre os homens mediante a capacidade de duplicação de uma reflexividade, e mediante o ato de exteriorizar uma linguagem já presente nos impulsos. Ora, o que teria acontecido para que Nietzsche – conforme, aliás, ele bem pretendia e encetava – de modo mais ou menos gradual passasse da concepção de impulsos individualizados e atomizados a impulsos identificados à sua própria interação com os demais, segundo os referidos dispositivos de sentimento, atenção, valoração e certeza?

A uma pergunta como essa, uma tentativa-padrão de resposta, hoje, na "pesquisa Nietzsche" por certo envolveria um trabalho de fontes.[24] Este faria ver que ele passou a uma concepção depurada e relacional dos impulsos em razão da leitura desse ou daquele cientista ou filósofo, pois, afinal de contas, o autor do *Zaratustra* não seria tão original assim. Mas talvez não se precise ir tão longe, e de certa perspectiva metodológica talvez nem se deva ir à biblioteca do filósofo enquanto não bem se esgotarem as respostas de seu próprio texto. Ou então, ainda, talvez seja possível direcionar a pergunta de outra maneira, de modo que se espere uma resposta imanente, a apontar para um momento anterior e primevo de sua filosofia: referimo-nos à filosofia em germe em um Nietzsche desde o início fazendo-se olhar atento à retórica, ao modo como as palavras são criadas e manuseadas, e, com elas, ao modo como a própria percepção da existência e solidez das coisas faz-se assim engendrada. Em suma, propomo-nos a perguntar não sobre essa ou aquela inflexão suscitada por essa ou aquela leitura científica, mas sobre a postura que no próprio filósofo, já em sua vivência como filólogo, de antemão o teria feito encetar certos desdobramentos – e com "desdobramentos", aqui, se tem em mente bem a questão da depuração de sua concepção de impulsos. Em sentido mais amplo, trata-se de entender de que modo ele "se predestinara" a ser exitoso em acessar a reflexividade consciente pela animalidade pulsional.

II.VIII. De como Nietzsche superou a tendência à fixidez e à atomização em sua compreensão dos impulsos

A predestinação advém, ainda uma vez, de sua vivência como filólogo. Retome-se aqui a questão da retórica, já por nós contemplada no capítulo I.[25] O autor d'*A gaia ciência* desde cedo se fez consciente da retórica como traço característico mais pronunciado e também mais constante entre os gregos. Para ele, estava claro que, pela via dos debates na ágora, a retórica

24 Nessa direção, propondo ondas de compreensão, por parte de Nietzsche, da dinâmica pulsional à medida que lia e compreendia a obra do biólogo Willhelm Roux durante a década de 1880, tem-se o artigo de Müller-Lauter. Cf. MÜLLER-LAUTER, *op. cit.*

25 Mais precisamente na seção I.XIII, "A metáfora e a tarefa inconsciente da arte".

grega, e mais precisamente a oralidade, teria em ampla medida propiciado o florescimento daquela cultura, dos mitos homéricos à própria filosofia. E em íntima conexão com a oralidade, antes de assumir a feição escrita, a retórica proviria das profundezas de um povo que, vivendo sob a esfera das construções míticas, preferia ser persuadido pela elocução, pela entonação e pela narrativa a ser instruído pela história. Entre os gregos, ação retórica e vida republicana estão intimamente imbricadas, e, por uma e por outra, pelo esgrimir de perspectivas que ali se têm, pelo poder reconhecido mais no verbo do que na magnitude das coisas, percebe-se que toda coisa depende não de uma impressão direta que ela nos dá, mas da ideia que dela se tem mediante o poder da palavra. Na república ateniense, passou-se a perceber que mesmo no caso das mais nobres e elevadas ações não bastaria o ato: elas só teriam valor e relevância se enunciadas em alto e bom som para o conhecimento de todos. Em razão da ênfase na oralidade e na instituição da autodefesa, havia em Atenas os logógrafos, prosadores e juristas que, bem versados na arte da retórica, escreviam discursos para terceiros, seus clientes. Com esses discursos, os clientes se defendiam na ágora, performatizando a arte da retórica, com o auxílio da eloquência e de uma prosa baseada não apenas em palavras. E não apenas em palavras porque o sentido destas, compartilhado, constituía o que podemos chamar de uma dimensão horizontal da linguagem: importante no exercício da linguagem oral era também o ritmo, cuja sensação remetia às próprias camadas fisiológicas do orador, e isso significa que a linguagem compreendia igualmente uma dimensão vertical. A retórica e seus expedientes não correspondem à realidade, nem pretendem corresponder: ela a forja, evidenciando-se o quanto a "realidade", como a aparente solidez de seus elementos, é algo que se compõe e se decompõe. No mesmo sentido, a reflexividade, que é a atitude desperta e consciente, dá-se à medida que a linguagem é acionada em uma relação de tensão entre sua dimensão horizontal e gregária, por um lado, e vertical e singular, por outro, ou deixa de se dar à medida que se tenha a prevalência de apenas uma dessas dimensões, como é o caso tão frequente do automatismo linguístico (linguagem tão somente horizontal) ou o da linguagem vertical instintual, pela qual o organismo se mantém em consciência ou reflexividade que poderíamos dizer "de primeira ordem", como no caso dos animais.

Dizíamos que o estudo da filologia clássica fez Nietzsche ciente da profunda vivência retórica dos gregos. Essa vivência deve ter produzido neles a percepção de que, a sopesar a função comunicativa da linguagem – ou seja, a sua dimensão horizontal –, a fidelidade se dá muito mais para com aquele que enuncia, para com seu ímpeto, suas motivações e seu estilo – a dimensão vertical – do que para com um pretenso referente dos respectivos conteúdos. Ainda uma vez retomando um aspecto do capítulo I, se agora passarmos da retórica às figuras da retórica, o que se tem não é um espelhamento por palavras que cristalinamente estariam a *refletir* a realidade. O que há são muito mais nódulos ou quistos a *nela interferir* por meio de deslocamentos, ou por transferências em relação a sensações e estímulos. Em vez de ser um mundo invisível e neutro a recobrir as coisas, a "significação" é muito mais um movimento de percepção dirigida e volitiva, um símbolo arremessado no ar a instaurar uma outra ordem, que é semiótica, um meio de expressão que, fruto de valoração e de seleção, pode sempre ser tanto substituído, a todo o tempo sendo submetido a valorações e escolhas, como pode ser exagerado ou acumulado, ou omitido ou elidido, e, ainda, usado para se ressaltar semelhanças ou contrastes. Esse inteiro contato com os tropos linguísticos faria o filósofo perceber a possibilidade de se controlar o modo como o símbolo é lançado e recebido, e fá-lo-ia perceber que a linguagem é ela própria capaz de criar unidades de significação, que logo se convertem nos referidos quistos de significação, capazes de incrementar ou dissolver o significado anterior. A "realidade", então, seria percebida mais como um construto antropomórfico, pois, afinal, tal como a própria linguagem, os conceitos são na verdade construídos, podendo ser dissolvidos em favor de outro dispositivo linguístico, ou revivificados, a ganhar outro estofo ou reaparecer em outro contexto. Ora, essa inteira vivência retórico-filológica, feito experiência infantil a impor um padrão subsequente, teria passado a travejar e a condicionar desenvolvimentos futuros da filosofia de Nietzsche. Sendo assim, a ideia de se conferir sentido não por signos que apenas refletem, mas pelo gesto de lançar quistos de significação, teria em Nietzsche uma atuação muito mais profunda e disseminada do que limitada a esse ou àquele contexto de aplicação. Ao que tudo indica, e é o que propomos aqui, quanto à questão pulsional ele teria se munido dessa atitude de projeção para compor e articular interesses e soluções de problemas que, ao menos a um olhar afeito a "compartimentos filosóficos", pareceriam desprovidos de qualquer conexão ou articulação possível.

Ora, mas o contexto deste capítulo permite depreender que, ao nos referirmos à atitude de lançar quistos de significação, estamos a falar da fisiopsicologia dos impulsos proposta por Nietzsche no aforismo 23 de *Para além de bem e mal*. Pelo modo como desde cedo se pôs a conceber a linguagem – como meio de forjar unidades, de projetar referentes aparentemente estáveis e indecomponíveis –, o filósofo pôde fazer frente a uma inclinação que está profundamente enraizada em nosso modo de perceber o mundo, de conhecê-lo, em nossa lógica. Se se mostra acerbamente crítico ao intelecto e ao conhecimento por suporem "que existem coisas duráveis, que existem coisas iguais, que existem matérias, corpos" (FW/GC § 110), assim como se critica a "tendência predominante" na lógica "de tratar o semelhante como igual – uma tendência ilógica, pois nada é realmente igual" (FW/GC § 111), em um e outro caso o referido erro não é prerrogativa nem criação do intelecto consciente ou da lógica, mas é por eles irrefletidamente herdado, tomado como artigo de fé (cf. FW/GC § 110). O erro da "crença em algo persistente, em indivíduos" surge antes da consciência-intelecto, sendo na verdade pré-condição para que "possa haver algum grau de conhecimento no mundo" (cf. 11 [162], outono de 1881). Esse erro surge antes até mesmo de uma apreensão de si como sujeito:

> [...] o sujeito poderia surgir quando surge o erro do igual, por exemplo, quando um protoplasma, com base em diferentes forças (luz eletricidade pressão) percebe sempre um único estímulo, e do estímulo infere uma igualdade de causas: [...]. *Primeiramente* surge a crença na persistência e na igualdade *fora de nós* – e só mais tarde apreendemos *a nós mesmos*, após um incomensurável exercício de tomar o fora-de-nós como algo *persistente e igual a si mesmo*, como incondicionado. A *crença* (o juízo) também teria de ter surgido antes da autoconsciência: no processo de *assimilação* do orgânico essa crença já está lá – ou seja, esse *erro*! (11 [268], primavera-verão de 1881).

Como esse modo de proceder incide nos seres protoplasmáticos e nas menores estruturas orgânicas, já que preservam sem subterfúgios ou artimanhas o que é da ordem do instintual e do pulsional, pode-se bem inferir que o referido ímpeto de imaginar que há um exterior que persiste, de fixá-lo e de igualar (o que é fluxo e não comporta igualação) seria traço constitutivo já dos próprios impulsos. Se a fixação e a igualação desde sempre se impõem nas interações pulsionais e como questão de prevalência entre órgãos e de sobrevivência entre os animais, se ela a partir daí se mantém como artigo de fé na lógica e no conhecimento, foi somente e precisamente Nietzsche, com sua formação filológica e empuxo filosófico, que pôde detectar essa irresistível propensão como o que de fato ela é: não uma propriedade das coisas e do mundo, mas um traço por nós herdado de nossas lutas organicamente mais profundas e dos embates com a natureza circundante. Nietzsche pôde detectá-lo justamente por ter atentado a dispositivos da retórica com olhos de filósofo. Seu olhar pôde ver com distanciamento nosso irresistível ímpeto de identificar e igualar, substancializar e atomizar os estímulos à nossa volta. Como se disse acima, ao se aperceber dos modos de funcionamento da linguagem, ele constatou os deslocamentos a que ela necessariamente procede, que não estão nas coisas, nos quistos por ela lançados, que não são as coisas, e assim o filósofo se fez ciente de seus poderes de criação, de solidificação e transposição de estímulos percebidos, que atuam em uma espécie de prestidigitação, e pôde se sobrepor – como nenhum impulso, ou animal, como nenhuma outra reflexão filosófica – ao imperioso padrão de fixação, de substancialização e atomização.

Entretanto, na própria reflexão de Nietzsche sobre os impulsos pode-se observar que a ruptura com esse padrão racional-animal-pulsional não se deu de uma só vez ou sem resistências. Na tentação da fixidez o filósofo incidiu de modo visível justamente ao tentar pensar o que aqui propomos ser a segunda dimensão pulsional. A primeira, da busca do prazer pela descarga de força, mostrou-se de compreensão mais simples e imediata, vindo depois a contar com a subsunção do prazer ao sentimento de intensificação da própria potência. Como acima ressaltamos, porém, em si ela estaria longe de esgotar o que vem a ser a natureza pulsional, afinal de contas ela só poderia se dar quando os impulsos interagem entre si.

Isso significa que ela estava a suscitar o que entendemos ser uma *segunda dimensão*. Já fizemos ver o quanto, no início, sobretudo nas ocorrências de 1880, Nietzsche tendia a relacionar impulsos, concebidos como substratos atomizados, a estados, a pensamentos ou a alguma qualidade, por exemplo, uma qualidade altruísta, e de que modo tendia a conceber um impulso como indecomponível, fechado em si, como unidade que de algum modo se tornaria moral, intelectual, religiosa, mas se manteria, em seu cerne, o mesmo impulso de antes. Porém, eis que se tratava de compreender como de impulsos animais teriam advindo criações encontradas unicamente entre seres humanos, isto é, tratava-se de explicar nossos construtos culturais sem recorrência a Deus ou a uma transcendência. E entre impulsos atomizados, unidades fixas, com a interação entre eles sendo assim superficial e restrita, não há como se instaurar a comunicação que engendra uma atitude desperta, a fazer ricochetear em cada qual autopercepção e reflexividade – a ponto de o próprio Nietzsche passar a referi-los como "consciências" (37 [4], junho-julho de 1885). Em suma, com impulsos substancializados e atomizados não há como se ter porosidade e comunicação. Sem comunicação não há como "'saber' o que se pensa" (FW/GC § 354; trad. RRTF), ou seja, não há como ter reflexividade e fazer-se consciente.

II.IX. Axiologia: a terceira dimensão pulsional

Em 1880, Nietzsche tanto não chegara à compreensão sobre de que modo o prazer seria função do exercício do sentimento de potência como tampouco havia compreendido plenamente a segunda dimensão pulsional, a das interações. Assim, sem abarcar as implicações dessa dimensão, em sua teorização à época ele entendia os impulsos como que recorrendo a instâncias exteriores, ao modo de uma "nomeação *ad hoc*", e essas instâncias pautariam sua interrelação. No contexto das duas incompreensões aqui enunciadas, ele observa que "os meus impulsos não são necessariamente desagradáveis, mas sim [impulsos] maus e bons são agradáveis. Eles só se convertem em desagradáveis (1) por excesso e (2) ao ser obstruídos por outros impulsos" (6 [110], outono de 1880). Percebe-se aí que em vez de plenamente se identificar os impulsos às suas interações, como se terá mais tarde, pensá-las demanda recorrer a instâncias das quais os ajuizamentos viriam a depender: os referidos "excesso" e "obstrução" não seriam mais do que instâncias terceiras e exteriores, ainda que uma e outra sejam "mais do mesmo", isto é, nada mais do que outros impulsos.

A partir daí, à parte as intensas leituras científicas do filósofo no período, estas por si só não fariam depurar uma concepção que dependia muito mais de Nietzsche no fundo *não acreditar* nas unidades de significação engendradas pela linguagem, e de saber que a condensação, passível de produzir entidades e unidades, encontra-se no gesto de nomear, e não nos objetos ou processos nomeados. Foi com essa visão apta a olhar além de nosso ímpeto involuntário de solidificação que em dado momento ele pôde afirmar: "Eu nego impulsos morais, o que se tem é que todos os afetos e impulsos são coloridos por nossas avaliações de valor" (4 [142], novembro de 1882 - fevereiro de 1883) - impulsos, diga-se, que até então ele qualificava como "em si" passíveis de se fazer morais, intelectuais, de conhecimento, religiosos, de probidade. No mesmo sentido, de uma dessubstancialização e desatomização, observa que não são própria e palpavelmente impulsos a concorrer em nós, mas sim "diferentes avaliações" (4 [142], novembro de 1882 - fevereiro de 1883). E já em 1884[26] ele dirá que "impulsos são repercussões de avaliações de valor por muito tempo nutridas, que agora atuam instintivamente como um sistema de avaliações de prazer e dor" (26 [72], verão-outono de 1884). Ora, prazer e dor são proporcionados pelas interações com outros impulsos (que temos por sua segunda dimensão), considerando que não há impulsos unos nem isolados. A essa altura, porém, em vez de invocar excessos ou obstruções de outros impulsos como fontes do desprazer - o prazer entendido mais

26 Mais uma vez, mencione-se: trata-se das sucessivas levas de leitura e compreensão, por Nietzsche, da obra de Wilhelm Roux, *Der Kampf der Theile im Organismus: ein Beitrag zur Vervollständigung der mechanischen Zweckmässigkeitslehre* (1881), no próprio ano de 1881, lançamento da obra, e depois em 1883. Sobre a importância desse contato para a depuração de sua concepção das dinâmicas pulsionais (mas também para o embate crítico que Nietzsche entabularia com o próprio Roux em 1884), cf. MULLER-LAUTER, *op. cit.*

como instância intrínseca e incontornável, mas não de caráter último –, o filósofo consegue fazer desse processo uma leitura, como dizer, imanente, sem atribuir o desprazer ao que seria externo aos impulsos em questão: "delas (das avaliações de valor) dependem nossos sentimentos de desprazer, nossas sensações" (40 [61], agosto-setembro de 1885). E embora entre impulsos sempre haja prazer a ser buscado e desprazer a ser evitado, "todo 'impulso' é impulso para 'algo bom', de um ponto de vista ou de outro; nele está contida uma avaliação de valor, e só por isso ele se incorporou" (26 [72], verão-outono de 1884).

Isso significa que a segunda dimensão, que dá conta do modo como os impulsos interagem, só é efetivamente compreendida ao que Nietzsche desvela nos impulsos também um inteiro semblante axiológico, com a própria segunda dimensão pulsional a demandar uma terceira. Afinal, se a percepção de que uma "solidez" dos processos da natureza pode ser criada e dissolvida, exacerbada ou atenuada ao sabor dos dispositivos linguísticos, se tal percepção teria lhe feito atentar a que o puro e simples interagir poderia ser uma dimensão dos impulsos, o mesmo se aplica à sua capacidade de valorar. A terceira dimensão seria, assim, a axiológica ou a da valoração: os impulsos intrinsicamente valoram, e valoram porque a todo tempo devem decidir sobre quais outros impulsos eles devem buscar e quais devem evitar. O ímpeto, e ao mesmo tempo o critério, com que fazê-lo remete à sua primeira dimensão, identificada à embriaguez e ao exercício do sentimento de potência. O sentimento de potência (primeira dimensão) é o lastro regulador do equilíbrio orgânico, em função do qual – e uma vez que os impulsos interagem (segunda dimensão) e se intervaloram (terceira dimensão) – estabelecem-se as hierarquias. No seio das hierarquias constituídas de modo imanente, e a todo o tempo corroboradas, impulsos passam a atuar em função de outros impulsos, mais fortes, e a conservação do organismo se faz garantir (cf. 27 [28], verão-outono de 1884) sem recurso algum a deliberações teleológicas. Considera-se que as interações todas são regidas por uma necessidade de a elas conjugar potência e prazer, uma vez que tais interações não se dão de modo indiferente, mas hierarquizado, e para que assim seja os impulsos a todo o tempo valoram – ou nem seriam incorporados.

Ora, em um âmbito que podemos chamar de "macro", tem-se os sistemas axiológicos como expressão do que em última instância é vontade de potência, da qual a vida, em um meio-termo entre macro e micro, é um caso particular. E no âmbito que estamos a privilegiar, o "micro" que, infinitamente pequeno e plural, faz acontecer o âmbito "macro", tem-se a própria dimensão axiológica a expressar o que em última instância é a primeira dimensão, o desejo de intensificação de seu prazer. Isso se dá com a mediação e particularização da segunda dimensão, pela qual a vida se instaura por meio da imposição de resistências e das interações pulsionais. No bojo dessas interações dá-se a hierarquização de posições e a fixação de funções, devidamente compreendidas porque se compreendeu que os impulsos são, afinal, valorações incorporadas. Mas de que modo "se dá" nos impulsos a dimensão axiológica? Dar-se-ia por representação, com os impulsos a fazer, de si para si, conscientemente, imagens fiéis de outros impulsos? De modo algum, já que os valores remetem a um processo muito mais interiorizado e profundo que o puro e simples espelhamento, sendo mais de caráter projetado – germe primeiro dos quistos de significação projetados, que acima referimos –, prático e interessado, a subsumir o plano teórico e impossibilitar qualquer impostação de neutralidade. Os valores justamente traduzem preferências, e em função da realização dessas preferências voltam-se a outros impulsos mediante um dispositivo de projeção: "Nossos valores são interpretações projetadas nas coisas" [*in die Dinge hinein interpretiert*] (2 [77], outono de 1885 – outono de 1886). Assim como nós projetamos nossos condicionamentos vitais, nossas perspectivas, nossos anseios e apetites no que se nos apresentam como coisas sob a forma de valores, o mesmo processo se dá entre os impulsos. Sob o lastro de vontade de potência, a moeda corrente é o desejo de se buscar o prazer e evitar o desprazer. Mas se os impulsos a todo o tempo projetam seus valores, isso significa que as relações entre eles não se dão às cegas ou sob o puro e aleatório sabor do embate, desprovido de antecipações e decorrências. O que se tem são os impulsos a valorar as interações, fazendo-o de modo intrínseco a ponto de não dependerem de um "terceiro" que tornaria esta ou aquela interação desprazerosa: por exemplo, antes de se dar um acúmulo capaz de provocar obstrução e uma interação desprazerosa, os impulsos estão ali a projetar nessa ou naquela situação sua valoração. O que se quer dizer é que, com processos que a todo tempo projetam avaliações, os impulsos antecipam suas próprias interações, de modo que já não haverá interação isenta de preconceitos ou de valorações. Desse modo, também, ao deparar com impulsos minimamente semelhantes, em razão da pressa, que é ditada pelo interesse de sobrevivência, eles de pronto são interpretados como iguais ou como o mesmo impulso de antes (cf. 11 [268], primavera-outono de 1881). Em razão dessas atribuições apriorísticas, que são enviesadas, imprecisas e aproximativas, os impulsos já não estarão a interagir com os outros impulsos, ressalte-se ainda uma vez, "tomados em si", mas sim com a imagem que fazem deles - vale dizer, com suas projeções interpretativas.

Tão importante quanto identificar dimensões da vida pulsional é perceber suas implicações. Ao falar em "projeções interpretativas", estamos a propor que o valorar demandará preferir este ou aquele impulso antes mesmo da interação, e isso significa que os impulsos *antecipam* interações, imaginando-as - por mais que de maneira enviesada e imprecisa. "Antecipar" aqui significa imaginar, projetar uma interação que ainda não se deu. E da mesma forma, o valorar implicará abster-se de interagir de modo imediato, já que, podendo imaginar interações prazerosas que se darão com este ou aquele impulso, mas não necessariamente com aquele que em dado momento se apresenta, os impulsos abstêm-se de interagir com impulsos ou com certa classe de impulsos, retendo a sua própria descarga, aguardando por aqueles cuja interação imaginam prazerosa, uma vez que pela via empírica puderam valorar impulsos semelhantes de forma positiva. Ora, o que se terá aí, nesse processo de antecipação e retardo da descarga, se não um dispositivo de reflexão, ou melhor, uma protorreflexão, assim presente já entre os impulsos?

II.X. Implementação axiológica por meio do estilo: a quarta dimensão pulsional

Os impulsos não apenas valoram abstratamente, mas também implementam o que foi valorado, e de um modo que não é o da simples interação com este ou aquele impulso. Com isso, da reflexão intrapulsional à sua implementação, o que se tem é a demanda por uma quarta dimensão pulsional. Vimos que já os processos de suspensão-antecipação das interações implicam uma questão mesmo temporal, e esta, longe de ser etérea ou abstrata, remete ao ambiente orgânico dos impulsos. Isso significa que o dispositivo de antecipação pela imaginação e retenção da descarga, que se espraia temporalmente, recebe um elemento complicador, uma vez que interações e valorações não se dão em um âmbito de neutralidade e quietude: o fato de valores serem projetados pressupõe o modo operatório de sua aplicação, da mesma forma como o pensamento e seu modo de expressão encontram-se estreitamente ligados – daí a afinidade de uma quarta dimensão, demandada justamente pela terceira, com a noção nietzschiana de estilo. Considerando que na vida pulsional tudo são interações e tudo depende de interações, as interações "atuais" dos impulsos estão inseridas em meio a todas as outras interações no ambiente orgânico. À quarta dimensão se é levado pela necessidade de pensar de modo consequente o fato de os impulsos serem organicamente encarnados e reguladores de dispositivos vitais – daí o modo operatório de sua aplicação demandar maestria, controle de si. Isso é tanto mais necessário, uma vez que os processos de descarga (primeira dimensão), interação (segunda dimensão) e valoração (terceira dimensão) dão-se em meio a pressões e tentações, às quais se responderia por uma "tensão interna", e esta, no mesmo sentido em que os impulsos projetam valores, demanda ser expressa e interacionalmente comunicada. Não se trata aí, como no caso dos valores, de algo atribuído a outros impulsos, mas do modo mesmo como se o faz: "comunicar um estado, uma tensão interna de *pathos* por meio de signos, incluído o *tempo* desses signos – eis o sentido de todo estilo" (EH/EH "Por que escrevo livros tão bons" § 4). Isso significa que estamos a falar de uma arte do estilo exercida já entre os impulsos. Considerando que o próprio Nietzsche expressa à perfeição, pelo estilo, não uma individualidade aparente e superficial, mas a sua singularidade pulsional, inferir que a tensão a que se refere no *Ecce homo*, a permear sua escrita, esteja presente já entre os impulsos é um pequeno passo, mas sobretudo um passo legítimo. Tanto em um âmbito como no outro – entre os impulsos, como entre os impulsos e a escrita de Nietzsche – se tem uma forma de criação determinada pelos valores, porém essa determinação e sua valoração não estão desconexas do tecido vivo em que se instauram. Sua relação com esse tecido não pode ser apreendida pelo sentido que comumente se dá a liberdade ou determinismo. Se tanto em um âmbito como no outro há uma liberdade, trata-se de uma liberdade que está nos antípodas da liberdade por indeterminação ou por indiferença: é liberdade como aptidão a dominar os modos como se é estimulado, aptidão a controlar sua própria descarga. A quarta dimensão, assim, faz ver o quanto as interações pulsionais vão além das próprias interações pensadas em sentido estrito: implica haver entre elas uma pulsação, um *tempo* sentido e imposto a seus arranjos com os demais, um autodomínio sobre seus estados interiores a demandar uma percepção de suas próprias funções no organismo, a fazer com que o arranjo em que se encontra seja sentido em profundidade.

Tempo de retenção de descarga e antecipação de interações, autocontrole de seus próprios estados e comunicação pré-verbal desses estados são processos a se dar por meio da pulsação e do estilo. Se os valores dizem respeito aos demais impulsos, por mais que a intenção não seja a de "representá-los", o estilo diz respeito ao modo como esses mesmos valores são projetados; ao se projetá-los são levadas em conta as tensões subjacentes à expressividade, abstraindo-se dos objetos que supostamente estariam a referir. Com a quarta dimensão pulsional é possível propor de que modo entre os impulsos se têm, atuante, não apenas atribuições de significação, como na terceira dimensão, mas um sistema a fazer com que as significações sejam implementadas. Se não se trata de linguagem verbal e critérios compartilhados, no entanto há ali uma protolinguagem. Uma protolinguagem em razão da capacidade de se criarem unidades de significação, que logo se convertem em quistos de significação: um mero estímulo passa a ser visto segundo traços que, a uma dada interpretação, nele se salientam, e desse modo ele vai se mostrar um impulso prazeroso, cuja interação deve ser buscada. Ao mesmo tempo, no curso das experiências, significados podem ser também incrementados ou dissolvidos, ou revivificados. Ainda que se tenha um esboço de idioma comum, que é prazer e desprazer, e um lastro, vontade de potência, as experiências não são compartilhadas como na linguagem verbal – pois trata-se, afinal, de uma linguagem disposta verticalmente.[27]

É nessa verticalidade que se fará valer a fidelidade, pois alguma fidelidade é necessária a toda a linguagem. Se a fidelidade da linguagem dirá respeito não ao objeto, mas ao emissor e às suas vivências,[28] tanto mais necessário se faz nessa linguagem uma marcação interna, elemento a caracterizar a quarta dimensão e que já apresentamos como o *tempo* – *tempo* fisiológico, de metabolismo (cf. JGB/BM § 28), *tempo* da retenção possível da descarga e sua liberação, *tempo* como pulsação.[29] Assim como a linguagem dos impulsos, pré-verbal, ainda não se presta à tradução – mas passará por transposições metafóricas até chegar à linguagem verbal –, também o *tempo* de seu estilo pouco se prestará a isso (cf. JGB/BM § 28), e não obstante incidirá em diversos âmbitos e instâncias: é o *tempo* de uma fisiologia que molda o caráter de uma raça e impregna a sua língua, assim como individualmente é o *tempo* que sinaliza as interações pulsionais, que leva em conta o tempo das outras interações, como será o *tempo* dos signos imagéticos que os impulsos se fazem uns dos outros – tempo de um metabolismo, do ritmo e dos gestos, da escrita individual, tempo a caracterizar a escrita de Nietzsche.

Suscitada pela terceira dimensão, a axiológica, e juntamente com as outras três, a dimensão do estilo é um arremate à caracterização dos processos pulsionais – ao modo de um fazer artístico. Se vimos, no capítulo I, que a arte para Nietzsche é, antes de ser questão das obras de

---

27 Como propusemos no capítulo I, mais precisamente na seção I.VII, uma reflexividade efetivamente consciente, em uma consciência "de segunda ordem", dá-se "à medida que a linguagem é acionada numa relação de tensão entre sua dimensão horizontal e gregária, por um lado, e vertical e singular, por outro. Ou então ela deixa de se dar à medida que se tenha a prevalência de apenas uma dessas dimensões, caso de um automatismo linguístico (linguagem tão somente horizontal), ou o da linguagem vertical instintual, pela qual o organismo se mantém em consciência ou reflexividade 'de primeira ordem' – como no caso dos animais".

28 Igualmente na seção I.VII, na qual se lê que a "fidelidade se dá muito mais para com aquele que enuncia, para com seu ímpeto, suas motivações e seu estilo – a dimensão vertical –, do que para com um pretenso referente dos respectivos conteúdos".

29 Reencontramos aqui a abordagem que foi desdobrada, de outro ponto de vista e em outro contexto, no capítulo I, mais precisamente na seção I.X, "O fazer artístico em filosofia III: ritmo e pulsação (tempo)".

arte, uma questão fisiológica, um prolongamento do pulsar da natureza no homem,[30] o fazer artístico pode agora ser reconhecido ao longo das dimensões pulsionais: pela primeira dimensão, que traz em si o aspecto do prazer e da embriaguez pela intensificação da potência, o que poderia ser mero obstáculo, mera matéria recalcitrante, vem a ser os demais impulsos com os quais a interação é necessária para que a descarga pulsional se dê – só há prazer em um sentimento de potência havendo resistência a ela. Em que pese haver impulsos cuja interação torna-se desprazerosa, em que pese a intromissão indevida de uma protorracionalidade consciente vir a estiolar esse processo, a instituição "em si" da interação é intrinsicamente prazerosa, e esse fundo preside a conversão de uma resistência em estímulo – pelo primeiro traço do fazer artístico, que foi o da conversão de resistência em estímulo. A segunda dimensão pulsional, da individuação e dos limites que se dão mediante interação e engendramento de formas, e a terceira, axiológica, da criação de valores, comportam o aspecto artístico da transfiguração, que vimos ser o segundo traço estruturante da arte. No âmbito desse segundo traço se tem que, movida pela própria embriaguez e necessidade de descarga, a percepção intrapulsional por certo não será precisa e aderente ao objeto ao modo de um espelhamento, mas sim, ao que se faz rarefeita tal percepção, de um ato contínuo, no qual seus próprios valores são introduzidos pela via da criação, e o impulso com que a interação é buscada faz-se-lhe um impulso modificado: impõe-se a ele a forma intentada pelo outro, que "o percebe", e tem-se aí o próprio traço artístico da transfiguração. Pela quarta dimensão, que, pelo estilo, alinhava as três anteriores, cada impulso cria toda uma visão de mundo, e a cria com base em suas percepções e nas tensões que condicionaram e condicionam aquela demanda pulsional; sendo muitos os aspectos a considerar, e a demanda a se dar sempre sob pressão, tais aspectos são condensados ou simplificados por força de seu interesse e de sua valoração: daí o tempo metabólico a cadenciar e condensar as percepções, daí o gesto estilístico a unificá-las, nelas imprimindo a sua marca – com isso, não apenas no homem racional e inventivo, mas também entre os impulsos está presente

30 Mais especificamente nas seções I.IV a I.VII.

o que propusemos ser o terceiro aspecto estruturante do fazer artístico, o da simbolização.

II.XI. Reflexividade e consciência na vida pulsional

As sucessivas e recíprocas demandas, o entrejogo entre as quatro dimensões acaba por ser, segundo propomos, o modo como Nietzsche cobre uma distância que em filosofia conheceu sua máxima exacerbação com Descartes – fosse ali por propósitos epistemológicos, ontológicos ou pura e simplesmente metodológicos –, em sua separação radical entre *res cogitans* e *res extensa*. Lúdico e artístico, tal entrejogo pretende dar conta do ato humano de pensar, de moralizar, de erigir construtos religiosos ou filosóficos sem recorrência a laços etéreos e explicações transcendentes. O "etéreo", ao fim e ao cabo, vem a ser tão só o ato de um impulso atribuir um signo a outro ("prazeroso", "desprazeroso", "ameaçador", "desejável"...), e de a partir daí pautar suas interações com os demais. Em última instância, o "etéreo" não mais seria do que o ato mesmo de antecipar (imaginar) interações entre impulsos, podendo com isso exercer o efeito de retardar (controlar) a descarga prazerosa. E é assim que em função desse mais encarnado prazer engendra-se o que uma vez fora referido como "substância pensante": um esboço de reflexividade presente nos impulsos, intrinsicamente relacionada ao prazer fisiológico e ao fazer artístico. Note-se, porém, que, mesmo quando potencializada essa reflexividade, justamente por isso ela tampouco será pura e absoluta e tampouco será reflexiva em todos os seus momentos.

De seus rudimentos pulsionais à filosofia, a consciência é sempre consciência até certo ponto, até certo momento, ou seja, ela é o concentrar-se em um aspecto para se fazer inconsciente de um segundo ou um terceiro, é um agônico embate com seu outro. Para se compreender até que ponto vai a consciência e a reflexividade nos impulsos, do exercício de decomposição pulsional a que procedemos aqui, tome-se o que introduzimos como primeira dimensão: ali não há reflexividade, mas um subsolo que se fará pré-condição para ela – o subsolo que busca sempre sentir sua própria potência, com vistas à sua intensificação (que é vontade de potência).

É de fato difícil falar em reflexividade nessa dimensão, porque há ali um descentramento, uma tendência de fusão com o meio circundante. No âmbito específico da embriaguez que a caracteriza, há a ausência de anteparo ou de contraponto, não há limites ou parâmetros ante os quais o impulso possa se reconhecer. Na segunda dimensão, a reflexividade já é amplamente suscitada, pois nela a dimensão de busca da intensificação da potência depara com limites e resistências, a demandar uma percepção de si e do meio circundante; o impulso se reconhece imposição de força ao deparar com resistências e, também, ele tanto percebe a sua própria forma e configuração como condicionadas pela limitação que lhe é imposta, como as percebe pela anuência de outro impulso. Porém, mesmo ali, no âmbito dessa segunda dimensão, em função das atrações intrapulsionais acaba por haver um "retesamento da atenção, o olhar direto que fixa exclusivamente uma coisa" (JGB/BM § 19): se consciente pelo que o limita e o faz reconhecer-se, o impulso não pode estar consciente do que o impele a fixar o olhar, o que igualmente implica estar alheio, insciente do que se passa fora de seu campo de atenção – daí a inconsciência na segunda dimensão. Já a terceira dimensão, a valorativa, embora se dê sob o fundo renitente e irrefletido (inconsciente) do "isso é necessário agora" (JGB/BM § 19), contrapõe-se a ele como exercício de reflexividade: é de maneira desperta que atribui valores cujo lastro é a primeira dimensão e cujo universo é a segunda, a dimensão das interações. Nesse sentido, é sob a égide da segunda e da terceira dimensões que se enceta o movimento consciente, que agora poderíamos chamar de "suspensão reflexivo-imaginativa", com o reflexivo e supracitado processo de retardo-e-antecipação (retardo de descarga, antecipação de futuras e possíveis interações).

Após o descentramento, fusão com o exterior por ausência de forma da parte da primeira dimensão, o aspecto perspectivo se fez evidenciado nas outras duas, com a autopercepção, a fixação da atenção e a atribuição de valores sendo devidamente condicionadas por uma perspectiva. Mas é com a quarta dimensão que o perspectivo se fará mais salientado – a perspectiva própria e o seu ultrapassamento: com a noção de estilo a remeter sempre à percepção da proveniência, talvez não haja nada mais singular

– e perspectivo – do que a sua própria proveniência. E pelo estilo, ressalte-se, o que sugerimos ser um arremedo do "etéreo" se torna propriamente carne. Isso significa que, se sabemos que o estilo não é nem ornamento nem auxiliar, se as significações atribuídas são criadas, como valores, pela terceira dimensão, no âmbito já da quarta dimensão o "etéreo" de tais imputações axiológicas faz-se essa mesma realidade a "passar ao corpo", a ser expressa no corpo-a-corpo dos impulsos. E tal processo, por mais que demande a inconsciência do arrojo e do inebriamento da parte da primeira dimensão, não se dá sem a percepção – e, portanto, sem a consciência – da forma, do *tempo* que, no sentido de pulsação, Nietzsche designa como "tempo *médio* de seu metabolismo" (JGB/BM § 28). Esse complexo, que é o da relação do impulso não apenas com o outro impulso, que com ele interage – sua perspectiva –, mas com toda a espaço-temporalidade dos impulsos – parcial ultrapassamento de sua perspectiva –, a todo momento chama à percepção e às falas, e isso significa que a todo momento suscita uma reflexividade consciente. Todo esse quadro nos leva a propor que, à luz da compreensão dos impulsos segundo suas quatro dimensões, a *consciência* que neles há, chegando a fazer Nietzsche chamá-los de "consciências" (cf. 37 [4], junho-julho de 1885), dá-se por um embate com a *inconsciência*, pavimentada, sobretudo, pela primeira dimensão, além de também por alguma fixidez perspectiva inerente às demais.

II.XII. O agonal e o estatuto da consciência em Nietzsche

Ao conjugar filologia (ênfase no tempo/ritmo da elocução, na metáfora, nos demais tropos linguísticos) e impulsos (que por fim são identificados a suas próprias interações e valorações), propusemos que Nietzsche, ao perceber o quanto a linguagem, ela própria, constrói, densifica e atomiza, fez-se capaz de vencer a resistência inconsciente, que era sua, mas que se impunha desde uma das mais elementares percepções de seres protoplasmáticos, qual seja, a de identificar os impulsos a unidades subsistentes por si mesmas. Agora, chegando na questão de uma certa reflexividade presente já entre os impulsos, a sua mesma e própria vivência filológica nos permite pensar em uma predisposição do filósofo, uma predisposição que aguçou a sua capacidade de perceber que a nossa percepção consciente encontra-se intimamente atrelada ao uso que fazemos da linguagem. A consciência-intelecto surge no homem pela pressão de uma necessidade de comunicar (cf. FW/GC § 354), mas dele também se esvai sob a pressão de um automatismo linguístico. Por tal percepção da parte do filósofo, pode-se ponderar que os avanços obtidos em sua compreensão dos impulsos foram um *aggiornamento* de sua vivência filológica. A percepção da linguagem como algo por nós erigido, que constrói e manipula as coisas à nossa volta, bem como nossa própria percepção dessas coisas, franqueou a sua compreensão de que a unidade, a fixidez e a substancialização nos são dadas por mera convenção linguística, e logrou-lhe também a percepção de que os impulsos constroem seu modo de percepção mediante deslocamentos e falseamentos análogos aos das figuras de linguagem, que são constituintes da linguagem verbal articulada. No embate entre os impulsos, uma duplicação de sua percepção protoconsciente – pela linguagem verbal articulada – fez com que se instaurasse no homem a consciência-intelecto tal qual se a conhece, nem tão consciente, nem a todo o tempo consciente, assim como os impulsos não são de todo inconscientes – são protoconscientes. A franquear ao filósofo a percepção de uma "realidade" fragilmente construída e regida por construtos linguísticos, por sua vivência filológica Nietzsche esteve predisposto a perceber que também a consciência, mais do que um estado contínuo, espesso e confiável, é uma superfície fina sempre passível de ser quebrada, ou tomada de assalto. Uma superfície quebradiça entabulada por um ato que, assentado em muitos outros atos de caráter diferente, um dia tido por oposto, se conflagra e se esvai. Um estado consciente se conflagra com o inconsciente, e em função da esfera inconsciente ele se dissipa para sempre poder, de novo, ser recuperado por uma experiência linguística. O que estaria a subjazer a tal processo de soçobrar e emergir, como traço essencial a impeli-lo? Se ao final da seção anterior falamos em "embate" entre inconsciente e consciente nos impulsos, resta ressaltar um traço essencial desse embate: o seu caráter agônico.

Segundo o próprio Nietzsche, o agonal é inerente a uma natureza, à natureza de um indivíduo (cf. 16 [17], verão de 1871 – primavera de 1872 e 25 [297], primavera de 1884) e ao amor sexual (cf. 23 [34], inverno de 1872-1873). O agonal é um embate contínuo entre forças opostas e equiparáveis, ele é seu próprio moto e produz efeitos para além dele: superestimula o impulso de criar (cf. 5 [146], primavera-verão de 1875), pode ser fomentado como forma de operar desvios (cf. 11 [186], primavera-outono de 1881); agonal é o embate do herói contra o seu próprio destino, contra os limites por ele impostos, assim como o ágon estaria a atuar nos paradoxos e contrapesos da tragédia: a tragédia grega seria impelida por um "grande paradoxo ("ser rei" e "infeliz", não passível de ser invejado) e por um grande contrapeso: "o *sentimento* de potência a contrabalançar amplamente" toda a fadiga do governar e todo o medo (4 [301], verão de 1880). Na urdidura da alma grega, o ágon prevalecia a ponto de, até mesmo, imaginar-se poder descobrir novas espécies de ágon. Não fez outra coisa Sócrates, ao introduzir a dialética – "ele fascinou ao mexer com o instinto agonal dos gregos" (cf. GD/CI "O problema de Sócrates" § 8). Tão bem expresso na tragédia, o ágon obviamente não estava apenas na tragédia, ou apenas no elemento trágico, mas era suscetível de receber formas novas e variantes, como a que Sócrates imaginou que pudesse granjear com a sua dialética (cf. GD/CI "Incursões de um extemporâneo" § 23). Ele assim imaginou poder, sem que o pudesse de fato, muito embora tivesse conseguido alterar o gosto grego em favor da dialética (cf. GD/CI "O problema de Sócrates" § 5). Imaginou poder transpor o ágon, quando na verdade atuou contra ele, assim como de modo geral fizeram os filósofos, os "*décadents* do helenismo" (GD/CI "O que devo aos antigos" § 3).

O que levou Sócrates a se equivocar quanto à possibilidade de transpor o ágon foi justamente – no seio de uma cultura ainda vigorosa, como era o caso – a disseminação do agônico ao longo de suas expressões artísticas, políticas e discursivas, guerreiras, desportivas. Há de se convir que, de fato, o ágon não era prerrogativa dessa ou daquela manifestação artística ou dessa ou daquela expressão da grecidade. O ágon não estava nas lutas e batalhas "em si", não era acionado, de súbito, por ocasião dos debates retóricos na ágora, ou, expresso sob forma de excelência, quando se encenavam tragédias – de resto, elas próprias encenadas no contexto de competições. Antes dessa ou daquela manifestação, o ágon se fazia sentir e agir nos próprios impulsos orgânicos, que no seio de tão vigorosa cultura encontravam vazão e expressão. Mas a sua persistência ali dependia de que se mantivesse um equilíbrio que, não obstante se estar no seio de uma cultura – entendida por Nietzsche como um determinado regime de cultivo dos impulsos –, se mostrasse análogo ao que se tinha no seio da natureza, com a precisão certeira e com o "vínculo conservador dos instintos" (FW/GC § 11). A onipresença tensionante do ágon, no entanto, pôs-se a perder justamente quando contou com a racionalidade de um filósofo como Sócrates a atuar contra ela. Uma tentativa de "superfetar" o lógico (cf. GD/CI "O problema de Sócrates" § 4), de hiperbolizar a razão e o ambiente da racionalidade, que é a consciência, pôs a perder um inteiro equilíbrio entre embriaguez e reflexividade. Esse equilíbrio, bem entendido, assentava-se no embate agônico entre o aspecto predominantemente embriagado e o predominantemente reflexivo, que acima ressaltamos como inconsciente e consciente travando um embate já na dinâmica pulsional.

O embate entre forças inconscientes e conscientes ali seria agônico uma vez que, nesse nível pulsional, as forças de um lado e de outro se equiparam. Isso já não acontece quando um dos termos desse embate imagina mover-se por si só, por seu próprio moto – a consciência –, o outro termo imaginado como um resíduo ou uma tentativa de interferência – a consciência a imaginar o seu outro. Por essa configuração se tem o termo inconsciente da relação a avançar e atuar em grande parte sozinho, justamente por ser em grande parte ignorado, isto é, justamente quando se imagina o contrário. Não obstante reprimido, continua a buscar satisfação, impondo seus desígnios mediante subterfúgios; trama retornos e recompensas alinhando fins pretensamente racionais segundo suas próprias aspirações e seu padrão. A filosofia assim procedeu desde o desvirtuamento perpetrado por Sócrates até o retorno do incerto, do arredio, do passional e animal vir se postar no centro da cena filosófica, com a "vontade" metafisicamente enquadrada por Schopenhauer. Em todo esse percurso teve-se uma racionalidade sempre ditada por razões inconscientes, e isso significa, vitimada por seu próprio vício de origem. Detectada nesse ponto e nessas condições pelo autor d'*A gaia ciência*, tudo se passa como se nessa racionalidade ele pretendesse restaurar um equilíbrio agônico que se perdera desde os momentos áureos da tragédia, quando a filosofia, por Sócrates, desgarrou-se da tarefa inconsciente da arte, como desgarrou-se de uma cultura que, com todo o seu viço, a pudesse acolher e fomentar. Acessar a "psicologia do orgiástico", a "ponte para a psicologia do poeta *trágico*" (cf. GD/CI "O que devo aos antigos" §5), como Nietzsche se refere ao final de seu percurso filosófico: eis algo que demandaria fazer consciente e inconsciente operar em equilíbrio agônico. Esse seria não um cerne único, nem centralizador, ou excludente de outros cernes, mas um cerne oculto e propulsor do projeto nietzschiano.

II.XIII. Da manutenção do agonismo inconsciente--consciente

No sentido contrário ao de toda uma tradição filosófica pós-socrática até Schopenhauer, no capítulo I vimos como Nietzsche, por meio das noções de estilo e de metáfora, assumiu o controle do modo como da inconsciência (dos impulsos) em filosofia se pode fazer um filosofar já não apenas pretensamente consciente. "Assumir o controle" significa não imaginar um filosofar em um longo e ininterrupto estado de consciência, mas sim engendrar os processos de consciência mediante um não se ausentar de seu texto, mediante um não dar as costas aos impulsos acionados em sua composição. Isso significa que a referida consciência não se equaciona à introspecção, e que a inconsciência estaria no manuseio pretensamente neutro e consciente de conceitos, na insciência de como foram forjados. Já aqui, no capítulo II, teve-se o modo como entre os impulsos orgânicos se constituiu o agonismo, elemento estruturante da vida, que, assim como foi expresso à excelência na tragédia ática, pôde ser resgatado, em Nietzsche, por meio de um fazer artístico em filosofia. Mas foi também entre os impulsos orgânicos que a espécie humana, sob ameaça, foi salva mediante uma duplicação da reflexividade que já vigorava entre eles (cf. FW/GC § 354). E foi evidentemente entre os próprios impulsos, por fim, que o delicado e certeiro equilíbrio da natureza ali vigente se pôs a perder. No mundo grego, e com isso ocidental e universal, o processo análogo de desequilíbrio foi percebido e precipitado por Sócrates. Daí passou a vigorar na filosofia e disseminou-se por todas as instituições modernas. A história da filosofia traduziu-se por um apego a princípios e conceitos, estruturas e raciocínios pretensamente conscientes, ato que na verdade oculta uma inconsciência de fundo. E da filosofia moderna às instituições modernas, como se verá no capítulo a seguir, essas instituições foram tomadas pela lassidão do apego a arcabouços e condicionamentos metafísicos, que se revelam como nada mais que uma atitude de evasão ao vir-a-ser. Mas se no capítulo I abordamos o modo como o filósofo pode ele próprio se apropriar da conversão de forças inconscientes em conscientes – com isso se fazendo consciente desse processo –, e no II ocupamo-nos de mostrar como esse trânsito é efetivamente possível, a seguir, no capítulo III, tratar-se-á do modo como Nietzsche se apropria também dos dispositivos pelos quais o consciente pode facilmente resvalar para o inconsciente, ao tempo mesmo em que se imagina consciente – e esse dispositivo perverso, aliás, foi sempre uma constante na metafísica. Desse modo, vamos ali nos deter no momento em que sua filosofia efetivamente esteve mais sujeita aos vícios de origem da tradição metafísica – na filosofia do jovem Nietzsche – e nos momentos de retomada de eixos que já ali travejavam o que chamamos de "projeto nietzschiano".

A inconsciência de fundo, se em filosofia se equaciona à metafísica, no âmbito da cultura revela-se pela lassidão de suas instituições. Assim sendo, o capítulo abordará, em primeiro lugar, a cultura a que o filósofo vai se contrapor – a mesma na qual um dia ele depositara as maiores esperanças –, uma cultura *décadent*, porque disfuncionalmente apartada dos processos naturais. Na sequência, para ao final fazer ver como o embate agônico entre inconsciente e consciente se traduz em justificação imanente da vida em filosofia, abordaremos os modos pelos quais o filósofo se contrapõe à cultura vigente em seu tempo. Não se tratará ali de criticá-la, mas de protagonizar, mesmo ao teorizar, a atitude oposta. Nesse sentido o filósofo deixará de incidir na inconsciência inerente à filosofia metafísica, que por inércia apega-se ao anteparo dos conceitos infensos ao movimento, à mudança, ao sensível. Esses modos de contraposição se revelarão em três eixos:

1. Um primeiro eixo se terá no modo como ele concebe o princípio metafísico do uno-primordial (*Ureine*), as ideias de intuição e de representação. Por aí se terá que já o jovem Nietzsche *não* se ancora em anteparos metafísicos pretensamente conciliadores e pretensamente estáveis, cuja "confiança" faria o registro consciente sem mais se esvair para o registro inconsciente. Ressalte-se que não se trata apenas de denunciar a metafísica e a crença em conceitos; trata-se também de derribar estruturas condicionantes que propiciam o apego a ela, levando os filósofos a uma inconsciência em relação ao movimento e à pulsionalidade que os leva a filosofar;
2. O segundo eixo que de *O nascimento da tragédia* se irradiará para o seu inteiro filosofar já é bem mais evidente, dizendo respeito ao modo como em sua obra de estreia ele artisticamente intuíra o dionisíaco. Dioniso assoma sobretudo nos extremos cronológicos de sua obra e, como "intuição artística" protagonizada, desde o início vem solapar "por dentro" eventuais inércias metafísicas em *O nascimento da tragédia*. Dioniso é a versão positiva, afirmativa, descentrada e imanente dos questionamentos que sempre no fundo pautaram as atitudes filosóficas: "*ich will erst leben*" ("eu só quero viver") (2 [161], outono de 1885 - outono de 1886). No cerne da arte e da vida, e da arte que, no seio do homem consciente e racional, torna a atrelá-lo à vida, o dionisíaco é a versão nietzschiana da questão "de primeira ordem", que em filosofia foi sempre relegada em função de questões ontológicas ou epistemológicas (cf. 2 [161], outono de 1885 - outono de 1886). Sem ser mais o caso de relegá-la, essa questão é o ponto de interrogação que o jovem Nietzsche enceta, a mobilizar todo o seu percurso filosófico. Assim, permeando o seu filosofar ao modo de um subterrâneo, por meio da adveniente compreensão fisiopsicológica, Dioniso poderá aflorar em suas últimas obras, retomado já em outras bases;

3. De caráter já bastante diferente dos outros dois, mas decorrente deles, um terceiro eixo antiadesão metafísica diz respeito diretamente aos traços e aos desdobramentos de sua obra de estreia, a suscitar as revisitas de Nietzsche ao livro de suas "puras vivências próprias prematuras" (GT/NT "Prefácio" § 2). Por esse terceiro eixo, *O nascimento da tragédia* é tido por obra de inconsciente protagonização filosófica, as intuições artísticas de apolíneo e dionisíaco sendo o seu melhor exemplo; suas retomadas, bem como as retomadas de outras obras do filósofo, sinalizam uma crescente tomada de consciência não como exercício de introspecção autoidentitária, mas de apropriação de sua própria singularidade pulsional e de seu projeto em filosofia. É desse modo que na fisiopsicologia dos impulsos ele reencontrará um Dioniso que agora é não apenas intuído, mas também conhecido e, pela tarefa inconsciente da arte em seu filosofar, vivenciado. Como *pathos* filosófico, pela via da compreensão dos impulsos e do acionamento fisiopsicológico, esse Dioniso é a natureza que retorna à filosofia; é vida acionada em resposta a questões existenciais compreendidas em suas bases fisiopsicológicas. É apropriação pulsional a, em um movimento de embate entre inconsciência e consciência, constituir um filosofar que se destrói para sempre tornar a se construir.

CAPÍTULO III
O ofício antimetafísico, Dioniso e o novo agonismo

III.I. A lassidão das instituições modernas

A referência que fizemos em outra parte[1] acerca de "liames" ou "tonalidades" que regeriam a interação do homem com a natureza caberia para o próprio Nietzsche em relação ao meio cultural da Alemanha e da Europa da segunda metade do século XIX. Da mesma forma como o filósofo se refere a "uma ameaça" – "o animal mais ameaçado" – em *Sobre verdade e mentira no sentido extramoral*, e a "necessidade" no aforismo 354 de *A gaia ciência*, ele próprio, ao perceber o seu tempo, fê-lo pelo viés mais ameaçador que este apresentava, sensível ao que se lhe mostrava como da maior necessidade, algo que poderia ou não ser convertido em capacidade (cf. FW/GC § 354). Sua perspectiva se revelaria privilegiada, e por sua profundidade já se mostrava abrangente, a perceber a falta de lastro para o que à época se tinha por bom ou mau (cf. FW/GC § 2), e também a detectar um homem perdido em cálculos de vantagens e em finalidades que em pouco ou nada deixavam entrever os mais fortes impulsos e instintos que lhes subjaziam (cf. FW/GC § 3), a constatar, enfim, o desencontro do homem com sua própria capacidade de desejar. Justamente por detectar essas insuficiências e descompassos, Nietzsche percebia que as paixões e os ímpetos adormecidos não deixavam de remeter a uma esfera psicologicamente mais profunda, e oculta – afinal, inconsciente –, ao que então se pôs a investigá-la.

---

1 Cf. KRIEGER, 2020, p. 135.

Ora, ao trazer a percepção desse quadro, por Nietzsche, introduzimos o presente terceiro e último capítulo, começando por relembrar que ao final do capítulo II nós chegamos a um agonal tensionar e estimular das interações pulsionais como traço constitutivo e como um moto, como embate entre forças inconscientes de natureza protoartística. Dito isso, cumpre agora observar que, na segunda metade do século XIX, na realidade que cercava o filósofo, mais precisamente no ambiente cultural, artístico e político em que ele próprio se inseria, esse tônus agonal era algo que, se havia muito já não pulsava, sua condição, então, entre enfraquecida e inerte, desvitalizada – *décadent* –, dava a transparecer o experimento humano em estado de exaustão. Essa seria a ameaça, a necessidade a que Nietzsche – tal como o homem ao engendrar a linguagem verbal, tal como Rousseau ante o progresso iluminista – foi de tal maneira sensível.

São conhecidas as suas críticas à modernidade. É sabido que a modernidade para ele não se inicia filosoficamente em Descartes, ou então no século XVIII, sendo na verdade encetada por Sócrates, que com seu método dialético e sua influência sobre Eurípedes selou o fim da era trágica. Mas se a modernidade se prolongava feito uma corda frouxa de Sócrates a um período em que a Europa se refestelava às avessas, com Schopenhauer e com sua própria ausência de vontade, o que podemos chamar de um estiolamento do ágon, precipitado já por Sócrates, apenas muito mais tarde veio revelar o real alcance de seus efeitos deletérios. É certo que, pela deixa da dialética socrática, a divisão platônica em dois mundos, se por si só já era deletéria, enquanto vingou como crença também serviu como depositário dos esforços humanos, por mais que, em termos fisiológicos, tais esforços não devessem ser drenados para a quimera "mundo verdadeiro". Pois se a possibilidade do "mundo verdadeiro" foi ficando mais e mais restrita, o mesmo se aplicando à possibilidade de uma providência divina a justificar de fora o mundo "deste lado" – "não verdadeiro" –, a verdade é que a necessidade de crenças e ideais apaziguadores – como foi a ideia de Deus e do mundo verdadeiro – revelou-se mais resiliente. E persistia mesmo ao tempo em que a razão demolia crenças e ídolos. Quando, sobretudo no século XVIII, a confiança na razão e nos progressos por ela proporcionados foi inoculada também no âmbito das relações humanas e do governo, ao que então autoridades e hierarquias eram derribadas a golpes de uma razão analítica, e iluminista, uma certa dinâmica que desde um passado remoto instaurara o Deus cristão foi a mesma de que a razão se valeu para assentar um feito mais recente: da mesma forma que Deus e o "mundo verdadeiro" haviam sido ideias apaziguadoras, ao modo de um ideal remoto, incólume e pacificador foram concebidas a liberdade e a igualdade democráticas, que acabaram por impregnar as instituições na Alemanha e na Europa.

Quando em *O anticristo* Nietzsche afirma "não se diz 'nada'; diz-se, em vez disso, 'além'; ou 'Deus', ou 'a verdadeira vida'; ou Nirvana, redenção, bem-aventurança" (Ac/Ac § 7), a essa "inocente retórica saída do reino da idiossincrasia moral" (Ac/Ac § 7) poderíamos acrescentar, ao modo de inclinações igualmente hostis à vida, as tendências à lassidão e ao ato de dar cabo ao que é inerente à vida, às instituições liberais, como a da liberdade. Menos do que nos inconformarmos com o fato de Nietzsche se manifestar contrariamente à ideia de liberdade, cumpre visualizar a liberdade tal como ele a entende e propõe, bem como o problema que ele aponta na liberdade tal como idealizada no seio das instituições de seu tempo, e do nosso tempo. O foco e a ênfase dessa visão incidem inteiramente no estado que com a liberdade se obtém, não na luta por ela e no que com ela se desfruta, não "no que por ela se paga" (GD/CI "Incursões de um extemporâneo" § 38). Daí se ter, com a liberdade assim concebida, o que o filósofo refere por um estado de nivelamento do homem como, sim, animal de rebanho. O que se granjeia nesse caso, e em tal atitude, não é a estimulação dos instintos de liberdade, mas o seu amortecimento, como que a tornar tais instintos esquecidos de si mesmos, a ponto da mortificação. Não haveria aí o mesmo ímpeto de negar e dissolver a organização do ser vivente e pulsante, tendo para tanto impulsos enfraquecidos a apontar para um "além", para "Deus", não haveria uma inteira distensão de instintos que poderiam ansiar e lutar pela liberdade? Precisamente por isso, para Nietzsche o problema da liberdade é tê-la como ideal estático, como um posto já alcançado, mediante o adormecimento do movimento para ela. O problema da liberdade é assim o estado, lasso e distendido, de já a ter alcançado (GD/CI "Incursões de um extemporâneo" § 38). Se pelas instituições liberais a liberdade está mais para um estado de bem-estar, para Nietzsche, ao contrário, "o ser humano *que se tornou livre*, e tanto mais ainda o *espírito* que se tornou livre, pisoteia a desprezível espécie de bem-estar" (GD/CI "Incursões de um extemporâneo" § 38). Em contraposição a isso, ao coadunar liberdade e pólemos, "o homem livre é guerreiro" (GD/CI "Incursões de um extemporâneo" § 38).

Também quanto às instituições, de modo mais amplo se imagina algo dado, e igualmente um refúgio de redenção e bem-aventurança, ou seja, tudo se passa como se as próprias instituições fossem pensadas e instauradas ao modo de sombras de Deus. Assim como na questão da liberdade, para Nietzsche o problema das instituições democráticas "não está ligado a elas, mas a nós" (GD/CI "Incursões de um extemporâneo" § 39). E esse "nós" tampouco será o de individualidades racionais e indecomponíveis, mas de nossa fisiopsicologia pulsional, em um caso como no outro se tendo a mortificação dos "instintos viris". E assim como na modernidade a liberdade *não é* o ímpeto de se tornar livre mediante a guerra e a vitória, no caso das instituições democráticas elas são pensadas na ausência e isenção justamente do que *faz* as instituições, a saber, "uma espécie de vontade, de instinto, de imperativo antiliberal até a malvadeza" (GD/CI "Incursões de um extemporâneo" § 39). Se o filósofo se refere a "antiliberal" e nós o interpretamos como "antiliberdade", nossa interpretação estará correta se essa oposição à liberdade for pensada no âmbito do embate agônico, no qual não se tem nem termo nem trégua, nem eliminação das forças opostas, mas sim um entrejogo tenso e criador. Nesse sentido, os instintos viris de liberdade entrariam em embate com "a vontade de tradição, de autoridade, de responsabilidade por séculos adiante, de *solidariedade* entre cadeias de gerações para a frente e para trás, *in infinitum*" (GD/CI "Incursões de um extemporâneo" § 39). Desse modo, as instituições democráticas e as liberdades individuais por elas propiciadas não estariam a pairar em um estado de suspensão desvitalizada, em desconexão com passado e futuro, do qual participaríamos (cf. GD/CI "Incursões de um extemporâneo" § 39), e sim bem o contrário: *o que faz* as instituições, o que é autoridade e tradição de séculos teria de novamente se pôr, ao modo de resistência, sempre que estivesse na iminência de ser vencido por uma liberdade, não como estado amorfo, mas a todo momento como um "a se fazer" de instintos viris de homens livres.

Isso vale também para a dominante moral altruísta, a qual, em face do egoísmo, de tanto não se impor, atrofia-se, e já não busca a própria vantagem por incapaz de reconhecê-la. Essa vantagem, que se daria a reconhecer em um embate com valores outros, de alteridade, vem sucumbir, indiferenciada, em meio ao não reconhecimento dos valores (cf. GD/CI "Incursões de um extemporâneo" § 37). Isso vale também para um ímpeto de assemelhamento, que, inclinação já vigente no âmbito das percepções de qualquer organismo vivo (cf. 11 [268], primavera-verão de 1881), nas sociedades em declínio é "descoberto" e soerguido à condição de construto teórico de natureza ética, assim como antes fora erigido à condição de imperativo metafísico. Se pelo ditame da sobrevivência organismos vivos igualam o que não é igual, essa percepção equivocada, à medida que adotada sem mais pela razão consciente – em detrimento da relação de tensão que levou a ela –, é sempre tomada como valor de face das coisas e dos agentes até se converter na moderna e democrática "igualdade", nos "direitos iguais" sobrepondo-se ao que na natureza é luta entre forças equiparáveis pautada pela tensão, pela distância entre extremos. Se a percepção de uma suposta igualdade na natureza era instada por uma relação de tensão e de urgência, pois era a sobrevivência que estava em jogo, no âmbito da modernidade democrática esse contexto, que é vital, de fundo, há muito se encontra ofuscado, com a atribuição de igualdade desprovida de seu tônus e de seu moto. Desde Sócrates a razão levou o homem a se imaginar "à parte" do mundo e da natureza, chegando-se a um ponto em que "se anseia por um estado em que não mais se padeça: a vida em si é sentida como base para o mal, – taxam-se os estados inconscientes, entorpecidos (sono, impotência) como incomparavelmente mais valiosos que os conscientes" (17 [6], maio-junho de 1888). Importa notar que, nesse momento e nesse contexto, Nietzsche não está a conjugar estados inconscientes aos embates pulsionais e ao agonismo, mas sim ao entorpecimento. Inconsciente ali é o entorpecimento advindo da crença na igualdade, que por sua vez remete à crença em algo persistente fora de nós (cf. 11 [268], primavera de 1881). E é nesse entorpecimento que se deixa situar a tal "igualdade" como ideia remota e pacificadora, sucumbindo "à vontade de ser si próprio, de destacar-se" (GD/CI "Incursões de um extemporâneo" § 37).

Nesse sentido, talvez o traço mais característico das instituições modernas seja a ausência de fricção entre individualidades e o meio – o meio como propriamente a instituição – no qual tais individualidades são geradas. Tudo se passa como se o único instinto fosse o de tornar nulas as individualidades: "Nossa inteira sociologia não conhece instinto nenhum a não ser o de rebanho, isto é, das nulidades somadas... Onde toda e qualquer nulidade tem 'direitos iguais', onde virtuoso é ser nulo..." (14 [40], primavera de 1888). Isso significa que tais individualidades não podem, como dizer, "se ressoar", se reconhecer enquanto tais, e significa que são individualidades sem ser singularidades. E não se reconhecem porque não se reconhecem como parte de um organismo mais amplo, do qual seu surgimento e seu desenvolvimento dependem, e dependem não no sentido de uma acomodação estática e passiva, mas de um embate – de um embate agônico. No seio desse embate, nem mesmo a dissolução, ao final, da parte no todo vem significar um termo, já que o processo continuará inexoravelmente. Ocorre que o não se reconhecer como singularidade aí, nesse todo, tanto no âmbito orgânico como no da cultura, vem a ser o que caracteriza o fenômeno da desagregação dos instintos, e entenda-se com isso o fenômeno da *décadence*.

III.II. *Décadence*: a evasão pela superfetação do elemento consciente

O termo *décadence* é oriundo da leitura, por Nietzsche, dos *Essais de psychologie contemporaine* (1883), de Paul Bourget. Com a visão de viés biológico a prevalecer no século XIX, o fenômeno biológico da degeneração é reconhecido por Bourget na cena literária de seu tempo. A formulação mais clara do fenômeno se dá em seu ensaio sobre Baudelaire: "Um estilo de *décadence* é aquele em que a unidade do livro se decompõe para dar lugar à independência da página, em que a página se decompõe para dar lugar à independência da frase, e a frase se decompõe para dar lugar à independência da palavra".[2] Não obstante a desagregação - que pode ser tanto a de um organismo como de uma inteira visão de mundo -, ao se ressaltar a "independência" de certo ponto de vista, essa formulação pode dar a falsa ideia de um vigor, mesmo de uma solidez e densidade maiores do que é da ordem do individual: uma página se arvora à independência, uma palavra se faz voluntariosa. Mas não, não é disso que se trata. Não se trata de um fruto ou rebento viçoso e maduro que possa se arvorar à independência, pois o contexto é algo de muito mais visceral: não se trata das franjas do orgânico, que podem dele se desatar, mas de sua natureza mais íntima - trata-se do que o constitui. Nesse sentido, não há como um indivíduo poder parecer sentir-se forte, com mais intensa presença de si, quando desprendido da trama que o tece, passando a agir de forma desgarrada. O que a bem da verdade se passa é o contrário. Com a desagregação de todo o tecido, é toda uma urdidura vital que deixa de dar a chave da experiência. O indivíduo que até pode parecer automotivado e voluntarioso revela-se como nada mais do que um elemento que se desviou em razão dos esbirros de uma trama, com a perda de um norte de experiência - e diga-se, também de uma voragem. Com essa perda, ele se torna receptivo e suscetível a toda uma miríade não de experiências, mas de "candidatas a" experiências. Nesse sentido, ele é apenas hipertrofiado, bem o contrário do vigoroso e voluntarioso da primeira e errônea impressão. Como superfície desprotegida e suscetível, "que perde o esforço de resistir às solicitações, ele se torna determinado pelos acasos: aumentam-se e vulgarizam-se monstruosamente suas experiências... sua 'despersonalização', uma desagregação da vontade" (17 [6], maio-junho de 1888). Não há forças da parte desse elemento desgarrado, sobretudo não há resistências. As experiências não são digeridas - daí nossa referência a "candidatas a experiências", pois, afinal de contas, elas não se concretizam. O desgarrado já não valora e não se expressa, e isso porque valorar-se e expressar-se remetem às manifestações simbólicas inerentes à vida, no âmbito das quais toda uma psicologia desdobra-se em relação à imanência e à urdidura da vida pulsional. Assim, a *décadence* de certa forma vem a ser

2 Cf. BOURGET, P. *Essais de psychologie contemporaine: Études littéraires*. Trad. do autor (livre tradução). Paris: Gallimard, 1993, p. 14.

justamente o desprezo, o dar as costas, a atitude de evasão, de busca de um sentido outro, de um imaginário além.

Note-se, porém, que assim equacionamos *décadence* e evasão apenas "de certa forma". E devidamente ressaltamos que há todo um tecido orgânico em desagregação, independentemente do elemento que dele se desgarra. Entretanto, seria equivocado pensar a fuga à sua própria imanência, a seus arranjos e rearranjos instintuais – que justamente marcou o pensamento de filósofos que tudo fizeram para ocultar o que seria seu *motus philosophandi* segundo Nietzsche –[3] como *causa* da *décadence*. Tampouco seria *causa* da *décadence* a propensão inquestionada a se filosofar por conceitos, que dá as costas a tantos processos vitais e determinantes do filosofar. O cristianismo, a moral, tal como o filósofo os encontrou, o romantismo, a arte, não são causas da *décadence*. São seus sintomas, como Richard Wagner lhe é o mais acabado sintoma. Nem mesmo Sócrates e o socratismo teriam sido causas da *décadence*, já que Sócrates não provocou a desagregação dos instintos, e sim a percebeu nos nobres atenienses e em si mesmo (cf. GD/CI "O problema de Sócrates" § 9). Ocorre que esse quadro, perpassando a civilização que assim produziu a filosofia moderna, chegou a Nietzsche como visão de mundo que se evade do que lhe é mais próximo, atuante, visceral e instintual, por advir de uma civilização que valora negativamente este mundo, este corpo, a sensualidade, a vida pela vida. Vinda, assim, de muito antes da visão de mundo que chegou a Nietzsche, a *décadence* revela-se como todo um decurso da civilização ocidental, e não uma intercorrência à época do filósofo. Por Sócrates, certamente, mas de modo mais amplo pelo socratismo, que mesmo antecede Sócrates, e por um âmago que o socratismo representa se tem "racionalidade *contra* instinto. A *décadence* revela-se como 'racionalidade' a todo preço, ao modo de uma força perigosa, solapadora de vida!" (EH/EH "O nascimento da tragédia" § 1), ou, em outras palavras, um suposto consciente, podendo fantasiar uma ordem em que suplantaria um embate inconsciente e inesgotável.

3 Seu *motus philosophandi* seria para Nietzsche o "*ich will erst leben*", "tudo o que eu quero é viver" (cf. 2 [161], outono de 1885 - outono de 1886).

III.III. A falácia da transposição do ágon

Se ressaltamos que a *décadence* afetava a civilização ocidental como um todo, como uma degenerescência afeta um organismo, se Nietzsche pertencia a esse organismo, ele não estaria imune ou apartado da *décadence*: "Sem considerar que sou um *décadent*, sou também o seu contrário. Minha prova para isso é, entre outras, que instintivamente sempre escolhi os remédios certos contra os estados ruins: enquanto o *décadent* em si sempre escolhe os meios que o prejudicam" (EH/EH "Por que sou tão sábio" § 2). Haveria então meios de reagir à *décadence*, de adotar remédios contra ela, e assim se teria o próprio Nietzsche à diferença de tantos outros *décadents*, tipicamente mórbidos, como um *décadent* tipicamente são. Os tipicamente mórbidos são os que *não* reconhecem a vida como um incessante processo de mudanças, não reconhecem que esse processo demanda interações coordenadas a constituir organismos e seus órgãos, dos quais a individualidade que se arvora vem a ser uma parte - e sob as "mudanças" inerentes ao processo, entenda-se a sua subsunção ao grande ciclo de nascimento, desenvolvimento, a própria *décadence* e a dissolução no todo de forças cósmicas. Isso significa, como é óbvio, que a própria desagregação é parte do processo vital. Ante esse quadro, o que se passaria com as naturezas tipicamente mórbidas, que não são a um só tempo *décadent* e o seu contrário, que seriam o "*décadent* em si", é que seriam duplamente *décadents*. Seriam-no em um primeiro nível por inexoravelmente pertencer a um organismo em degenerescência. E seriam *décadents* em um segundo nível, uma vez que, a *décadence* caracterizando-se pela condição de um organismo em desintegração, a natureza mórbida faz-se mórbida por deparar com o processo de desintegração, sem, no entanto, se reconhecer nesse processo, ou seja, estando a artificialmente fazer as vezes de elementos desgarrados do todo em decomposição. Como no caso de Sócrates, tais naturezas ainda acreditam em seu artifício. Isso significa que são mórbidas por esquecimento e irreflexão, por inconsciência. E em sua inconsciência, tudo se passa como se inconscientemente estivessem a mascarar um horror, qual seja, o horror em fazer parte de um processo vital que os incita a querer continuar vivendo ao mesmo tempo em que não pode garantir que esse viver se prolongue indefinidamente – aliás, muito pelo contrário, configurando o elemento trágico de toda estrutura viva que adquiriu um segundo grau de reflexividade. O segundo motivo de horror está em fazer parte de um organismo que justamente está a se desagregar. Percebem-no horrorizados, e com horror elidem a percepção. Nesse sentido, ainda uma vez agem como Sócrates. Para Nietzsche, como se sabe, Sócrates "descobriu uma nova espécie de ágon, da qual foi o primeiro mestre de esgrima nos círculos aristocráticos de Atenas" (GD/CI "O problema de Sócrates" § 8). A perspicácia de Sócrates ao perceber os instintos em anarquia foi longe, mas, mesmo assim, apenas até certo ponto. Se "fascinou ao mexer com o instinto agonal dos gregos" (GD/CI "O problema de Sócrates" § 8), isso não significa que tais "fascínio" e "mexida" tenham sido algo de efetivo do ponto de vista do próprio ágon. Se "trouxe uma variante para a luta entre homens jovens e adolescentes" (GD/CI "O problema de Sócrates" § 8), isso não significa que tal variante dispusesse de um lastro fisiológico a ponto de torná-la eficaz.

Sócrates imaginou poder transpor o ágon a outro plano, sem com ele transpor a vida, que, aliás, não se dá a esse tipo de transposições asssépticas. Mas afinal, para onde apontava Sócrates, e onde "residia" a vida? É fato que ele viu os instintos a fazer papel de tiranos, ao que fantasiou um contratirano, imaginando se tornar senhor de todos eles. Se imaginou a cura, nisso acabou por confirmar o caso extremado de desorganização por esquecimento e inconsciência. Em direção à ordem para a qual apontava, em direção à razão pela razão, à racionalidade a todo custo, à razão desembaraçada da "ganga" instintual, imaginou poder transportar, e assegurar, uma certa urdidura que era a marca e o próprio moto da vida instintual, que ele imaginava poder abandonar. Ocorre que tal nova espécie de ágon era muito mais uma miragem do ágon, uma contrafação: a esse respeito, não se tratava de imaginar transpor a vida, que se lhe mostrava ameaçadora, e ainda assim manter sua urdidura agônica em outro plano, no que de novo se toca na questão de um lastro fisiológico. No âmbito dos processos fisiológicos e pulsionais, as relações orgânicas são cuidadosamente entabuladas em uma precisão própria à economia certeira dos instintos, quando ainda em um organismo bem coordenado. O ágon se instaura em uma relação de embate entre os impulsos justamente por meio do embate entre os aspectos consciente e inconsciente das dimensões pulsionais. Nesse embate, não deveria haver sobras nem carências, muito menos casualidades ou indiferenças, mas uma demanda bem fomentada e bem urdida entre gozo e embriaguez (âmbito da primeira dimensão), por um lado, e o preparo e as condições gerais orgânicas para que tal se produzisse, por outro (âmbito das três outras dimensões). *Grosso modo*, poderíamos então dizer, por esse esquema, que embriaguez e gozo responderiam pelo aspecto inconsciente da vida pulsional. A esse respeito, à reflexividade consciente cabe o preparo e as condições para que os primeiros se realizem, e, não obstante a primeira dimensão ser majoritariamente inconsciente, aspectos inconscientes incidem também nas outras três, já que as condições e o preparo para a descarga prazerosa igualmente demandam elementos que não eram o do controle e da ciência dos impulsos (esfera consciente).[4] Isso fica mais claro agora, que introduzimos o enquadramento maior em que esses embates se dão – e trata-se do ambiente em que um organismo se encontra – ao mesmo tempo em que, com Nietzsche, *não* admitimos uma relação intencional teleológica entre a ação dos impulsos e o todo orgânico de que participam. Nesse sentido, também o embate entre aspectos conscientes e inconscientes daria conta da complexidade de relações entre os impulsos e o orgânico. A reflexividade consciente assim se faria sentir ao que os impulsos são defrontados com sua própria condição, com sua própria necessidade estando a valorar os demais, a criar a trama em que se inserem segundo a sua perspectiva. Já o aspecto inconsciente desse processo seria dado à medida que os impulsos agem segundo ditames que, por serem orgânicos, os transcendem. Daí a irrefletida busca de intensificação do sentimento de potência, daí a atenção estritamente direcionada às interações que prometem ser mais prazerosas – pois na natureza o que redunda em sentimento de potência quase sempre coincide com o organicamente mais salutar –, daí irrefletidamente se aferrar à sua perspectiva e ao caráter mandatório de recriar o mundo com base nela. Não obstante buscar satisfazer seus interesses mais

4 Mais precisamente na seção II.XI, "Reflexividade e consciência na vida pulsional".

egoístas, o indivíduo – constituído de impulsos sempre decomponíveis – atua em função do agonismo em cujo seio ele provisoriamente se constitui. Em um embate com a reflexividade consciente da pulsionalidade individual, os ditames do interesse organicamente difuso atuam nele por canais inconscientes. E é por essa ampla e disseminada estrutura, agônica, a reger-se por saberes e gozos mutuamente condicionados que se produz, a promover um organismo bem logrado, o fenômeno da vida.

A compreensão do que está efetivamente em questão no fenômeno da vida travejou o percurso filosófico de Nietzsche. E nesse percurso ele encetou travessias de fôlego: do ágon caracteristicamente grego ao ágon na fisiologia dos impulsos orgânicos; da tragédia grega solapada por Sócrates à psicologia de Sócrates e do poeta trágico; da questão da justificação da existência à busca de compreender, como estamos a assinalar, o que é determinante no fenômeno da vida.[5] Por sobre tudo isso, evidentemente, o dionisíaco "aqui como lá", como um alfa e ômega de sua filosofia. Se bem se atentar aos arcos que assim se formam, há que se perceber uma irradiação vigorosa e mesmo determinante dos temas e diretrizes presentes em *O nascimento da tragédia* para os desdobramentos posteriores de sua filosofia. Que se leve a sério as admoestações do filósofo quando, em um balanço parcial da obra pregressa, refere-se a seu "livro problemático"

5 É importante assinalar a passagem da noção de *existência* para a de *vida* no interior da obra de Nietzsche, fazendo atentar a que a noção de vida só poderá aparecer em um determinado momento histórico, científico e cultural, afinado a uma determinada forma de saber, no caso, a biologia. Impulsionada pela microscopia e pela biologia celular, a biologia assume imensa magnitude no século XIX, e é bem no seio desta que se inscreve a reflexão nietzschiana; só mesmo nesse contexto o conceito de vida adquirirá o sentido e a dimensão que aqui se está a evidenciar, em sua contraface filosófica que se tem com Nietzsche. Por ser assim conceito filho do século XIX, a "vida", como a entendemos, Nietzsche não se referirá de pleno direito ao falar dos gregos, seja os da era trágica ou socrática, porque ali o que se podia pôr e pressupor era a ideia de existência. Por serem biológicos sua proveniência e seu escopo, o próprio Nietzsche só veio a familiarizar-se com o termo uma vez tendo se aprofundado em conhecimentos científicos e biológicos de seu tempo, o que se deu a partir de 1875 e tanto mais, na sequência, a partir de 1879, quando se afastou das atividades docentes da Universidade da Basileia. Ocorre que o filósofo alemão se acercou das ciências tendo como pano de fundo questões existenciais, como se está a fazer ver aqui. Nesse sentido, a porosidade entre fisiologia – "vida" no sentido biológico – e as questões existenciais é propriamente um legado nietzschiano.

(GT/NT "Prefácio" § 1). Mas, acerca de suas visões retrospectivas, estamos a propor que efetivamente se busque em seus primórdios filosóficos o "espírito com estranhas, ainda inominadas, necessidades, uma memória regurgitante de perguntas, experiências e coisas ocultas" (GT/NT "Prefácio" § 3). É em vista dessa proposta que o presente capítulo se inicia com "o mal", socrático, denunciado em sua primeira obra e identificado ao traço negativo e crítico de *O nascimento da tragédia*, ou seja, à lassidão que, pensando com Nietzsche, teria se inoculado já em tempos muito remotos, no seio da tragédia grega, daí passando a toda a cultura grega e a toda a cultura ocidental. E é com o próprio Nietzsche, já ao longo de seu percurso, que filosoficamente se vai contrapor esse mal, traço negativo, ao que filosoficamente se produziu: Nietzsche *versus* Sócrates. Doravante se verá de que modo o autor do *Zaratustra não* reincidirá na lassidão de apartar-se da vida para pretensamente assisti-la ancorada em anteparos metafísicos.

III.IV. Nietzsche e o ofício antimetafísico

Ora, mas de que modo Nietzsche poderia ser um *décadent*, como fizemos ver na seção anterior, e ao mesmo tempo seu contrário? O que estaria a querer dizer com "sempre escolhe os remédios certos contra os estados ruins"? Como, durante todo o seu percurso, ele teria sido e se mantido, em sua filosofia, um *décadent* tipicamente são? Como teria, de bom grado, filosoficamente se subsumido ao grande ciclo que inclui a *décadence* e a morte? Como teria sido, de sua parte, não deixar que inconscientemente se elida a percepção de estar em um organismo em desagregação? E não afetar uma nova espécie de ágon, que não existe porque a vida ali não está? O que seria, ademais, integrar a vida ao próprio filosofar, com o que ela contém de desagregação e morte? E o que também seria, enfim, ter assim procedido desde o início, de certo modo inconscientemente, com a percepção subsequente de estar nesse movimento, de adesão irrestrita à vida?

Se esses questionamentos na verdade já foram parcialmente respondidos nos capítulos I e II, com a integração de inconsciente e vida pulsional na filosofia pela via do estilo e segundo uma compreensão da dinâmica pulsional, adotando-se, assim, ali uma via mais "técnica", no tocante ao *conteúdo* da filosofia de Nietzsche, ao menos em seus grandes traços – aos traços de fôlego, a unir o início ao final de seu filosofar –, ainda não esboçamos tentativa de resposta. E aqui podemos principiar a responder dizendo que, nesse sentido, a integração da vida ao filosofar significa não aderir à metafísica, não se envolver em suas malhas, nem mesmo ao se inserir em uma tradição metafísica, sempre enredada em dispositivos inconscientes, como se está a ver. Quanto a essa tradição, a presença kantiano-schopenhaueriana vai além da dualidade apolíneo-dionisíaco. No período de *O nascimento da tragédia*, ela se expressa na postulação do "verdadeiramente existente [*Wahrhaft-Seiende*] e uno-primordial" (GT/NT "Prefácio" § 4). É uma assunção evidentemente metafísica a que se tem ali, pela qual, como desde Platão tantas vezes na história da filosofia, uma miríade de impressões sensíveis leva à postulação de algo que, eterno e inabalável, existe em si mesmo e por si mesmo. Porém, do uno-primordial tal como concebido por Nietzsche, embora para todos os efeitos seja primordial, original – o que é indicado pelo prefixo *Ur*– e também eterno, dele não se poderia dizer ser inabalável, nem propriamente "em si", nem "por si". Em relação a ele, em sua condição de princípio metafísico, as impressões sensíveis, nessa direção e em sentido contrário, já não são expressas como fracas, fugidias e de pouco valor, e sim, pelo contrário, por sua força e caráter irresistível: "quanto mais percebo na natureza aqueles onipotentes impulsos artísticos, e neles um poderoso anelo pela aparência, pela redenção através da aparência, tanto mais me sinto impelido à suposição metafísica do verdadeiramente existente e uno-primordial" (GT/NT § 4; *tradução modificada*). Em analogia com a vontade de Schopenhauer e com o inconsciente teleológico de Hartmann, o uno-primordial, eterno padecente, é um princípio metafísico, mas não um princípio frio e indiferente a que os filósofos recorriam como abrigo às inconstâncias e efemeridades do mundo. Tampouco é "uno" no sentido de ser um princípio monofásico. Na verdade, sendo em parte ser (cuja contraface é sofrimento e dor), em parte vontade (cuja contraface é o anseio pela aparência que trará libertação e prazer) (cf. 7 [165], final de 1870 - abril de 1871), o uno-primordial caracteriza-se pela contradição, em cujo âmbito assim travam embate a dor suprema e o prazer supremo. Essa contradição caracteriza um sofrimento na origem - e, no entanto, o prazer supremo está bem ao alcance, sendo de pronto especificado e referido em seu potencial redentor: "o *mergulho no fenômeno* é o prazer supremo: onde a vontade se torna, inteiramente, face exterior" (7 [157], final de 1870 - abril de 1871; *itálico nosso*). Assim, por mais que o uno-primordial faça as vezes do "velho e bom" plano das essências metafísicas, em vez de esse plano conferir sentido e realidade ao plano dos fenômenos, ao que tudo indica se tem o contrário: como que aprisionado, o uno-primordial procura justamente se libertar, projetando-se para o outro plano, o plano da aparência, intentando assim passar à esfera dos fenômenos - no que se inverte o percurso metafísico, a nosso ver fazendo-o colapsar. O uno-primordial, que é contradição e dor, admite ser "rompido" por um reflexo exterior, ao modo de um ricocheteio, e até mesmo anseia por esse movimento: "nossa dor é uma dor representada, [...] nossa dor e nossa contradição são a dor e contradição originárias 'rompidas' pela representação" (7 [169], final de 1870 - abril de 1871).[6] Mas para que a dor possa ser assim "rompida" pela representação e liberta pela aparência, é justamente a *forma mais geral da aparência* - pois se é uma metafísica, é "metafísica" do gradual e da aparência - que vem exercer sobre ela um poder de atração. Desse modo, não obstante a dor originária ser um traço determinante do princípio metafísico, seu caráter de princípio, de princípio metafísico no âmbito de um idealismo objetivo, dá-se de um modo deveras diferente, nem estático nem autossuficiente, a *projetar-se para fora* dessa contradição originária (o "para fora" sendo "para as formas fenomênicas"), vindo, com isso, a se instalar no próprio vir-a-ser por uma vontade que o liberta. Se pela noção de representação transposta ao plano ontológico, Nietzsche, quanto à forma de seu uno-primordial, aproxima-se, sim, muito mais de

6 Sobre o uno-primordial concebido nos termos de uma teoria transcendental na qual a individuação faz-se produto de atividade cognitiva (e também estética) inconsciente, com a subsequente noção de representação transposta do plano epistemológico para o ontológico, cf. MATTIOLI, 2016, p. 170.

Eduard von Hartmann,[7] quanto a um certo conteúdo, em alguma medida, ele está ainda sob o espectro de Schopenhauer ao conceber um princípio metafísico que tortura ao mesmo tempo em que fundamenta. Um espectro, mas sob sinais trocados: se em Schopenhauer o alívio em relação a ele é provisório, ao princípio da vontade cabendo sempre a última palavra, em Nietzsche isso não acontece, pois o princípio metafísico se faz refletido e quebrado pelo plano que, por mais que fenomênico e justamente porque ilusório, far-se-á redentor do homem. A vontade, em vez de impávido princípio metafísico como em Schopenhauer, parece ter o poder de, com êxito, assolar o princípio metafísico, que é o uno-primordial *(Ureine)*.

Chega-se assim a um arrazoado como "nossa realidade é a do uno-primordial, padecente: por outro lado, [tem-se] a realidade como representação desse uno-primordial" (7 [174], final de 1870 – abril de 1871). À primeira vista, apresentam-se aí os elementos para uma descrição metafísica da realidade, já que por um lado se perfila um princípio metafísico e, por outro, a noção de representação. Mas o fato de a noção de representação tal como ali esposada não se manter no plano epistemológico por si só já sinaliza que o seu uno-primordial não seria um princípio metafísico aos moldes dos da tradição. Justamente, uma "adesão" metafísica por Nietzsche se fazia problematizada ou mesmo comprometida também no momento em que o filósofo pensa o que poderíamos chamar de "desdobramentos" desse princípio metafísico, assim como a própria noção de representação e também a de intuição. Uma e outra, tal como concebidas pelo jovem Nietzsche, tanto lhe serão antídotos contra uma eventual incorrência metafísica[8]

7 *Ibidem.*

8 São os eixos antiadesão metafísica a que nos referíamos no final do capítulo II, anunciando o presente capítulo, que de diferentes maneiras se irradiam dos primórdios de seu filosofar para o seu inteiro percurso filosófico: (1) a tríade uno-primordial, intuição e representação a solapar a própria metafísica de artista em sua condição de metafísica; de tal concepção de intuição e representação o próprio Nietzsche se valerá em *O nascimento da tragédia* para encontrar (2) Dioniso, e o modo como ali o concebe e como o retomará se constitui no segundo eixo antiadesão metafísica; (3) em função das retomadas, revisitas e balanços provisórios por Nietzsche de sua própria filosofia, tanto Dioniso é retomado em outras bases como se tem uma apropriação de seu projeto e de seu percurso filosófico – numa espécie de conscientização de seu próprio filosofar,

quanto serão células a lhe franquear uma comutação inconsciente-consciente – movimento este que está nos antípodas de uma adesão metafísica.

Comecemos então com a noção de representação. Com relação a ela, quando o uno-primordial converte dor em prazer, aí já se tem a atuar a vontade (cf. 7 [165], final de 1870 – abril de 1871) imanente aos fenômenos, a ponto de ser sua forma mais geral (7 [165], final de 1870 – abril de 1871). Ocorre que, "tão logo a vontade deva se fazer fenômeno" (5 [80], setembro de 1870 – janeiro de 1871), o filósofo assinala aí um acionamento, e dela é feita o acionamento de um "mecanismo de representação" (cf. 5 [80], setembro de 1870 – janeiro de 1871 e 10 [1], início de 1871) pelo qual se dá a ligação entre a referida vontade – braço fenomênico do uno-primordial – e as representações: as representações são espelhamentos, da parte do uno-primordial, dos fenômenos inerentes à vontade (cf. 7 [157], final de 1870 – abril de 1871). Ao espelhar a vontade, o "mecanismo de representação" *não é* acionado pela própria representação, embora assim possa parecer, e por isso mesmo a representação *não é* um poder e um agente no pleno sentido da palavra. Como poder, a representação é justamente o que há de mais fraco (cf. 5 [79], setembro de 1870 – janeiro de 1871); como agente, é apenas um "dispositivo de engano" (*Trug*) (5 [79], setembro de 1870 – janeiro de 1871). O poder e a efetividade de agente estarão mesmo com o "*mecanismo de* representação" diretamente acionado pela vontade, ou melhor, pela estimulação da vontade. A representação, assim, não é a intenção que a suscita, e tampouco deve ser confundida com a ação que a produz. De maneira um tanto vaga ou ambígua, de certo o que se tem no jovem Nietzsche é o estatuto da representação tornado modesto, a representação estando mais para um motivo aparente, como em "instinto a nos urgir para a ação, a representação então aparecendo como motivo na consciência" (cf. 5 [77], setembro de 1870 – janeiro de 1871). Isso significa que a representação se trata de um ensejo que, não obstante, não é de livre iniciativa e de livre direito, e que ela não toca na essência da ação (cf. 5 [77], setembro de 1870 – janeiro de 1871). Assim, se o instinto nos urge à representação, se a vontade é efetivamente o poder a atuar sobre ela e a produzir seus efeitos, no que então

---

isso em vez de produzir uma filosofia insciente de si, relegada a princípios e construtos metafísicos –, no que propusemos ser o terceiro eixo antiadesão metafísica.

atuaria a representação, se ela não é motivo de fato? Ora, a representação é um mero contínuo diferenciar (cf. 9 [105], 1871) e simbolizar (cf. 5 [80], setembro de 1870 – janeiro de 1871), e propriamente um meio de ilusão (cf. 7 [117], final de 1870 – abril de 1871) a produzir prazer e mitigar a dor (cf. 7 [169], final de 1870 – abril de 1871 e 7 [201], final de 1870 – abril de 1871).

Também de outra maneira a ideia de representação no jovem Nietzsche vem pôr em xeque a própria metafísica em que se insere. Em vez de produção de imagens ao modo de correspondentes mentais de um real, a representação vem a ser, na verdade, um compromisso com a vontade que a produz, um instrumento não para especularmente refletir um pretenso real, mas um dispositivo pelo qual a vontade se torna una com a aparência (cf. 9 [105], 1871). Não se atendo ao plano epistemológico, a representação segundo o jovem Nietzsche não busca a fixação mental de um conteúdo que estaria assim a duplicar sua contraparte real. A representação para ele não se ancora nessa pretensa contraparte, e isso quer dizer que o filósofo não adere ao que acima referimos serem esforços apaziguadores que viriam a pacificar, pela via da correspondência, o que mais não seria do que uma sensação fugidia. Sem tal compromisso de ancoragem, mas sim, já em um plano ontológico, mediante o anseio de tornar-se una com a aparência, o que se tem é uma demanda por individuação, e, não obstante, desse processo a representação não é senhora ou soberana, mas a ele é conduzida. Ela não vai estabelecer suas condições, e sim *terá de se valer* do que comumente se tem pelo que há de mais palpável e real, mesmo acessível à consciência. Isso quer dizer que "receberá prontos" espaço, tempo e causalidade, imersa em meio a eles. O filósofo diz "eu hesito em rastrear espaço, tempo e causalidade à lamentável consciência humana: eles são próprios da vontade. Eles são a condição para toda a simbologia da aparência" (5 [81], setembro de 1870 – janeiro de 1871). Por "simbologia" e "aparência" entenda-se o que resta para o âmbito da representação, que provê a aparência demandada pelo uno-primordial tão logo a vontade devém fenômeno (cf. 5 [80], setembro de 1870 – janeiro de 1871). Se no jovem Nietzsche espaço, tempo e causalidade – as três modalidades do princípio de razão suficiente, que em Schopenhauer é o princípio de toda representação - serão não da alçada das representações, mas *condições* anteriores às representações, isso significa que ele estaria a remeter a produção efetiva das representações ao que mais tarde virá a reconhecer como "herança atávica" da qual as representações são resultantes, sem que, então, tenham acesso a seus próprios dispositivos.[9]

No tocante à tal remissão das representações a uma herança atávica, há de se convir que Nietzsche não terá sido o primeiro. Por certo há nele um avanço em relação ao conservadorismo de Schopenhauer, que dignifica a representação reconhecendo espaço, tempo e causalidade em seu âmbito - isto é, no âmbito da consciência humana –, ao passo que "do outro lado" haveria a vontade, cega, cujo âmbito não comportava qualquer cognição ou representação. Não obstante Schopenhauer, cuja contribuição à pesquisa do inconsciente definitivamente *não* se dá pelo *não* coincidir entre representação e consciência, a possibilidade de representações inconscientes já fora admitida por Kant. Ao contrário de autores que o antecederam - como Leibniz, com suas *petites perceptions* ou *perceptions sans apperception* –, Kant entende as representações inconscientes por um viés positivo, isto é, tais representações seriam parte realmente atuante da atividade intelectiva.[10] Isso porque a representação trazia em si a própria síntese do diverso que se apresenta, ou seja, continha já o ato de conectar entre si as diversas representações. A representação já é essa síntese, já é uma ligação de um diverso dado, seja sob a forma empírica, dos juízos *a posteriori*, seja sob a forma pura, dos juízos *a priori*. Diferentemente do que antes prevalecia, da representação concebida como atomizada - como no caso de Locke, que entendia o conceito abstraído de uma experiência particular –,[11] o que se tem no filósofo de Königsberg é a representação a conter em si a multiplicidade e a reproduzi-la. E sim, esse ato de conter e reproduzir a síntese e a multiplicidade nela pressuposta não é ele próprio

9 Cf. LOPES, R. *Elementos de retórica em Nietzsche*. São Paulo: Edições Loyola, 2006, p. 188.

10 Cf. BRITO, A. "O conceito de representação inconsciente em Kant e Wolff". *Ideias*, 8 (2): 155, jul.-dez. 2017 (Campinas).

11 A esse respeito, isto é, da inviabilização da concepção de atividades inconscientes quando a representação é entendida de modo atomista, cf. MATTIOLI, 2017, p. 76.

representado, ou seja, ele não entra na consciência. Contudo, sem pactuar com a ideia de representações inconscientes em todos os casos, Kant na verdade concebe dois tipos de representação – as de que temos consciência e as de que não temos consciência.[12] Isso significa que, se as representações conscientes ou plenamente conscientes lhe são inviabilizadas à luz do que apontamos acerca da síntese intrínseca ao ato de representar, Kant admite a representação também como percepção direta, que é a representação consciente de pleno direito: "O gênero é a *representação* em geral. Sob ele está a representação com consciência (*perceptio*)".[13]

Tendo em vista o embate entre inconsciente e consciente, o exame dessas peculiaridades acerca de uma dualidade de representações em Kant não deve nos fazer perder de vista a *Crítica da razão pura* em seu contexto e em sua intenção mais geral. Uma filosofia que se arroga a, pelo próprio uso da razão, pôr a razão no banco dos réus, é uma filosofia da autoconsciência. Em relação ao "outro" da razão – que, no caso, é a natureza –, Kant efetivamente parte da razão para, apreendendo sua constituição, compreender o modo como a natureza aparece a nós; o movimento contrário, que de certa forma será também o de Nietzsche, virá a ser encetado apenas com Schelling. Passo atrás em relação ao criticismo kantiano, a metafísica de Schopenhauer, por sua vez, eleva de todo a representação ao patamar consciente ao reconhecer espaço, tempo e causalidade em seu próprio âmbito, enquanto "do outro lado" haveria o princípio inconsciente a que ele chama "vontade", cujo âmbito não comportaria qualquer cognição ou representação. Só mesmo em Nietzsche, por fim, ao que ele parte de uma questão existencial – e não de questão da alçada da epistemologia, como em Kant –, à medida que alinha espaço, tempo e causalidade à vontade, antecedendo-os à representação, o ato de representar é entendido como que sobre trilhos que lhe são alheios, razão pela qual a representação *não* se equaciona a uma ação una e consciente, nem mesmo a uma

12 Sobre a distinção desses dois tipos de reflexão nas *Reflexões sobre antropologia* de Kant, cf. ROHDEN, V. "Representações não-conscientes em Kant". *Anais do I Congresso Nacional de Filosofia da Unicentro*. Paraná, set. 2009, p. 32.

13 KANT, I. *Crítica da razão pura*. Trad. Valerio Rohden e Udo B. Moosburger. São Paulo: Abril Cultural, 1999, p. 244 (Os pensadores).

intenção consciente. Sua noção de representação seria o próprio trânsito entre inconsciente e consciente, e isso mesmo já para o jovem Nietzsche, portanto. Assim, pelo que se viu, o filósofo estaria a propriamente implodir o ato de representar (1) ao subsumi-lo, no âmbito do uno-primordial, a um desejo de ilusão, fazendo da representação instrumento de um anseio por arrebatamento (cf. 7 [117], final de 1870 - abril de 1871); (2) ao dividir tal ato entre mecanismo de representação e a representação propriamente dita;[14] (3) ao vincular a representação ao dispositivo vontade/instinto que a aciona, em detrimento de um pretenso objeto representado.

Mas atente-se à ideia do que em Nietzsche seria o "ambiente" da tríade espaço-tempo-causalidade: de modo algum ele estaria a inseri-los em um ambiente de cegueira cognitiva, como seria o caso, notadamente, da vontade de Schopenhauer. Se assim fosse, o mérito da implosão da moderna noção de representação seria mérito isolado e posto a perder, visto que ao mesmo tempo se cavaria um abismo possivelmente intransponível entre a inconsciência da vontade - como agente forte a posicionar espaço, tempo e causalidade - e a consciência como decorrência frágil, instrumento da primeira. Outro mérito que aí poderia haver, de subverter a primazia dada à consciência na filosofia moderna, igualmente seria posto a perder por se incorrer no erro de apartar o que é da ordem da racionalidade e da consciência, por um lado, e o que é da ordem da vontade, das paixões, *do que move* consciência e racionalidade, de outro. Ao se manter essa posição, ficaria inviabilizado - a não ser que houvesse uma ruptura - o feito posterior do filósofo de propor uma consciência imanente à instintualidade, isto é, aos impulsos. Ocorre que, como já se ressaltou na pesquisa sobre Nietzsche, quanto à concepção de origem da linguagem no período da

---

14 Nesse ponto, especificamente, nos distanciamos de Claudia Crawford, que em seu *The Beginnings of Nietzsche's Theory of Language* tem que Nietzsche faz uso do termo "representação" de duas maneiras em suas anotações sobre *Anschauung* (intuição): como "representação (mecanismo)" e como "projeção consciente de imagens da inteligência humana", em sentido similar ao de Schopenhauer. Ora, a esse respeito entendemos serem os dois usos de "representação" na verdade dois momentos de um único processo: o mecanismo de representação, que Nietzsche remete à vontade, e a sucessão de imagens que chega à consciência humana em virtude do mecanismo de projeção ativado no âmbito da vontade, e esse "mecanismo" é extraconsciência. Cf. CRAWFORD, *op. cit.*, p. 161.

Basileia, a ascendência exercida sobre Nietzsche não é a de Schopenhauer, e sim a da *Filosofia do inconsciente*, de Eduard von Hartmann.[15] A esse respeito, quanto a um segmento que se estenderia de Kant a Hartmann e deste a Nietzsche, no tocante à ação de uma esfera inconsciente sobre a consciente deve-se ressaltar a filiação no âmbito da qual Hartmann teria procurado converter o núcleo do argumento transcendental kantiano em um inconsciente linguístico.[16] Mais precisamente, as condições de possibilidade dadas pelas categorias constitutivas do pensamento seriam pensadas como um inconsciente linguisticamente estruturado, ele próprio já prenhe de uma ação cognitiva a se espraiar pela articulação sintática de uma linguagem, que assim seria de base e constituição inconsciente.

Justamente por isso, o jovem Nietzsche afirma que "os mais profundos conhecimentos filosóficos já se encontram preparados na linguagem".[17] Justamente por isso, o que ele de início toma como vontade tem da vontade de Schopenhauer tão somente o caráter inconsciente e de sobreposição às vontades individuais, mas não o da ausência representacional e cognitiva. A "sua" vontade de modo algum é cega: ela representa, interpreta, e por isso até mesmo conhece. E justamente por isso o dispositivo vontade/instinto do jovem Nietzsche acabará por dar vazão, por uma via cosmológica, à ideia de um sentimento de potência e de vontade de potência; por uma via fisiopsicológica, à sua teoria dos impulsos, a abranger comunicação intrapulsional, que é assim uma protolinguagem herdeira da linguagem inconsciente de Hartmann – daí a racionalidade funcional entre impulsos, daí ação consciente entre eles.[18]

Ao entender a representação como advinda de uma esfera que desaguará na inesgotável pluralidade pulsional, Nietzsche se põe nos antípodas

15 A esse respeito, cf. *ibidem*, p. 17-20.

16 Tal filiação foi analisada por CAVALCANTI, *op. cit.*, p. 49 e MATTIOLI, 2017, p. 79.

17 NIETZSCHE, F. "Vom Ursprung der Sprache". *Nietzsche Werke*. Org. Fritz Bornmann. Berlim/Nova Iorque: Walter de Gruyter, 1993, p. 185 (Kritische Gesamtausgabe II, II).

18 Mais adiante, na seção III.IX, "Resiliência do projeto nietzschiano em sua relação com as ciências", proporemos que suas concepções de juventude, justamente por ou até por não revelarem um compromisso metafísico *tout court*, não precisarão ser "sacudidas" pelas leituras científicas de Nietzsche, mas sim, pelo contrário, pautarão a sua recepção de suas leituras e a interpretação que fazia delas.

da concepção atomizada da representação, representação que desse modo pôde ser isolada das demais, ao modo de Locke ou Descartes. Quando assim entendida, representação e consciência se identificam, pois o que na representação pode haver de atividade reflexiva só pode ser oriundo da própria representação, que assim será condição dela própria, proveniência de si mesma – por essa crença de fundo, torna-se infactível um pensamento que não tenha plena e imediata consciência de si mesmo, e o *cogito* é aqui o exemplo mais emblemático. Ao que se pressupunha na filosofia moderna, para além do entendimento há corpo e há paixões devidamente apartadas da possibilidade de reflexividade e da ação consciente. Pois em Nietzsche se terá bem o contrário, e o terreno para tal foi preparado já desde o início. Para que mais tarde uma comutação possível entre inconsciente e consciente possa ser devidamente concebida e compreendida, teria de haver a consciência de que a *produção* de representações *não são* as próprias representações, que assim não seriam de todo conscientes de si próprias. E seria o caso de compreender como as condições das representações fazem-se implicadas nas representações delas advindas para que se tenha o que chamamos de "comutação" inconsciente-consciente – como a da conversão de necessidade em capacidade de linguagem articulada e consciência (cf. FW/GC § 354).

Se as representações que se dão a nós podem ser reconhecidas e remetidas às protorrepresentações que as produzem, por mais que sua linhagem tenha por muito tempo se obliterado, há aí um atavismo. E o atavismo das representações será por Nietzsche desvelado nas noções conjugadas de impulsos/afetos/instintos, o interesse pelas quais vem permear todo o seu percurso filosófico. Uma vez que há verticalmente uma porosidade entre as representações e o dispositivo que as produz, porosidade também tem de haver entre as representações concomitantes, que lhes são horizontais, ou então se incidirá no atomismo das representações isoladas, assim plenamente conscientes de si mesmas. Em contraposição a isso, na esfera pulsional as representações são produzidas pelos processos radicalmente plurais, por definição, que são os impulsos. Por definição, os impulsos são também sua interação, e ao interagir eles projetam imagens uns dos outros. É desse modo que o atavismo das representações se revela dos impulsos e nos impulsos, nos quais reside grande parte da reflexividade das representações, deles provindo assim os ditames que serão preenchidos por imagens. Com isso, a comutação inconsciente-consciente não apenas é compreendida, mas tem-se aí a referida porosidade passível de ser acionada. Com relação a essa porosidade, Nietzsche procura convertê-la em um trânsito: por meio de seus dispositivos retóricos, cria e desfaz representações, assim fazendo-se fiel ao atavismo que as produz, o qual implica a comutação da chave inconsciente-consciente – a consciência, assim, não lhe é um estado, mas uma aquisição, reiteradas vezes desfeita e refeita.

A quem aqui nos objetar e contextualizar, lembrando-nos que em seu chamado "primeiro período" Nietzsche não se propunha a franquear uma passagem factível entre consciente e inconsciente, tampouco idealizava uma consciência sem vínculo transcendente, haveremos de aceder. Mas lembraremos nosso propósito aqui, que é o de fazer ver o quanto o Nietzsche de *O nascimento da tragédia* antecipa seus movimentos futuros, sobretudo no tocante a inviabilizar condicionamentos metafísicos e a fazer sua filosofia deixar de invocar um transcendente em favor de um imanente. Lembraremos também a resiliência do mote de *O nascimento da tragédia* acerca de como a existência poderia ser suportada e mesmo justificada, associada mesmo ao equacionamento entre pulsionalidade, vida e o embate inconsciente-consciente. A implicação versa sobre o fato de que os gregos não seriam o modelo de cultura em que a existência é suportada e justificada, não fosse neles a sabedoria inconsciente do ágon um aspecto fundamental e estruturante da vida, arraigado em seu *ethos*, a permear as mais diversas expressões de sua existência. E se assim é, esse mesmo ágon não se encontrava apenas tópica e superficialmente nos jogos e competições de atletismo, nos debates na democracia ateniense, nas lutas e combates, no embate do herói trágico com seu destino. Essas manifestações eram a expressão pública, compartilhada e visível de um ágon atuante em um outro âmbito, fisiológico, pulsante na esfera das singularidades, que a cultura, enquanto vigorosa e trágica, não fez embotar: os impulsos e suas dimensões interagiam em perfeita urdidura agônica – perfeita justamente em razão dos embates incessantes entre as demandas inconscientes e conscientes de cada impulso.[19] Assim se deu até que, por receio ante a eminente desagregação de um organismo desse modo constituído, as demandas conscientes achassem por bem assumir a primazia que uma fisiologia saudável, prolongamento da natureza, não comporta. Para o bem e para o mal, a duplicação de um saber em função de um "saber o que se faz e o que se pensa" - na dialética socrática, como no engendramento da consciência no ser humano - é acionada em uma tentativa de ordenar instintos em desagregação, no caso de Sócrates, ou de salvar a própria vida e a da espécie (cf. FW/GC § 354). Por essa via, como se vê, ao se falar do embate entre inconsciente e consciente, em como ele foi preparado com a concepção de representação pelo jovem Nietzsche, estamos a falar em justificação da existência e na própria noção de vida. Não por acaso, será pela via fisiopsicológica, que não é outra que não a dos impulsos da comutação consciente-inconsciente, que ao final de seu percurso Nietzsche encontrará o "fato fundamental do instinto helênico - sua 'vontade de vida'" (GD/CI "O que devo aos antigos" § 4): o mesmo ágon atuante entre os gregos, ele o descobre pela via teórica, na compreensão da fisiologia dos impulsos, expressando-o em sua filosofia, que se valia da tarefa inconsciente da arte. Porém, em um primeiro momento, a questão prolífica da compreensão e expressão do ágon dava-se de outra maneira. Passava pela compreensão de como se intermediaria a relação entre os termos que, afinal, herdara de Schopenhauer, por mais que já transpostos para a própria acepção nietzschiana: vontade e representação.

III.V. Intuição (*Anschauung*) e fazer artístico contra a adesão metafísica

Além do próprio uno-primordial, de seu desdobramento, que é a representação, haveria um terceiro elemento que de antemão sinaliza uma não adesão metafísica da parte de Nietzsche, a franquear desde cedo o que entendemos lhe ser o oposto, o antimetafísico, que é a porosidade e comutação inconsciente-consciente. Esse elemento vem a ser justamente a

19 Cf. a seção II.XII, "O agonal e o estatuto da consciência em Nietzsche".

instância engendrada entre vontade, e pela própria vontade, e a representação, qual seja, o fenômeno estético (ou estético-ontológico) da intuição (*Anschauung*) (cf. 7 [116], final de 1870 - abril de 1871). Pois remonte-se ainda uma vez ao uno-primordial. Se a sua dimensão do ser (a outra é a da vontade) identifica-se a uma autossensação (*Selbstempfindung*), o prazer por ele buscado só é possível no fenômeno, do qual a vontade é a forma mais geral, e também no processo suscitado pela vontade, processo este que vem a ser a intuição (*Anschauung*) (cf. 7 [172], final de 1870 - abril de 1871). Em outras palavras, o que era *autossensação* (*Selbstempfindung*), ao ansiar pelo aparente e pelo fenômeno, faz-se sensação (*Empfindung*). Nietzsche observa que *empfinden*, ao contrário de *fühlen* (que igualmente significa "sentir") é um sentir "sem objeto" (cf. 7 [172], final de 1870 - abril de 1871). O que ocorre é que a partir do sentir "sem objeto", a sensação ela própria se faz "substancial" a ponto de engendrar "o aparente, o corpo, a matéria. [...] A sensação não é resultado da célula, e sim a célula é resultado da sensação" (7 [168], final de 1870 – abril de 1871). Assim, se "o aparente, o corpo, a matéria" (7 [168], final de 1870 – abril de 1871) necessita de um objeto do qual será "o aparente", no mesmo sentido a intuição (*Anschauung*) enraíza-se na sensação, e, uma vez que o sentir/*empfinden* assim se converte em sentir "com objeto"/*fühlen*, a intuição será objeto da sensação (cf. 7 [168], final de 1870 - abril de 1871), que a converterá em objeto por meio de uma projeção.

É desse modo que o jovem Nietzsche nos dá a entender que a intuição opera por *projeção* (cf. 7 [165], [201], final de 1870 - abril de 1871), diferentemente de Kant e Schopenhauer, para quem a intuição se baseia não em projeções, mas em *percepções*.[20] Essa projeção é referida como um "produto estético" (2 [31], inverno de 1870 - abril de 1871, 7 [116], final de 1870 – abril de 1871), como provida de um caráter artístico (cf. 7 [126], [159], final de 1870 - abril de 1871), e ademais tem devidamente ressaltado o seu parentesco com a arte da poesia (7 [177], final de 1870 - abril de 1871 e 8 [1], inverno de 1870-71 - outono de 1872). Em dado momento, aliás, Nietzsche equipara "conceito e intuição" com "filosofia e arte" (7

20 A esse respeito, cf. CRAWFORD, *op. cit.*, p. 158-159.

[126], final de 1870 - abril de 1871), até para deixar claro a quais dessas instâncias ele se alinha: do lado do conceito e da filosofia - e entenda-se aqui a filosofia pós-socrática - haveria a necessidade de uma generalidade supostamente desinteressada, como que de uma suposta neutralidade, de uma desencarnada abstração; do lado da intuição e da arte, a necessidade de fazer com que as questões, tornadas antes estéticas do que filosóficas, sejam deparadas antes de sua submissão ao escrutínio racionalizante e abstrativo da consciência. Ao assim fazer, Nietzsche se resguarda de se inserir no modo de evasão e lassidão que ele reconhecerá em seu tempo e que justamente o conduzirá a investigar, em sua obra de estreia, o que teria levado os gregos a, sem esquivas nem evasão, não apenas suportar, mas também justificar uma existência calcada em dor e sofrimento. Ao se alinhar à intuição em detrimento do conceito, o filósofo faz com que sua questão se lhe apresente de maneira mais concreta e mais viva (cf. PTG/ FTG § 16), e isso significa, desde antes de sua confirmação consciente, em conceitos, tomando-a desde seu engendramento na esfera inconsciente. Pôde fazê-lo justamente ao aderir à intuição, ao adotar em filosofia os traços do fazer artístico, empregando destes até a resolução, tal como ela aparece no registro consciente. Ao se alinhar ao fazer artístico, Nietzsche não finge se apartar de seu meio mediante um suposto grau mais elevado de racionalidade, à maneira de Sócrates, mas o faz deliberadamente descendo à interioridade, que na verdade se identifica à expressividade das interações pulsionais. Ele assim procede uma vez que a arte, quando não *décadent*, tem o dom de conservar em nós os processos pulsionais em condição intacta, como em uma dinâmica da natureza.[21] Afinal de contas, traço estruturante e definidor da natureza e da vida é o embate agônico, e pelo fazer artístico se mantém em nós o ágon dos aspectos inconsciente--consciente das dimensões pulsionais.

Por aprazer-se no embate agônico, Nietzsche formula sua metafísica sem o que vimos ser uma constante da metafísica e dos ideais modernos,

21 Sobre a concepção da atividade fisiológica que, sendo estética e criadora, é intrinsicamente artística, ver nosso capítulo I, nas seções de I.IV até I.VII, que abarcam a tarefa inconsciente da arte e, como propomos, os três traços estruturantes do fazer artístico.

que são as "ideias apaziguadoras": seu princípio metafísico é ele próprio sensação, anseio e movimento para o que é aparência, fenomênico e sensível. E por aprazer-se nesse âmbito, em sua metafísica de artista ele descarta as tais ideias apaziguadoras, tão ao gosto das naturezas fracas. Desse modo, além de o próprio uno-primordial se constituir em uma evasão da esfera metafísica, a representação, esta entidade crucial e onipresente da metafísica moderna, em Nietzsche não é um compromisso firmado na esfera consciente, e portanto racional. Tampouco é atrelada a um objeto que ela estaria a representar, objeto que, ao modo das instituições modernas, apaziguaria o movimento mesmo que impele a representar. E precisamente quanto a isso, é preciso compreender a dimensão e o alcance dessas negações acerca do que a representação para ele *já não é* e *já não faz*: a representação já não se dá em um âmbito de fixidez, no qual o vir-a-ser, subtraído, converte-se em estático lugar de fotogramas dele retirados e também alçados, alguns deles, à condição do imperecível e do eterno. Não é essa a representação que o jovem Nietzsche tem em mente, e a recorrência à fixidez da consciência e de seus fotogramas equivale a evadir-se ao vir-a-ser e a imaginar-se fora de um tecido orgânico de urdidura agonística.

Tanto a representação quanto a intuição pensadas pelo jovem Nietzsche, em vez de se caracterizar por um dispositivo de percepção especular e certeira em relação ao mundo, caracterizam-se por um entremear-se a ele, impelido por prazer e embriaguez (primeiro traço do fazer artístico, segundo a classificação do capítulo I), pela transfiguração do mundo mediante a inserção do interesse e da marca de quem projeta a intuição (segundo traço do fazer artístico, de acordo com a mesma classificação), que desse modo também o simplifica e simboliza (terceiro traço do fazer artístico, *idem*). Assim sendo, se em nossa percepção do mundo este já é em si transfigurado, no âmbito desse mundo não existe a possibilidade de se contar com as instâncias apaziguadoras a que referíamos no início do capítulo. Por isso mesmo, Nietzsche, desde o início, teria feito uma opção por não negar a sua própria condição, por um não se evadir do vir-a-ser, por um ensaio de resgate do ágon, pelo reconhecimento e tentativa de admissão do inconsciente em uma obra que se revelou, afinal, estritamente filosófica. À parte suas frequentes referências a inconsciente-consciente no período de concepção do *Nascimento da tragédia*,[22] que darão lugar à busca de compreender como nossa "consciência intelecto" advém das interações pulsionais, à parte o exercício deliberado do estilo como protagonização pulsional e artística em filosofia, o modo como o filósofo então procurará trazer o agônico para a filosofia estará em um protagonizar desta tomando como parâmetro o modo como ela se fazia antes do estiolamento do agônico, antes de Sócrates.

III.VI. Dioniso intuído, Dioniso retomado

Já muito bem se reconheceu que "o *retorno* a um modo de pensar mais antigo ao mesmo tempo constitui, não obstante, um grande passo adiante na consideração da atividade estética".[23] Como se reconheceu que "pode ser esclarecedor se interessar pelos gregos da primeira helenidade e pelos 'profundos mistérios de sua intuição da arte'".[24] De modo mais amplo, e para além do que Nietzsche confidencia no início de sua obra de estreia,[25] nós acrescentaríamos que o interesse por um parâmetro filosófico pré-estiolamento agônico seria um passo adiante em um movimento de derrocada da metafísica vindo do interior de uma certa concepção desta – a concepção da metafísica de artista – e de uma reinserção de toda uma dimensão inconsciente em filosofia. Também quanto a esse aspecto, propomos que houve da parte de Nietzsche uma antecipação do espírito de suas próprias teorizações da década de 1880, uma protagonização inconsciente sob a forma de uma projeção do que ele pretende que seja o seu filosofar. Um filosofar que, ao modo de Tales, faria a filosofia "saltar, puxada pelos seus fins magicamente atraentes, por sobre as moitas da experiência"

---

22 Cf. nossa seção I.III, "Da filologia à filosofia".

23 Cf. DÉNAT, C. "Introduction: Un étrange étranger". *In:* NIETZSCHE, F. *La naissance de la tragédie.* Trad. fr. Céline Dénat. Paris: Flammarion, 2015, p. 19.

24 *Ibidem.*

25 "Teremos ganho muito a favor da ciência estética se chegarmos não apenas à inteleção lógica mas à certeza imediata da intuição [*Anschauung*] de que o contínuo desenvolvimento da arte está ligado à duplicidade do apolíneo e do dionisíaco" (GT/NT § 1; *tradução ligeiramente modificada*).

(PTG/FTG § III), deixando "o entendimento calculante, ofegante, mais atrás, buscando apoios melhores" (PTG/FTG § III). Assim como Tales, foi com tal passo adiante que também Nietzsche pôde proceder como "o artista plástico parado diante de uma queda d'água, observando nas formas a colapsar umas sobre as outras um jogo artístico de prefiguração da água com imagens humanas e animalescas, máscaras, plantas" (PTG/FTG § III). E em vez de procurar apreender "os conceitos como conceitos" (PTG/FTG § III), Nietzsche, como Tales, buscou "deixar ressoar em si a consonância do mundo, para então extraí-la de si mesmo na forma de conceitos" (PTG/FTG § III). E como o filósofo procederá nessa direção, ou melhor, como procedeu já à época em que atribuía a Tales o que ele próprio pretendia com a filosofia em seu tempo? Como inconscientemente protagonizou o que arrazoara sobre a filosofia da época trágica? Ora, ele assim procede ao de antemão temporariamente suspender a compreensão lógica (*logos*) e se valer da certeza imediata própria à intuição (*pathos*), pela qual "o contínuo desenvolvimento da arte está ligado à duplicidade de *apolíneo* e *dionisíaco*" (GT/NT § 1).

Sim, ao falar em "intuição" na obra de Nietzsche, até por se tratar da intuição de apolíneo e dionisíaco, é *O nascimento da tragédia* que nos ocorre de pronto. E uma vez que de várias maneiras, aqui arroladas, o filósofo semeia a possibilidade de não inviabilizar sua obra de estreia como um mero tratado de metafísica, a ser no futuro rechaçado, mas somente como obra ambígua, impregnada de influências desvirtuadoras, a questão do que poderíamos chamar de intuições imediatas e primordiais "apolíneo e dionisíaco" – este último, sobretudo – talvez seja o elemento mais emblemático de tal resiliência. Diferentemente dos outros eixos antimetafísicos, trata-se aqui do conteúdo, do conteúdo assim submetido à concepção, pelo jovem Nietzsche, dos eixos antimetafísicos da seção anterior, quais sejam, os de representação e intuição. E ainda na esteira da protagonização inconsciente do que imputava aos filósofos pré-socráticos, com apolíneo e dionisíaco Nietzsche procedeu como Heráclito, que com sua imaginação "medeia o cosmo em constante movimento", vendo pares inumeráveis engajados em alegres brincadeiras de luta" (PTG/FTG § VI). Foi assim como Heráclito que ele percebeu o próprio jogo do mundo como sendo estético (cf. PTG/FTG § VI), e para tanto lançou mão das tais duas intuições, cuja imediaticidade é proporcionada por um gesto artístico. Ao detectarmos esse movimento de protagonização, isto é, do que diz sobre Heráclito, ou Tales, do modo como concebera intuição e representação, efetivamente adentramos o que propusemos ser o terceiro eixo antimetafísico de *O nascimento da tragédia* para o seu inteiro percurso filosófico.

Sobre o dionisíaco e a questão de sua retomada pelo Nietzsche tardio, por óbvio que posições já foram propostas a respeito. Já se fez ver que entre um e outro Dioniso a leitura de Goethe lhe teria permitido tomar conhecimento mais amplo, o que resultou em uma depuração de sua interpretação do termo "arte", com isso se podendo passar de um dionisíaco metafisicamente concebido à empresa hermenêutica e de "auscultação da cultura".[26] Houve quem destacasse os dois Dionisos como diferentes, mas sem reconhecer seu abandono entre 1872 e 1886, e, nesse sentido, o Dioniso tardio seria um conceito com a envergadura filosófica que o primeiro ainda não podia ter, com capacidade e coragem para operar a transição do niilismo passivo para o ativo.[27] De modo menos pretensioso – e também menos efetivo –, houve pesquisas que, centrando-se na retomada do dionisíaco, analisaram "semelhanças e diferenças" do Dioniso *não metafísico* da maturidade em relação ao Dioniso *metafísico* da primeira obra.[28] E, em uma abordagem em que "os dois Dionisos" são uma questão mais pressuposta que tematizada, fez-se ver de que maneira dionisíaco é o mundo, como dionisíaca é a vida, como Dioniso é também juiz, e, nessa medida, Nietzsche, martelo auscultador, sendo vida e parte do mundo, se dirá "discípulo do filósofo Dioniso".[29] Já se assinalou o renascimento de Dioniso como arma de combate ao principal alvo que o filósofo pretende atingir

26 Cf. LEBRUN, G. "Quem era Dioniso?". Trad. Maria Heloísa Noronha Barros. *A filosofia e sua história*. São Paulo: Cosac Naify, 2006, p. 376-378.

27 Cf. DEL CARO, A. *Dionysian Aesthetics: The Role of Destruction in Creation as Reflected in the Life and Works of Friedrich Nietzsche*. Minnesota: Peter Lang GmbH, 1981.

28 JAGGARD, D. "Dionysus versus Dionysus". *In:* BISHOP, P. (Org.). *Nietzsche and Antiquity: His reaction and response to the Classical Tradition*. Nova Iorque: Camden House, 2004, p. 278-194.

29 Cf. MARTON, S. "Por uma filosofia dionisíaca". *Nietzsche, seus leitores, suas leituras*. São Paulo: Barcarolla, 2010, p. 146-147, 156.

em sua última filosofia, que é o cristianismo – daí a formulação "Dioniso contra o Crucificado" –, de modo que Dioniso teria se convertido em instrumento de valoração.[30]

Dioniso também foi trazido à baila em abordagens de viés cosmológico, por exemplo, interrogando-se sobre como conciliar a alegria dionisíaca do consolo metafísico, do dualismo da primeira obra, com o "sim dionisíaco" da fase final, no que então se intentou cosmologicamente traduzir a visão de mundo dionisíaca inscrita na noção grega de *zoé* (vida universal e eterna de nascimento e morte).[31] Em um trabalho de fôlego sobre Dioniso na relação entre corpo e vir-a-ser, houve ainda quem problematizasse em Dioniso o salto da questão do vivente à da sua afirmação incondicional, vendo aí menos uma afirmação e mais uma crítica, aos moldes da crítica kantiana, marcada pela história de amor e desapego entre o corpo e o fluxo do vir-a-ser.[32]

Se para tantas direções se irradia a presença do dionisíaco na obra de Nietzsche, houve, por fim, uma direção que nos é mais próxima. Mais precisamente, houve quem abordasse o dionisíaco ao modo de, efetivamente, uma metáfora do inconsciente que, repleta de nuances e estratos, viria a culminar uma série de esboços e reflexões que Nietzsche elaborara sobre o inconsciente nos anos precedentes – a partir de influências como Kant, Schopenhauer e, sobretudo, o inconsciente teleológico e a noção de representação de Hartmann –, ao mesmo tempo se fazendo matriz de hipóteses

---

30 Cf. LIMA, M. J. S. *As máscaras de Dioniso: Filosofia e tragédia em Nietzsche*. São Paulo/Ijuí: Discurso Editorial/Editora Unijuí, 2006, p. 174-193.

31 Saliente-se que o uso da *zoé*, que aqui mais adiante logo aparecerá em par com a *bíos* para pensar o dionisíaco não é de autoria do próprio Nietzsche, e sim do filólogo clássico Karl Kerényi, para quem Dioniso seria a imagem arquetípica da *zoé*. A esse respeito, cf. MENESES, U. T. B. "Carl Kerényi e Dioniso". *In:* KERÉNYI, C. *Dioniso, imagem arquetípica da vida indestrutível*. Trad. Ordep Trindade Serra. São Paulo: Odysseus, 2002, p. XIX. Acerca desse aspecto, cf. também MELO NETO, J. E. T. *Nietzsche: O eterno retorno do mesmo, a transvaloração dos valores e a noção do trágico*. São Paulo, Faculdade de Filosofia, Letras e Ciências Humanas, Universidade de São Paulo, 2013, 371 p. (Tese de Doutorado), p. 251-254.

32 Análoga à crítica kantiana, a crítica estaria precisamente em Dioniso a demandar delimitação a Apolo, a fim de ser incorporado e amado. Cf. STIEGLER, B. *Nietzsche et la critique de la chair*. Paris: Presses Universitaires de France, 2005, p. 15 e 49-88.

e teorizações futuras, mas isso, porém, por uma questão de recorte, sem abordar a retomada do dionisíaco por Nietzsche e as condições fisiopsicológicas para tal.[33] A esse respeito, por fim, houve ainda a posição que, igualmente tomando o dionisíaco como metáfora do inconsciente, debruçou-se também sobre o Dioniso adjetivado, o dionisíaco da maturidade, em seu aspecto de arrebatado dizer "sim" ao caráter integral da vida.[34] Em seu artigo, em um primeiro momento, Jutta Georg deslinda o sentido de Dioniso como uma dinâmica fluida e incessante de excedência, e de excedência de si (*Dinamik der Steigerung und Selbststeigerung*), de maneira análoga à que se tem no inconsciente.[35] Em seguida, caracteriza-o como arte, como embriaguez por um potencial energético orgânico-fisiológico, no que se assinala a congruência deste com vontade de potência, e seu dispêndio e celebração em danças e festas.[36] Em um terceiro e último momento, apresenta-se um Dioniso metatematizado pelos conceitos do trágico, do *amor fati* e como semântica a servir de lastro e critério à crítica à moral, à religião, à decadência e ao niilismo.[37] Mas se essa é a perspectiva e a contribuição que nos é mais próxima, diferentemente dela não visualizamos no conceito do dionisíaco em Nietzsche uma semântica propriamente mutável[38] por não o pensarmos em função deste ou daquele referente, e sim o concebemos tão somente em função da pulsionalidade que dele lança mão, que é a do próprio Nietzsche. Entre o Dioniso do jovem Nietzsche e o da maturidade haveria, sobretudo, uma diferença de estofo teórico, da vida entendida em sua fisiologia pulsional. Também por isso, em vez de desvelar paralelos entre Nietzsche e Freud, como no artigo em questão, nossa intenção é desvelar particularidades que estariam a estruturar fisiológica e pulsionalmente o inconsciente em Nietzsche.

---

33 Cf. MATTIOLI, 2016, p. 20-21.

34 Cf. GEORGE, J. "Ein tanzender Gott: Das Dionysische als Metapher des Unbewussten bei Nietzsche". *In:* GEORG, J.; ZITTEL, C. (Orgs.), *op. cit.*, p. 107-124.

35 *Ibidem*, p. 111.

36 *Ibidem*, p. 112-118.

37 *Ibidem*, p. 119-123.

38 *Ibidem*, p. 108.

Em se tratando do dionisíaco para o autor do *Zaratustra*, a contribuição de Jutta Georg, assim como as demais acima arroladas, aponta para uma esfera, mas sem explorá-la, sem propriamente perscrutar o que haveria de dionisíaco ali. De modo mais preciso, em um arco a abranger todo o percurso nietzschiano, ao se falar em arte, ou na "grande Arte",[39] ao se falar em cultura e em transvaloração dos valores no âmbito dessa cultura,[40] ou comutar a chave "metafísico – não metafísico" dos "dois Dionisos",[41] ao tratar da relação do corpo – da "carne" –[42] com o vir-a-ser, está-se a falar da esfera em que são tramados e estabelecidos os processos "que realmente importam", ou seja, os ditames das conformações culturais e manifestações artísticas. Entre o Dioniso de *O nascimento da tragédia* e o de sua reelaboração ao final de sua produção, a nosso ver trata-se menos de algo como um ou talvez dois conceitos, ou de um conceito a satisfazer este ou aquele referente. Trata-se mais, e na verdade, do acionamento de um dispositivo linguístico em momentos diferentes de sua obra, nos quais se têm estofos diferentes a pautar níveis de compreensão diferentes. O dionisíaco é metáfora que, ao longo de uma série de tentativas e formulações, aponta para uma esfera que enceta e dispõe, que artisticamente entabula o modo como se expressará o manifesto e visível, o desejo e a razão, o *logos* em relação ao *pathos*. Essa, de fato, é uma lacuna na pesquisa de Nietzsche sobre o dionisíaco. Se tanto já se examinaram "semelhanças e diferenças", ou o modo como o "conceito Dioniso" se espraia pela filosofia de Nietzsche, se tanto se observou ser mais elaborado o Dioniso tardio, se o Dioniso tardio dispensa o apolíneo como o primeiro Dioniso não o faz, muito pouco se procedeu para, em se concordando com essas afirmações, debruçar-se, afinal, não sobre a diferença, mas sobre o traço *comum* entre uma e outra recorrência a Dioniso, a suscitar o uso do mesmo dispositivo linguístico – "Dioniso" –, acionando-se a mesma esfera pulsional, a

39 Como no citado texto de Gerard Lebrun, "Quem era Dioniso?".

40 Referimo-nos às contribuições de Del Caro e Silveira Lima.

41 Em referência ao artigo de Dylan Jaggard.

42 Com "carne" estamos nos referindo ao citado texto de Barbara Stiegler, *Nietzsche et la critique de la chair.*

justificar a retomada do dionisíaco. O que se quer dizer é que já bem menos se analisou a semelhança na diferença, isto é, a semelhança semântica em face da diferença de estofo. E intrinsicamente relacionado a esse, outro aspecto até agora renegado foi: considerando haver uma semelhança entre um e outro Dioniso, em que medida e de que modo os traços do primeiro não teriam sido subterraneamente acatados, vindo assim a pautar o desvelamento do estofo do segundo?

III.VII. Nietzsche retrospectivo: infidelidade às obras, fidelidade a si mesmo

Para nossa investigação, muito mais do que um conceito, e de modo algum estático, Dioniso é um dispositivo linguístico retomado com outro estofo. Compreender essa retomada demanda que se compreenda o Nietzsche que se revisita, que torna a se frequentar, como forma de aderir a si mesmo, de se fazer consciente, não no sentido de introspecção, nem de uma subjetividade autorreferente, mas de se apropriar de seu projeto e de seu percurso filosófico. Compreender o "último Dioniso" demanda compreender o moto da justificação da vida por uma via inerente, o modo como essa justificação permeia a obra de Nietzsche. E o modo, enfim, como tal foi possibilitado pelo esboroamento intrínseco à metafísica de artista, inicialmente uma contraface de Dioniso. Demanda, por fim, que se entenda como a compreensão de um subtexto pulsional redundará na compreensão do dionisíaco ao modo de protagonização filosófica.

Por esse conjunto de demandas, referentes a um mesmo dispositivo linguístico acionado em diferentes momentos da obra, somos aqui levados a considerar a questão da fidelidade em Nietzsche, do próprio Nietzsche para com sua obra e para consigo mesmo. Muitas vezes já se disse que suas análises retrospectivas não são fiéis ao conteúdo dessa ou daquela obra. Pouco ou nada se costuma observar, entretanto, acerca da possibilidade de haver ali fidelidade outra, ou, melhor dizendo, compromisso outro, quanto ao que a obra visitada *continua* a dizer sobre o pensamento filosófico que ela ajudou a encetar, como que a assinalar a relevância presente do que apenas cronologicamente ficou para trás. Um olhar retrospectivo, tantas vezes exercido por Nietzsche, pode apontar para todo um subterrâneo, atuante à época da escrita, que só mais tarde viria a ser efetivamente explorado e revelado. De um certo ponto de vista, isso pode ser mais relevante do que um retrato pretensamente fiel. Pode conter mais verdade, no tocante a um filosofar mutável e, não obstante, fiel não a esse ou àquele conteúdo, mas a seu próprio projeto. E é assim que, no Prefácio de 1886 ao *Nascimento da tragédia*, em linguagem cifrada, Nietzsche dá a entender que haveria uma esfera para a qual a obra de 1872 estaria a tender, e a ela apontar, sem disso ter plena consciência.[43] Na obra de juventude, a arte faria as vezes de justificação e consolo ante uma existência de fundo torturante. Ao rever essa posição, mantêm-se a função e o caráter providencial da arte, mas com uma ênfase no lugar em que estaria essa arte - ele afirma estar a "arte do consolo *deste lado de cá*" (GT/NT "Prefácio" § 7). Na obra de 1872, havia a ótica da arte, ali efetivamente acionada, mas ocorre que com esse plano da arte tangenciara-se ainda outro plano, que ali se intuía sem o compreender. Havia, sim, um ímpeto vivencial, sem que a questão da vida se colocasse,[44] e, com isso, sem ser precisamente localizado ou reconhecido de todo, sendo, portanto, deslocado e alçado a alturas metafísicas - por mais que tal metafísica contivesse em germe o seu próprio solapamento. No Prefácio de 1886, Nietzsche dá a entender que o "além" que lá se pusera seria um *além* presente mesmo na imanência, de modo que

43 A presença de uma esfera em que se conflagraria o mote do livro, e da qual o filósofo tem agora mais consciência, observa-se, por exemplo, já no início do aforismo 1: "Seja o que for aquilo que possa estar na base deste livro problemático, deve ter sido uma questão de primeira ordem e máxima atração, ademais uma questão profundamente pessoal" (GT/NT "Prefácio" § 1). A referência a "lugar", que se revelará da ordem do pulsional, e do valor da existência, buscado e encontrado no âmbito da vida, que é uma ordem imanente, far-se-á presente mais adiante: "Adivinha-se em que lugar era colocado, com isso, o grande ponto de interrogação sobre o valor da existência. Será o pessimismo *necessariamente* o signo do declínio, da ruína, do fracasso, dos instintos cansados e debilitados [...]? Há um pessimismo da *fortitude*?" (GT/NT "Prefácio" § 1). Antes disso, porém, tem-se referência cifrada ao agônico, se se considerar que nada ali é meramente descritivo ou meramente retórica: "Enquanto o troar da batalha de Wörth se espalhava por sobre a Europa".

44 A esse respeito, cf. a nota 5 deste capítulo.

não será mera retórica o elemento temporal das "puras vivências próprias prematuras e demasiado verdes" (GT/NT "Prefácio" § 2), que se encontram *além* do discurso ali presente. O referido "além", pois, não remete a um transcendente metafísico, mas aponta para a questão do inefável: as tais vivências "afloravam todas à soleira do comunicável" (GT/NT "Prefácio" § 2). Da mesma forma, não será mera retórica haver arte, em algum nível, por sob a arte, música além da música (cf. GT/NT "Prefácio" § 7), um zumbido por sob o contraponto coral, um baixo profundo de artístico prazer destruidor (cf. GT/NT "Prefácio" § 7).[45]

Mas isso não significa que esse *além*, inefável a beirar o incomunicável, seja plano, óbvio, desprovido de dimensões e de recônditos. Haveria, sim, planos ocultos e reentrâncias, e é bem nesse âmbito que o filósofo poderá agora compreender sua demanda por "o que significa". "O que significa, justamente entre os gregos da melhor época, da mais forte, da mais valorosa, o mito *trágico*?" (GT/NT "Prefácio" § 1). Ainda uma vez, Nietzsche indica ter desvelado um plano oculto, por mais que seja imanente, buscando precisamente ali o significado do "descomunal fenômeno do dionisíaco?", e buscando ali "o que significa, dele [de Dioniso] nascida, a tragédia?" (GT/NT "Prefácio" § 1). Nessa mesma direção, em sentido oposto, da compreensão do "lado de cá" também dependerá a compreensão retrospectiva do "*problema da ciência* mesma" (GT/NT "Prefácio" § 2). Se tal problema não se compreende no plano da própria ciência, é porque vai além do debate então candente a versar sobre pessimismo *versus* otimismo ante o quadro desvelado pela razão iluminista. E diz respeito a uma certa cientificidade de viés socrático que, por temor e escapatória ante o vir-a-ser e seu reconhecimento, de teor pessimista, reage a insuflar um otimismo que, artificial e superficial, na segunda metade do XIX já não se sustentava. De caráter subterrâneo e até então não perscrutado, decisões e compromissos que resultarão no "problema da ciência" são celebrados em um âmbito mais profundo, que não é o da própria ciência.

---

45 "Não estará zumbindo, por baixo de toda a vossa contrapontística arte vocal e sedução dos ouvidos, um baixo profundo de cólera e de prazer destruidor, uma furiosa determinação contra tudo o que é 'agora', uma vontade que não está muito longe do niilismo prático e que parece dizer 'é preferível que nada seja verdadeiro do que *vós* terdes razão, do que vossa verdade ficar com a razão!'?" (GT/NT "Prefácio" § 7).

O mesmo se aplicaria à arte e ao próprio dionisíaco, no que diz respeito ao modo como atuariam, qual seja, no sentido de uma não evasão ante o pessimismo (GT/NT "Prefácio" § 1). Atuariam ao modo de um mergulho nesse mesmo pessimismo, mas com proteção análoga à que atuara no mito trágico entre os gregos. Ora, *onde*, porém, se mergulharia no pessimismo ou se esquivaria dele, e *por onde* teria circulado Nietzsche para dizer ter *compreendido* que o problema da ciência já não se põe no terreno da ciência? A afirmação sobre ser o socratismo, no qual tudo começou, signo "de instintos que se dissolvem, anárquicos" (GT/NT "Prefácio" § 1) aqui vem nos dar uma boa indicação.

O alçapão para uma outra esfera, que, pulsional e inconsciente, nos é a mais próxima e distante de todas as esferas, era tateado por Nietzsche já em sua obra de estreia. Se mesmo ali não se tratava da tragédia em si, mas de um elemento trágico passível de ser transposto, no prefácio retrospectivo ele diz ter desvelado a "vontade para o trágico" (cf. GT/NT "Prefácio" § 4). E no cerne dessa "vontade para o trágico" agora se pergunta "para onde aponta aquela síntese de Deus e bode no sátiro?" (GT/NT "Prefácio" § 4), dando a entender que aponta para um plano imanente: entre os gregos, a síntese de Deus e bode, como a vontade para o trágico, não estava em um plano metafísico. Se era metaforizada por um deus próximo e estrangeiro, Dioniso, ela estaria em uma "vivência de si mesmo" (GT/NT "Prefácio" § 4) que, mimetizada pelos gregos na projeção do deus, nos seria a um só tempo próxima e estranha. Na obra de 1872, Nietzsche o intuíra e enunciara, sem compreender profundamente o que, afinal, tinham os gregos vivenciado profundamente. Daí o trágico ser apresentado mais em sua dinâmica social e artística do que em uma "vontade para o trágico", que remeteria a outro plano. Daí o próprio Dioniso não chegar a ser compreendido para além de intuído, artisticamente lançado, fazendo-se mais, e de fato, um grande ponto de interrogação (cf. GT/NT "Prefácio" § 3 e 6).

O filósofo projetava essa interrogação em sua obra, fazendo-a a si mesmo. Também ela – como no caso do próprio elemento trágico, com a "vontade para o trágico" – se deslocará do terreno propriamente estético para o da fisiopsicologia. Tanto é que, assim como no prefácio de 1886 o dionisíaco faz-se relacionado a uma "questão psicológica"

(GT/NT "Prefácio" § 4), no *Crepúsculo dos ídolos* Dioniso e os "mistérios dionisíacos" serão, ainda uma vez, uma questão da "psicologia do estado dionisíaco" (GD/CI "O que devo aos antigos" § 4). Já no *Ecce homo* tem-se a proverbial e enigmática "transposição do dionisíaco em um *pathos* filosófico" (EH/EH "O nascimento da tragédia" § 3). Com essas reaparições e conformações, Dioniso é de longe o mais evidente eixo irradiador de *O nascimento da tragédia*, concentrado, porém, no início e no final do percurso do filósofo. Justamente, aliás, entre o Dioniso "estético-metafísico" e o de cunho psicológico tem-se de Dioniso algumas menções esparsas, mas não uma presença efetiva, o que vem a formar um hiato, uma lacuna, ainda que aparente. Mas se o dionisíaco sai de cena, o que *efetivamente* sai de cena é a sua formulação mais epidérmica, mantendo-se pulsante, ainda que com menos vitalidade – como no ciclo de *Humano, demasiado humano* –, o ímpeto de, antes de formulá-lo como conceito, acioná-lo como expressividade oriunda de uma tensão interna ao "organismo Nietzsche". O que se tem então é um dispositivo linguístico a assim ceder lugar a outros dispositivos linguísticos, mais afeitos a uma dada configuração fisiológica, a uma dada trama textual. Não por acaso, na seção dedicada ao *Nascimento da tragédia* no *Ecce homo* o filósofo se referirá à "oposição entre dionisíaco e apolíneo – *transposta para* o metafísico" (EH/EH "O nascimento da tragédia" § 1; *itálico nosso*), a indicar que ela não necessariamente estaria no plano metafísico. Com necessidade, porém, o dionisíaco estaria intimamente relacionado à ideia de natureza e, sobretudo na obra da maturidade, à de vida. Já no jovem Nietzsche, no entanto, Dioniso era associado a uma força da natureza, e, por mais que ali se tratasse de uma ideia romântica de natureza, tal pode ser tomado como indício de onde o filósofo o poderá reencontrar: Dioniso encontra-se ali associado à *natureza*, já que a natureza é que atrelava ao surgimento da tragédia os impulsos dionisíaco e apolíneo (cf. GT/NT § 1 e 7 [123], final de 1870 – abril de 1871). Apolo, a se unir a Dioniso, era um festival de celebração da *natureza* com o homem (cf. GG/NPT § 1), enquanto Dioniso, "músico, poeta, dançarino", era a própria imagem da *natureza* no homem (cf. ST/ST § 1). Da mesma forma, já ali o dionisíaco estava atrelado à vida, e *vida* ainda não no sentido biológico do termo,[46] mas apreendida sob o efeito da religião de Dioniso (cf. GG/NPT § 2), e nessa mesma direção fenômenos dionisíacos objetivados em Apolo são identificados à "vida incandescente" (ST/ST § 1).

Mas se tanto a ideia de natureza e a de vida, associadas ao dionisíaco, podem sempre ser acionadas a este ou àquele dispositivo linguístico, a verdade é que entre *O nascimento da tragédia* e seu prefácio retrospectivo sabe-se que há uma fase de depuração, em que os ideais de outrora passam por um "congelamento" (cf. EH/EH "Humano, demasiado humano" § 1). E no curso desse congelamento, no *Humano, demasiado humano*, o que não fosse de natureza imanente era tido por fruto de erro e ideal. Por uma espécie de "espírito impiedoso", o "*submundo* do ideal é iluminado com claridade cortante. [...] Um erro após outro é calmamente colocado no gelo, o ideal não é refutado – *ele congela*..." (EH/EH "Humano, demasiado humano" § 1). A natureza, se ali estará presente, já não terá o teor vago e romântico das primeiras aparições, nas quais, a rejubilar-se nela, estava Dioniso. A vida, se antes, como existência, demandava ser justificada pela via estética, faz-se agora ela própria motivo de consolo, enquanto a natureza é algo a que o homem deve se bastar.[47] Ora, e o que acontece com Dioniso, que já era tido por manifestação da natureza, sendo seu culto uma conciliação com ela, agora que só há natureza? Dioniso dificilmente poderia ser invocado no ponto mais baixo da vitalidade do filósofo,[48] cujo filosofar, aliás, como aqui ressaltamos, é protagonizado. Como dispositivo linguístico, Dioniso só poderia ser acionado se houvesse júbilo na natureza, e se houvesse na vida um prazer exultante. Ausentando-se justificadamente o nome "Dioniso" em *Humano, demasiado humano*, o ímpeto pré-conceitual de fazê-lo, envolto em crise e marcado pelo retorno

46 Cf. a nota 5 deste capítulo.

47 Com o temperamento, "estaríamos livres da ênfase, e não mais seríamos aguilhoados pelo pensamento de ser apenas natureza ou mais que natureza" (MM/HH § 34).

48 "Meu pai morreu com trinta e seis anos: [...] No mesmo ano em que sua vida cedia, também a minha declinava: aos trinta e seis anos atingi o ponto mais baixo de minha vitalidade – ainda vivia, sem no entanto enxergar três passos adiante. Então – era o ano de 1879 – abandonei minha cátedra na Basileia, vivi o verão como uma sombra em St. Moritz e o inverno seguinte, o mais pobre em sol de minha vida, sendo sombra em Naumburg. Esse foi o meu nadir: 'O andarilho e sua sombra' nasceu durante ele" (EH/EH "Por que sou tão sábio" § 1).

a si mesmo, mostra-se arrefecido e menos exuberante – e não obstante está ali. Sem a fantasia dionisíaca, e ao modo de prescrição de uma temperança, aponta ora para a natureza, ora para um certo "fundo da alma": ao prescrever o temperamento para fazer frente às investidas de um conhecimento hostil à vida, revela o que permeia essa estratégia, essa ideia, ou seja, a alma deve ser "no fundo alegre" (HH/MM § 34). E esse "fundo alegre" é ali ainda especificado, já que, pela ideia de temperamento, tanto entre os homens como consigo mesmo, deve-se viver "tal como na natureza" (HH/MM § 34) e alegrar-se em comunicar a sua condição de estar vivo "sem os grilhões da vida" (HH/MM § 34), e, já a entremear conhecimento e vida, de "viver para conhecer sempre mais" (HH/MM § 34).

Assim, o ímpeto que antes acionava Dioniso, em um momento de "congelamento" não deixa de apontar na mesma direção, ao lançar mão das ideias de vida e de fusão com a natureza. Movimento similar aparece de modo um pouco mais claro nos apêndices ao *Humano, demasiado humano* dos anos seguintes – "Máximas, opiniões e sentenças diversas" e "O andarilho e sua sombra". Ali se tem o mesmo ímpeto que levara o jovem Nietzsche a acionar Dioniso em *O nascimento da tragédia*, e, por mais que esteja mitigado, porque submetido a um momento invernal e da mais baixa vitalidade (cf. EH/EH "Por que sou tão sábio" § 1), permite reconhecer uma embriaguez de fundo na "eterna vivacidade", na qual se devem depositar os anseios antes transferidos ao eterno, à "vida eterna" (VM/OS § 408). O ímpeto que o fizera lançar mão do dionisíaco é contemplado de maneira oblíqua, como quando ele ressalta o estado enfermiço das cadeias que nos separam da animalidade (cf. WS/AS § 350), para se expressar novamente de modo esmorecido ao que se realçam as coisas mais próximas da vida, tomando-as como providas de alcance maior do que o que comumente se lhes atribui – daí os exemplos que privilegia, entre vitais, naturais e prazerosos, como os do ato de comer e da procriação (cf. WS/AS § 5). Ao que tudo indica, a essa altura Nietzsche mais entrevia do que compreendia as relações entre natureza e vida, que se evidenciarão em seu exame das interações pulsionais. Entretanto, antevia, sim, a "justificação da existência" na direção de uma "eterna vivacidade" e das "coisas mais próximas". Ainda uma vez: não é o dionisíaco que aí se faz presente, mas o impulso que em outro momento o lançou à baila.

III.VIII. Irradiação do projeto nietzschiano em sua relação com as ciências

Dioniso sendo gestado em um âmbito recôndito, gênio e arte passando ao corpo, a um âmbito imanente, são, assim, frutos do momento de "congelamento",[49] do refúgio de Nietzsche para dentro de si, que não deve ser confundido com um mero movimento de introspecção. A introspecção lhe foi, sim, uma constante em todo o percurso do filósofo, até porque o distanciamento em relação a seu tempo – uma forma de introspecção – chega a ser um mote de seu filosofar desde o período filológico.[50] Mas nesse momento de congelamento, durante o ciclo do *Humano, demasiado humano*, tem-se a introspecção, que evidentemente não seria a de uma "identificação consigo mesmo", mas seria um tanto mais, seria um "algo além", já que não há nem identificação nem um "si mesmo". O momento, então, é de crise e de retorno a si, do qual resultará o que ele poderá reconhecer como *sua* filosofia. Para o caráter específico do movimento de introspecção nietzschiano e para o que sua filosofia virá a ser efetivamente contarão – cada qual à sua maneira – os eixos de irradiação e antiadesão metafísicas presentes em sua primeira obra.[51] Mas o "algo além" da introspecção, do "retorno a si", se

49 Ao que "este submundo do ideal é iluminado com claridade cortante" (EH/EH "Humano, demasiado humano" § 1), "um erro após o outro é calmamente colocado no gelo, o ideal não é refutado – *ele congela*... Aqui, por exemplo, congela 'o santo'; pouco adiante congela 'o gênio'; sob um espesso sincelo congela 'o herói'; por fim congela 'a fé', a chamada 'convicção', também a 'compaixão' esfria consideravelmente – em quase toda parte congela 'a coisa em si'" (EH/EH "Humano, demasiado humano" § 1).

50 Nietzsche sempre vinculou a atividade do filósofo ao distanciamento e à solidão, como quando complementa, ao falar de Heráclito: "Trilhar o caminho sozinho pertence à essência do filósofo. Sua reação é a mais rara, e, de certo modo, é a mais antinatural, e por isso é excludente e hostil, até mesmo em relação aos que lhe assemelham" (PTG/FTG § 8).

51 Relembrando, conforme anunciado no final do capítulo II, o primeiro eixo dos rumos para a imanência dado já em *O nascimento da tragédia*, uma vez que, ao que propomos, as estruturas condicionantes do pensamento metafísico mesmo ali estariam solapadas; o segundo eixo, o das visitas e revisitas de Nietzsche à sua obra, pelo qual ele retomará o viés agônico – e de vida – em filosofia –, que é o próprio dionisíaco; o terceiro e último é o eixo das revisitas em função de um apropriar-se de sua própria singularidade e, com isso, de um protagonizar de sua própria filosofia.

demandará e compreenderá os referidos eixos, seu movimento "para a terra" admitirá um certo fator em certa medida externo, e que arremete contra o inteiro arcabouço de ideais e transcendências – ainda que o filósofo tivesse adotado estes de modo apenas parcial. Tal fator pode naturalmente arremeter contra os próprios eixos de irradiação, que eventualmente não resistiriam, a se revelar caducos: esse fator é a relação de Nietzsche com as ciências. As tão celebradas "fontes científicas" de Nietzsche poderiam bem lhe impor esse ou aquele ponto de inflexão, desvirtuar seu projeto inicial por força da demovedora descoberta desse astrofísico ou daquele químico ou fisiológo, por força de uma vanguarda irresistível das pujantes biologia ou citologia do século XIX. Assim poderia ser, se concebêssemos um Nietzsche puramente à mercê de suas fontes. Em um sentido inverso, contudo, a relação do filósofo com a ciência seria pautada por seu projeto, pelas diretrizes a irradiá-lo, a demandar relativamente às ciências uma atitude que, acima de tudo, fazia-se apropriativa por uma relação de fidelidade ao movimento filosófico por ele encetado ainda na juventude. Daí se ter que, *externamente*, a relação de Nietzsche com a ciência – com as ciências – se daria por meio de suas leituras aprofundadas das obras, dos artigos científicos,[52] e pelo conhecimento dos avanços das mais diversas disciplinas em seu tempo. *Internamente*, porém, essa relação poria à prova a resiliência dos eixos irradiadores que propusemos aqui. E se relação entre o filósofo e a produção científica seria a de uma porosidade, com seu projeto e os referidos eixos a pautar sua interação com o que lia, a questão será a de saber até que ponto poderia ir essa porosidade.

Da porosidade efetiva virá uma fertilização, mas isso não significa que encontrará em Nietzsche uma *tabula rasa*, mas sim um pensamento com propósitos, com subjacências e ideias norteadoras, que pautaram seu interesse e

52 Sobre a relação de Nietzsche especificamente com os artigos científicos, no caso da revista de Théodule Ribot, na França, cf. FREZZATI, W. "A recepção de Nietzsche na França: Da *Revue philosophique de la France et de l'étranger* ao período entreguerras". *Cadernos Nietzsche*, 30, 2012 (São Paulo), e *idem*, "Nietzsche e Théodule Ribot: Psicologia e superação da metafísica". *Natureza humana*, 12 (2), 2010 (São Paulo). Sobre o contato do filósofo com a revista *Mind*, de Alexander Bain e George Croom Robertson, da Inglaterra, cf. NASSER, E. "Nietzsche e a revista *Mind*: O filósofo da vida ante os novos rumos da filosofia acadêmica". *Estudos Nietzsche*, 6 (1), jan.-jul. 2015 (Espírito Santo).

seu enfoque, seu realce e assimilação do que estaria a receber das ciências. Sim, temos Nietzsche por um filósofo de propósitos indeléveis e reiterados ao longo de seu percurso. Imaginar que a sua relação com a ciência possa ser como que uma sujeição epistemológica aos direcionamentos das ciências de seu tempo seria algo próximo do que Babette Babich refere como uma "crise de autoidentificação" (*crisis of self-identification*),[53] por ela detectada na filosofia da ciência, que consiste em, por força da aderência a seu objeto, carecer de uma "*autêntica identidade* como filosofia".[54] O paralelo que assim traçamos obviamente esbarra em estreitos limites, uma vez que a filosofia da ciência a que Babich se refere, de viés sobretudo analítico e anglo-saxônico, e o debruçar-se de Nietzsche sobre a vanguarda científica de seu tempo são casos muito diferentes – e também momentos diferentes na história da filosofia, com históricos diferentes, objetivos diferentes. Em um caso, a intenção é de, ao abordar pesquisas e marcos científicos, trazer à luz e problematizar seus pressupostos, fundamentos e implicações de um ponto de vista filosófico. No outro caso, o de Nietzsche, a intenção é buscar um anteparo científico para uma filosofia que intenta uma justificação estética para a existência. No primeiro caso, os autores são nominalmente citados, pois se trata das consequências filosóficas de seus métodos e feitos científicos; já no caso de Nietzsche, não, e uma vez que ali as descobertas científicas servem de estofo a uma interrogação preconcebida, sua filosofia seria assim, como diria Babich, uma filosofia "com autoidentidade", ainda que sua marca esteja mais para uma autotransfiguração. Uma "identidade" assim sempre transfigurada. Uma "identidade" que se afirma e reafirma sob o referido movimento de imanência e introspecção. Uma "identidade" que, sob transfiguração, se revela um projeto filosófico, e que não apenas se mantém no debruçar-se sobre contribuições científicas, mas se constrói e se fortalece em função desse exame.

---

53 Cf. BABICH, B. *Nietzsche's Philosophy of Science*. Albany: State of New York Press, 1994, p. 1.

54 *Ibidem*.

III.IX. Resiliência do projeto nietzschiano em sua relação com as ciências

Essas considerações todas não nos permitiriam referir o frutuoso contato de Nietzsche com as ciências, de modo puro e simples, por "suas leituras", ainda que de certa forma disso se tratasse. Se ficou claro que temos em mente um processo mais amplo e mais complexo do que a mera aderência a fontes científicas, falamos, antes de tudo, de um processo que tem um de seus enquadramentos no interesse do filósofo pelas ciências naturais, que para alguns lhe era mesmo inerente, a remontar à tenra juventude,[55] enquanto para outros revelou-se mais uma exigência de contrapeso à sua formação humanística - de um novo apego, a compensar o distanciamento do combinado romantismo-idealismo de Wagner e Schopenhauer.[56] Seja como for, porém, para uma e outra posição o interesse

---

55 Cf. MITTASCH, A. *Friedrich Nietzsches Naturbefliessenheit.* Heidelberg: Springer Verlag, 1950, p. 9. Mittasch ressalta que, embora na escola de Pforta as ciências naturais de fato ficassem em segundo plano, Nietzsche relata que desde a mais tenra infância teria manifestado interesse pelas ciências, movido por um sentimento pela natureza, por um entusiasmo por ela, tendo se dito instado por um ímpeto incomum pelo conhecimento, estimulado por Humboldt. Nessa direção, Mittasch ainda ressalta uma expressiva ocupação do filósofo com as ciências da natureza em seus anos como estudante, de 1864 a 1869. Em suas anotações e escritos do período constam nomes como Friedrich Zöllner, da física, Otto Linné Erdmann e Heinrich Kolbe, da química, Karl Friedrich Naumann, da mineralogia, Ernst Heinrich Weber e C. Ludwig, da anatomia e da fisiologia, Julius Carus, da anatomia comparada e da história do desenvolvimento, e Gustav Theodor Fechner, da psicofísica (psicologia experimental) (p. 11).

56 Ao contrário de Mittasch, Brobjer infere que Nietzsche teria manifestado pouco interesse pelas ciências naturais durante a infância e juventude, a principal e óbvia razão sendo a de entre os catorze e os vinte anos ter estudado na escola de Pforta, cujo currículo tinha sua inteira ênfase nos clássicos, não nas ciências naturais. Assim, a relação com essas ciências, tal como o filósofo viria a entabular, não teria sido fruto de interesse, e sim mais de um lamento pela carência do lastro de uma educação científica. Brobjer detalha a relação de Nietzsche com a ciência segundo períodos: (1) de 1844 a 1869 (o jovem Nietzsche), período marcado pelo desinteresse; (2) 1869 a 1875, sob a influência de Wagner, de Schopenhauer e nutrindo admiração por Kant (por ter mostrado os limites da razão), sendo um período de interesse apenas periférico pelas ciências naturais - e, afinal, considerando antropomórficas todas as formas de conhecimento, reconhece, então, que se o conhecimento histórico e das

teria sido alimentado de modo estratégico,[57] e "estratégico" no sentido de sopesar a formação clássica e humanística. A existência de um interesse – seja ele intrínseco, seja estratégico – pôde recrudescer e se fazer valer a partir de 1879, com o afastamento do filósofo das atividades acadêmicas na Basileia. Propor aqui uma porosidade entre elementos da filosofia de Nietzsche e as ciências, e tanto mais que tal porosidade se fará uma fertilização, não significa estarmos a desprezar uma "ação da ciência" sobre o filósofo e sobre certos contornos assumidos por sua filosofia. Por certo que reconhecemos que ele ampliou seus conhecimentos fisiológicos, por exemplo, já no contato travado com o fisiólogo Joseph Paneth, no inverno de 1876-1877, em Sorrento.[58] E reconhecemos que, na concepção e escrita do *Humano, demasiado humano*, o filósofo passou de Wagner à esfera de

---

ciências naturais tinha sido necessário para superar a Idade Média, doravante a arte seria direcionada contra o conhecimento. Nesse momento, seu interesse por questões científicas teria sido instado por filósofos que escreviam sobre ciência, como o próprio Schopenhauer, e também Friedrich Albert Lange, Eduard von Hartmann, o kantiano Afrikan Spir e o teólogo e exegeta David Friedrich Strauss. Nietzsche teria começado a ler textos genuinamente científicos em 1873, como o do astrofísico alemão Johann Carl Friedrich Zöllner e o do físico croata Roger Boscovich; (3) de 1876 a 1882, passando da esfera de Richard Wagner para a de Paul Rée, tem-se o contato com uma série de trabalhos em filosofia a dar o tom de seu interesse e da visão que adotará sobre a ciência: contam-se Eugen Dühring, Phillipp Mainländer, que relacionou o princípio do tempo à morte de Deus e da espiritualidade, o médico e filósofo Alfons Bilharz, o amigo Paul Deussen, o filósofo e matemático Georg Cristoph Lichtenberg, os positivistas John William Draper, Herbert Spencer, Émile Littré e o filósofo e psicólogo Alexander Bain. Além disso, também o sociólogo francês Alfred Espinas, Henry Maudsley, o historiador e filósofo Otto Caspari e o filósofo neokantiano Otto Liebmann. Com o que se poderia chamar de "recrudescimento cientificista", a partir de 1881, da maior importância lhe foram Julius Robert Mayer, fundador da termodinâmica, J. G. Vogt, que propusera uma ideia do eterno retorno, e o embriologista e anatomista Wilhelm Roux; (4) de 1883 a 1888, além da retomada de leituras anteriores, como a de Wilhelm Roux, registrou-se interesse acentuado pela biologia e pela psicologia, com ênfase no positivismo crítico de Emil du Bois-Reymond, Richard Avenarius e Ernst Mach. Mantiveram-se leituras de filósofos como Gustav Teichmüller, Maximilian Drossbach, Paul Widemann e Afrikan Spir. Cf. BROBJER, T. H. "Nietzsche's Reading of Natural Science". *In:* MOORE, G.; BROBJER T. H. *Nietzsche and Science.* Aldershot: Ashgate Publishing, 2004, p. 24-25.

57 *Ibidem*, p. 11.

58 *Ibidem*, p. 29.

influência de Paul Rée a fim de embasar cientificamente visões que eram, no fundo, suas.[59] Reconhecemos um Nietzsche que, não se vai negar, toma contato com a posição antidarwinista de Carl von Nägeli e, sobretudo, de Ludwig Rütimeyer;[60] um Nietzsche no qual a dinâmica de Boscovich - "tudo é força" - causou forte impressão,[61] o mesmo se aplicando à teoria da indestrutibilidade das forças de Julius Mayer e, de certa forma, ao princípio de conservação de energia, que lhe chegou pela via de Otto Caspari, de Johann Zöllner, Friedrich A. Lange e, ainda uma vez, de Julius Mayer.[62] Não por último, e sem a menor pretensão à exaustividade, de modo algum se poderia negar a ação, tanto sobre a ideia de vontade de potência como sobre a compreensão das interações pulsionais,[63] do darwinismo organicamente interiorizado de Wilhelm Roux.

---

59 Algumas vezes Nietzsche reagiu às críticas - da parte de wagnerianos, mas não apenas de wagnerianos - segundo as quais ele teria aderido excessivamente às ideias de Paul Rée. Em carta a Rohde, de 16 de junho de 1878, ele afirma: "Aliás: procure sempre somente por mim no livro, e não pelo amigo Rée. Estou orgulhoso de nele haver descoberto aquelas esplêndidas propriedades e fins, mas sobre a concepção de minha 'philosophia in nuce' ele não exerceu *nem a menor* influência". E na obra publicada, em visão retrospectiva: "Meus pensamentos sobre a origem de nossos preconceitos morais - tal é o tema deste escrito polêmico - tiveram sua expressão primeira, modesta e provisória na coletânea de aforismos que leva o título *Humano, demasiado humano. Um livro para espíritos livres*, cuja redação foi iniciada em Sorrento, durante um inverno, que me permitiu fazer uma parada, como faz um andarilho, e deitar os olhos sobre a terra vasta e perigosa que meu espírito percorrera até então. Isto aconteceu no inverno de 1876-7; os pensamentos mesmos são mais antigos" (GM/GM "Prefácio" § 2). Na sequência, ainda nesse prefácio, sobre a relação com Paul Rée, Nietzsche a refere como mero impulso ou desencadeador, e não propriamente como influência sobre conteúdos: "O primeiro impulso para divulgar algumas das minhas hipóteses sobre a procedência da moral me foi dado por um livrinho claro, limpo e sagaz - e maroto - no qual uma espécie contrária e perversa de hipótese genealógica, sua espécie propriamente inglesa, pela primeira vez me apareceu com nitidez, e por isso me atraiu -, com aquela força de atração que possui tudo o que é oposto e antípoda. O título do livrinho era *A origem das impressões morais*; seu autor, o dr. Paul Rée; o ano de seu aparecimento, 1877" (GM/GM "Prefácio" § 4).

60 *Ibidem*, p. 15 e 34.

61 *Ibidem*, p. 21.

62 *Ibidem*.

63 Sobre esse aspecto especificamente, cf. MÜLLER-LAUTER, *op. cit.*

Em breve amostragem, aí se teria o Nietzsche tributário de suas leituras científicas, o "Nietzsche influenciado". Entretanto, uma vez que fizemos menção a um processo mais amplo a envolver a sua relação com esse cabedal científico, relacionando-o à sua tão peculiar "introspecção", entre o ímpeto de buscar essas fontes científicas e sua assimilação propriamente dita há que se considerar, em primeiro lugar, que o que seria observação empírica para os cientistas contemporâneos seria, já para Nietzsche, uma interpretação (*Auslegung*), e interpretação deliberadamente antropomórfica da natureza. O que para tais cientistas seriam fatos nus e crus, para Nietzsche seria expressividade. E o que para eles seria comprovação empírica, para o autor do *Zaratustra* seriam não mais do que metáforas.[64] Sim, pois para aquele que entende a verdade como "um batalhão móvel de metáforas, metonímias, antropomorfismos" (WL/VM § 1), o que sua fonte científica considera fato e mundo pode bem ser tomado como metáfora e como estratégia para bem interagir com esse mundo. E sua condição de metáfora em função de uma estratégia faz com que se trate de metáforas projetadas consoante uma expressividade filosófica mais profunda, que, sobretudo, é anterior às leituras científicas – logicamente anterior e, o mais das vezes, também cronologicamente. É bem por isso que a recepção das fontes científicas por Nietzsche não seria uma recepção neutra e "por igual", e sim pautada por seu próprio viés e por seus próprios interesses. No campo da química, por exemplo, da parte de Nietzsche houve uma inegável ênfase no conceito de um "todo químico" e uma inclinação a pensá-lo em sua relação com a vida.[65] Daí ele arrazoar "o homem, um grupo de átomos em seus movimentos, completamente dependente de divisões e alterações de todas as forças do universo – e por outro lado [esse homem é] imprevisível como todo átomo, um em-e-para-si" (4 [126], novembro de 1882 – fevereiro de 1883). Há uma curiosidade especial quanto à molécula,[66] em cujo âmbito o filósofo devidamente ressalta haver "explosões

64 Para uma boa contextualização acerca do caráter metafórico da própria fisiologia de Nietzsche, cf. CHAVES, E. "Considerações sobre o ator: Uma introdução ao projeto nietzschiano da fisiologia da arte". *Trans/form/ação*, 30 (1): 53-55, 2007 (São Paulo).

65 Cf. MITTASCH, *op. cit.*, p. 25.

66 *Ibidem*, p. 26.

e alterações de órbita de todos os átomos, e súbitas liberações de força" (11 [247], primavera–verão de 1881). De modo geral, o que se constata é uma sensibilidade especial à inexistência da imutabilidade na química. O imutável é mera aparência, com a igualdade se devendo à intromissão de preconceitos metafísicos. Sobretudo, porém, tem-se uma tendência a não se ater às leis como um princípio de realidade, ou de fixidez, indo além delas: "acreditemos na necessidade absoluta de tudo, mas guardemo-nos de afirmar uma lei" (11 [149], primavera-outono de 1881). Essa tal *lei*, obviamente, não seria nenhuma das leis provisórias e subsidiárias da química: "Também as qualidades químicas fluem e se modificam" (11 [149], primavera-outono de 1881), no que o autor de *Aurora* chega a pôr em dúvida a pretensão de precisão matemática aplicada a compostos químicos: "o que vem a ser 9 átomos de oxigênio para 11 átomos de hidrogênio! É de todo impossível conhecer com precisão esse 9:11, há sempre um erro na realização, pois tem-se uma certa extensão ao longo da qual o experimento se realiza" (cf. 11 [149], primavera-outono de 1881). Afora esse questionamento, há também o ímpeto de remeter as leis químicas, bem como biológicas e fisiológicas, a um único princípio, que não se restringiria ao âmbito de nenhuma das três ciências: "Não serão as muitas leis *químicas* e espécies e formas *orgânicas* passíveis de ser explicadas por uma única [lei]? Ou por duas?" (11 [311], primavera-verão de 1881). Esse mesmo movimento, que é o de uma não simples aderência ao discurso científico, será corroborado e, aliás, radicalizado ao final de seu percurso, quando o filósofo passa a pôr em questão o próprio conceito de movimento – "é sempre subinteligido [*subintelligirt*] que *algo* se mova" (14 [79], primavera de 1888). Nesse momento, e nesse mesmo contexto, a descrença nas entidades químicas recrudesce e se generaliza: a ideia de um "átomo dinâmico" e a de um "agregado de átomos" são apenas ficções, assim como as "unidades" são por nós postuladas apenas para que com elas possamos contabilizar (cf. 14 [79], primavera de 1888). Com algum distanciamento, se poderia dizer – e isso levando em conta a crença já do próprio orgânico em um "persistente e igual fora de nós" (11 [268], primavera-outono de 1881) – que a crença em entidades, se nas ciências é necessária, em nome de um certo pragmatismo da empiria, ao olhar filosófico ela já não o é.

O que se observa nos comentários de Nietzsche sobre o discurso da química, como quando o filósofo questiona movimentos e unidade, remete bem ao seu reiterado movimento de relacionar qualidades externas empiricamente formuladas a uma contraface interna – à dinâmica que é de fato crucial e atuante, que será a dinâmica da já referida "introspecção" nietzschiana. O mesmo se vê ao passarmos da química à física atomística, e ocorre que, na contraface interna, os elementos e processos são bem mais fugidios, razão pela qual Nietzsche denuncia a hipotetização em sentido parmenídico de forças atômicas imutáveis no tempo (cf. 26 [12], primavera de 1873). Já na teoria mecanicista, prevalecente na física, ele via um déficit de poder explicativo: "pressão e choque" já não podiam ser explicados a distância, mediante a pressuposição irrefletida de espaços vazios em cujo âmbito, por força de pressão e choques, agregados de átomos mecanística e causalmente proveriam o movimento (cf. 36 [34], junho-julho de 1885). Contra essa concepção, Nietzsche propõe uma *dynamis* interna, que não seria a dos átomos nem de suas relações de tensão. A consistência do átomo, ainda uma vez, seu estatuto como entidade e sua própria postulação devem-se mais a uma necessidade nossa: nesse sentido, em um arrazoado "contra o átomo físico" o filósofo observa que "para apreender o mundo, temos de dar conta dele; para poder dar conta dele, temos de ter causas constantes, e uma vez que na realidade não temos quaisquer causas constantes, nós as inventamos – os átomos" (7 [56], final de 1886 – primavera de 1887). Assim, o Nietzsche que se debruçava sobre os escritos da física de seu tempo era, enfim e acima de tudo, aquele que remetia a física às nossas necessidades e à nossa dinâmica interna, que concebia toda a física como mera "sintomatologia" (*Symptomatik*) (cf. 25 [207], primavera de 1884), uma vez que todas as propriedades de uma coisa são na verdade estímulos em nós, e mesmo "também a física é apenas uma interpretação e disposição do mundo" (10 [F110], primavera de 1880 – primavera de 1881). Isso significa que o autor d'*A gaia ciência* relativizará a física a uma constante humana, e esta ela própria tampouco será uma constante; nesse sentido, ele poderá afirmar que, não na ciência *stricto sensu* de seu tempo, mas em algumas poucas cabeças – ele próprio entre elas –, "começa a despontar [...], talvez, a ideia de que também a física seja apenas uma interpretação e disposição do mundo" (JGB/BM §14; *tradução ligeiramente modificada*). E, mais ainda, se as próprias ciências são interpretações, tampouco seria o caso de tomá-las como domínios estanques: como observamos quanto às leis químicas, biológicas e fisiológicas, Nietzsche transfere uma compreensão obtida no âmbito de uma disciplina para outros campos do conhecimento e da especulação possível - daí se ter que "também nosso inteiro sistema solar poderia em dado momento experimentar estímulo idêntico ao que o nervo exerce sobre o músculo" (11 [247], primavera-verão de 1881).

Da física à fisiologia e, de modo mais abrangente, à biologia, em razão da magnitude do conceito de vida em Nietzsche, antecipada na questão da justificação estética da existência em *O nascimento da tragédia*, seria de imaginar que, entre as ciências naturais, a biologia recebesse atenção igual ou maior que as outras disciplinas, e, em particular, que essa atenção fosse dirigida por evidentes e renitentes preocupações filosóficas. De fato, assim como se teve nos casos da química e da física, sua recepção dos avanços nas pesquisas biológicas apresenta relevos impostos por sua própria interpretação, pelo dimensionamento filosófico intentado, mesmo premeditado. A questão existencial do jovem Nietzsche logo passa à via imanente, na questão da vida e da vivacidade, em *Humano, demasiado humano*, vindo a demandar uma investigação acerca das estruturas condicionantes da vida. Nesse sentido, suas leituras biológicas pautam-se por um interesse especialmente voltado à célula como estrutura elementar do corpo vivente. De modo mais preciso, ao voltar sua atenção à célula animada por estímulos e pela reação a eles, o filósofo encontra bases científicas para o seu movimento de trazer elementos outrora postos em um esfera quintessencial e metafísica para o âmbito do imanente, e entenda-se, do que é plural e do que é fricção. Daí encontramos o elo entre o "congelamento" - referido retrospectivamente no tocante a *Humano, demasiado humano* -, entre o fator em certa medida externo - de contato com as fontes científicas de seu tempo - e a peculiar introspecção nietzschiana - que é sua dinâmica interna, de caráter pulsional -, à medida que o filósofo equaciona a atividade celular à própria espiritualidade: "O eu espiritual *(Ich-Geistige)* é dado já com a célula. Antes da célula não há espiritualidade do eu *(Ich-Geistigkeit)*" (26 [36], verão-outono de 1884). E, por certo indo além de suas fontes científicas, ainda complementa, identificando um traço característico desses processos espirituais na esfera celular, assim como reconhece estruturas básicas do ato de pensar – relação e regularidade – mesmo antes da célula, ou seja, em todo acontecer (cf. 26 [36], verão-outono de 1884).

Se passarmos da célula ao conteúdo celular, a *dynamis* interna, que já esteve em questão no que se refere ao interesse de Nietzsche pela física e pela mecânica, estará em foco precisamente em suas análises do protoplasma. O protoplasma é o substrato que "de diferentes forças (luz eletricidade pressão) percebe apenas um estímulo, e de tal estímulo único depreende a igualdade de causas" (11 [268], primavera-verão de 1881). Isso significa que o protoplasma não apenas recebe estímulos, mas também os transforma: ao recebê-los, converte-os na "representação de uma coisa duradoura fora dele" (11 [270], primavera-outono 1881). Além de aí o filósofo descortinar a ação de fixação e exteriorização própria ao pensamento no próprio protoplasma, nesse âmbito ele desvela também um traço crucial da noção de interpretação: a interpretação é uma forma de apropriação, e ao apropriar-se de agentes externos, o protoplasma "se fortalece e exerce poder para se fortalecer" (9 [145], outono 1887). Isso significa que, ao se aprofundar na dinâmica do protoplasma, Nietzsche, ressaltemo-lo também aqui, transita entre os escaninhos das disciplinas científicas e encontra a chave para o modo, por assim dizer, "protointerpretativo" de como duas substâncias químicas se relacionam entre si (cf. 9 [145], outono 1887): o que vale para biologia vale para a química e para os âmbitos cultural e filosófico-epistemológico. Isso significa que, indo além de suas fontes científicas, no protoplasma se manifesta o mistério existencial que o filósofo desde sempre buscara: da maneira mais simples e clara, tem-se a vida ali como manifestação não de um sentimento de autoconservação, e sim, mais do que isso, de um sentimento de potência, de vontade de potência, hipótese a que chega ao extrapolar a visão da emissão de pseudópodes e da divisão do protoplasma.[67] Para além dessa ou daquela

67 "A vontade de potência só pode se manifestar junto a resistências; desse modo ela busca o que se lhe antepõe – essa é a tendência original do protoplasma, quando ele

especialidade científica, para além dessa ou daquela manifestação, tem-se uma hipótese sua, que, pela sua interpretação, regeria todos os processos orgânicos e mesmo inorgânicos.

Mas a esse ponto, fazendo pender nossa ideia de uma porosidade entre Nietzsche e a ciência para uma pura e simples captação por parte do filósofo, há quem possa nos fazer lembrar que, protoplasma e pseudópodes à parte, entre Nietzsche e vontade de potência se tem os biólogos Roux e Rolph.[68] Isso significa haver ali mesmo Darwin e a seleção natural, ainda que mediante subversão e aprofundamento. Justamente nessa transposição da teoria da seleção natural para dentro do organismo, e no que seria a sua subversão, atuaram respectivamente Roux e Rolph. O zoólogo e embriologista Wilhelm Roux trouxe para dentro do organismo vivo o princípio da concorrência vital, de Darwin. Já o obscuro biólogo William Henry Rolph, com sua *Abundanztheorie*, crítica ao darwinismo, procurou fazer o princípio de autoconservação remeter a águas mais profundas, ou seja, na alimentação o organismo seria levado a assimilar mais do que precisaria, porque insaciável. Se esse processo de busca de incorporação se faria embate tramado mesmo entre os órgãos, o embate nem prejudicaria a vida, nem seria de caráter reativo, de autodefesa, e sim afirmativo, de voracidade.[69] Quanto a esse aspecto, convenhamos que até com alguma clareza se tem a vontade de potência em sua versão original e científica. E talvez justamente por sua teoria não ser suscetível de observação ou de comprovação empírica, por trazer um elemento psicológico à biologia, o biólogo Rolph não tenha adquirido projeção com sua *Abundanztheorie*. Sim, aí se teria um elemento de relativização de nossa sub-hipótese de uma porosidade entre Nietzsche e a ciência. Nesse embate das intenções e do projeto do filósofo com as suas próprias leituras, a resultar em vontade

---

emite pseudópodes e avança às apalpadelas. A apropriação e incorporação é sobretudo um querer-dominar, uma forma e um conformar e remodelar, até que por fim o dominado se subsume ao poder do agressor e o faz aumentar –. Se essa incorporação não chega a acontecer, a formação se decompõe; e a dualidade aparece como consequência de vontade de potência" (9 [151], outono de 1887).

68 Cf. MARTON, S. *Das forças cósmicas aos valores humanos*. 2. ed. Belo Horizonte: Editora da UFMG, 2000, p. 56-57.

69 *Ibidem*.

de potência, Nietzsche talvez entrasse mais, em primeiro lugar, com o elemento da exaltação da vida, por sua justificação imanente, elemento este, por sinal, prévio ao contato com Rolph; e, em segundo lugar, o elemento aí propriamente nietzschiano estaria também no modo como inseriu vontade de potência em sua filosofia, a viabilizar o reencontro, pela via da razão, com algo que fora pura e simplesmente expresso pelos gregos da era trágica. Tal viabilização não se daria de forma direta e imediata, pois a vontade de potência seria apenas um traço das dimensões pulsionais a pautar suas interações. Seria um traço primeiro e crucial, a demandar complementos e nuanças, mas mesmo assim ainda um traço, e por isso mesmo não todo o quadro nem toda a história a atrelar fisiologia celular e justificação da vida (outrora existência), a conjugar o contato com fontes científicas a um indelével projeto nietzschiano.

Mas as objeções ao nosso modo de deslindar a relação *porosa* do projeto nietzschiano com as ciências podem ir além. Podemos ser lembrados de que mesmo o movimento esboçado acima, em sua relação com a química e com a física, ao modo de um "afastamento de entidades", teria sido suscitado por leituras que Nietzsche, por sua vez, teria feito no período, como as de Richard Avenarius e Ernst Mach, que, filosóficas ou semicientíficas, iriam precisamente nessa direção.[70] Avenarius propunha um conceito de mundo como pura experiência e um princípio de "economia de pensamento",[71] enquanto o fenomenista Mach, de modo geral crítico à recorrência a conceitos, era notoriamente contrário à introdução de entidades inobserváveis na física.[72] A objeção nos obrigaria não a nos desfazer de nossa ideia de um Nietzsche conduzido por seu próprio *pathos*, mas a

70 Quanto ao afastamento de Nietzsche em relação a entidades – por exemplo, o "eu" como mera ficção reguladora, liberta da coisa em si e desprovida de valor ontológico – e a influência de Mach nesse movimento, cf. GORI, P. *Il mecanismo metafisico: Scienza, filosofia e storia in Nietzsche e Mach.* Nápoles: Società Editrice Il Mulino, 2009; e *idem*, "Nietzsche as Phenomenalist?". *In:* BRUSOTTI, M.; ABEL, G.; HEIT, H. (Orgs.). *Nietzsches Wissenschaftsphilosophie: Hintergründe, Wirkungen und Aktualität.* Berlim/Boston: De Gruyter, 2012, p. 345-356.

71 Cf. BROBJER, *op. cit.*, p. 41.

72 A esse respeito, *ibidem*, p. 43.

matizá-la. Em primeiro lugar, algumas "adesões", em se tratando de leituras científicas da parte de Nietzsche, apresentam pontos de inflexão, como se tivessem prazos de validade, ainda que não rígidos ou excludentes, nem imunes a recaídas.[73] Foi assim que, já por volta de 1881, ele se mostrava mais cético quanto às adesões de seu período tido por "positivista" ou "iluminista", o que se revela com as noções de "fatos", "verdade" e "ciências" já não lhe parecendo tão simples e dadas, tampouco neutras. Além disso, mas nessa mesma direção, ao longo de suas adesões e eventuais afastamentos dessa ou daquela contribuição científica, ou filosófico-científica, as transposições que ele realiza para um âmbito sempre mais interno, mais profundo, em que cabem expressividades, mas não interstícios nem causas e efeitos, não são próprias a essa ou àquela teoria ou especialidade científica. Da mesma forma ocorre o escrutínio pelo qual elege alguns aspectos contemplados pelas ciências, em detrimento de outros: ao seu próprio projeto e ao movimento de sua filosofia, do transcendente ao imanente e antimetafísico, cabem a primeira e a última palavra.

III.X. Dioniso e o projeto nietzschiano

Ao fazer aqui referência à "primeira e última palavra", de imediato somos remetidos ao que propusemos ser um dos eixos de resistência antimetafísica emitidos pelo filósofo em sua obra de estreia. Trata-se do que realçamos como a primeira e última palavra da filosofia nietzschiana, isto é, o dionisíaco. Mas de que modo teria se feito resiliente às investidas cientificizantes de Nietzsche, ao mesmo tempo em que diretriz dessas investidas, um conceito ou uma dupla de conceitos que nem bem estavam acionados por ocasião do aprofundamento das incursões científicas do filósofo? Começaríamos a responder a essa pergunta com outra: afinal, até que ponto isso seria necessário? E, mais ainda, fosse Dioniso um conceito,

---

73 O caráter temporário de muitas "afinidades eletivas" de Nietzsche, tanto nas ciências como na filosofia de seu tempo, vem justamente ensejar a obra de Thomas Brobjer ao classificar em suas periodizações (da juventude ao final da produção intelectual de Nietzsche) as influências das ciências naturais sobre o filósofo. A esse respeito, cf., em toda a sua extensão, *ibidem*, p. 21-49.

que como tal precisa ser presença expressa e deliberada, como poderia o dionisíaco ser transposto em *pathos* filosófico, como o filósofo afirma tê-lo feito? (cf. EH/EH "O nascimento da tragédia" § 3). E se Dioniso lhe fosse meramente conceito, se não o tivesse convertido em *pathos*, sua introdução do deus em filosofia diferiria em nada ou muito pouco do tratamento que lhe foi dado por toda uma extensa tradição da poesia romântica alemã e da filosofia romântica, também da filologia, da antropologia, da arqueologia vigente na Alemanha em seu século, e mesmo em fins do XVIII. Estudiosos e trabalhos consagrados já fizeram ver que o que haveria de propriamente original no tratamento do dionisíaco por Nietzsche teria sido a referida "conversão" do dionisíaco em *pathos* filosófico.[74] As afirmações do filósofo sobre ser o primeiro a ter "descoberto, apreendido e levado a sério" o dionisíaco já seriam exageradas, para não dizer falsas.[75] Nós nos alinhamos a esses estudos seminais e ressaltamos que, fosse o dionisíaco em Nietzsche tão somente um "conceito" que aparece no início e reaparece ao final, ele seria não mais que um leve deslocamento do dionisíaco inferido da ideia do sublime, dos irmãos Schlegel, para um viés mais idealista e romântico;[76] e o autor do *Zaratustra* teria visto na descoberta dos antigos, e de seu Dioniso, uma possibilidade de revivescência da Antiguidade em seu próprio tempo em sentido não diferente do de Friedrich Schlegel;[77] o dionisíaco para o filósofo seria assim mera retomada de sua associação a uma "dança selvagem", a estados em que "o inteiro sistema afetivo é estimulado e intensificado", de Hamman;[78] e ele

74 Para o modo como Nietzsche se insere na tradição literária e científica alemã, a versar sobre o dionisíaco, cf. BAEUMER, M. L. "Das moderne Phänomen des Dionysischen und seine 'Entdeckung' durch Nietzsche". *Nietzsche Studien*, 6: 123-153, 1977 (Alemanha); *idem*, "Nietzsche and the Tradition of the Dionysian". *In:* O'FLAHERTY J. C.; SELLNER, F.; HELM, R. M. *Nietzsche and the Classical Tradition*. Chapel Hill: The University of North Carolina Press, 1976, p. 165-189; BEHLER, E. "Nietzsche und die Frühromantische Schule". *Nietzsche Studien*, 7: 59-87, 1978 (Alemanha); *idem*, "Die Auffassung des Dionysischen durch die Brüder Schlegel und F. Nietzsche". *Nietzsche Studien*, 12: 335-354, 1983 (Alemanha).

75 A esse respeito, precisamente, cf. BAEUMER, 1977, p. 153.

76 Cf. BEHLER, 1978, p. 76.

77 *Ibidem*, p. 78-79.

78 Cf. BAEUMER, 1977, p. 135.

estaria apenas a corroborar o dionisíaco como intuição estético-irracional da poesia, de Herder;[79] e retomaria Schelling, ao que este propôs o dionisíaco "como símbolo e exemplo de uma força inconsciente ainda inconsciente";[80] ter-se-ia em Nietzsche, ainda, um alinhar-se a nomes como Robert Hamerling, que concebera Dioniso como "essência do prazer desenfreado";[81] com Bachofen e Creuzer, a imputar a Dioniso a quebra do *principium individuationis*, a conceber o deus como liame entre homem e homem[82]; e ao propor o dionisíaco e apolíneo em interpenetração recíproca no drama ático e na arte helênica, nada mais teria feito do que se apropriar do que já havia sido exposto por Julius L. Klein.[83]

Mas acontece que, assim como Max Baeumer, temos motivos para acreditar no dionisíaco como "*pathos* filosófico" de Nietzsche. E temos motivos para acreditar, como estamos a tentar mostrar, que haveria aí uma originalidade do filósofo, intimamente relacionada ao cerne oculto de sua filosofia. A compreensão desse *pathos* não é algo a se dar por si, ou seja, ele precisa ser compreendido como disposição e movimento no seio da própria filosofia de Nietzsche, para além da tradição em que estaria a se inserir. Isso significa que ele precisa ser entendido não apenas no plano teórico, mas como *modus operandi*. Compreendê-lo é algo que demanda, antes de tudo, atentar ao que seria uma semântica de Dioniso e dionisíaco, isto é, atentar à sua relação com o que seriam seus candidatos a referentes, ou algo próximo disso. Pois pela própria letra de Nietzsche, "dionisíaco" pode ser um culto, uma embriaguez, música, um conteúdo musical, um som; um artista, um impulso, uma orgia; poderia ser poderes e formas, um querer ou um estado; dionisíaco pode ser um mito, um fundamento a ser espelhado ou objetivado pelo apolíneo; uma força da natureza ou, ainda, uma visão de mundo; um estímulo. De modo semelhante, a quase coincidir com o primeiro sentido, no dionisíaco também caberia a ideia de estar, de estar contido. De estar aqui ou acolá. O dionisíaco, assim,

79 *Ibidem*, p. 136.

80 Cf. BAEUMER, 1977, p. 142-143.

81 *Ibidem*, p. 152.

82 *Ibidem*.

83 *Ibidem*, p. 149.

evidentemente pode estar na tragédia, na arte, em uma multidão, assim como também em um indivíduo, na forma de um Estado; no Evangelho de João. Se essas referências todas muito se aproximam do que um certo senso comum diria sobre Dioniso, com Nietzsche, a partir daí, pode-se ir mais longe. Dioniso está além de todos esses pretensos referentes, sendo mais o que está a propelir todas essas coisas, ao modo de uma força motriz. Tanto mais adequado seria se perguntar como ele se faria atuante em tantos processos e em tantos estados, qual seria o seu estatuto. E esse viés de questionamento, ontológico, logo suscitaria o "epistemológico" – não no sentido de "conhecer" o dionisíaco, mas em um sentido visceral, de como vivenciá-lo e tangê-lo em filosofia. Em certo estrato se poderia, sim, tomá-lo por um conceito, mas essa compreensão iria fadá-lo à condição de fotograma filosófico, um termo parado no ar, pelo qual se imagina dar conta desse ou daquele conjunto de referentes – referentes tão fluidos e diáfanos quanto os sugeridos pela enumeração acima. Sendo assim, porém, se aí evidentemente se teria como referir o dionisíaco, não se teria como tangenciá-lo e vivenciá-lo, e seria letra morta a afirmação de Nietzsche de tê-lo convertido em um *pathos* filosófico.

Antes de ser entendido como um conceito, mais do que ser entendido como conceito, e longe de ser uma representação que meramente haure o dispositivo inconsciente que a produz (sem ser por ele responsável), o dionisíaco seria um dispositivo linguístico que, ao fim e ao cabo, pretende engendrar estados análogos aos dos gregos da era arcaica, de quando o expressavam e o invocavam, na tragédia, no trágico compartilhado e vivenciado. Mas nas palavras de Nietzsche, Dioniso não seria nem conceito, como não seria representação, e sim o acionamento do mecanismo de representação, tal como o filósofo formulara, a ligar a vontade aos fenômenos.[84] Ímpeto desprovido de representação, o dionisíaco apenas em um momento lógica e cronologicamente posterior comporta supostos referentes nos estados identificados e referidos como "dionisíacos". Dioniso não é representado, é intuído, e a intuição, para o jovem Nietzsche, é o movimento que se situa entre vontade e representação (cf. 7 [116], final

84 Como se viu acima, na seção III.IV, "Nietzsche e o ofício antimetafísico".

de 1870 - abril de 1871). Esse movimento, anterior à representação, à inteleção e à consciência, é uma intuição artística. Sim, levemos ainda uma vez a sério a indicação do filósofo, de que estaria invocando dionisíaco e o apolíneo não por intelecção lógica, mas por intuição [*Anschauung*], que lhe daria "certeza imediata" (cf. GT/NT § 1). Ao apelar à intuição de que "o contínuo desenvolvimento da arte está ligado à duplicidade de apolíneo e dionisíaco" (GT/NT § 1), o próprio Nietzsche estaria a acionar em si o gesto e os estratos do fazer artístico. Afinal de contas, como acima ressaltamos,[85] o conceito está para a filosofia como a intuição está para a arte (cf. 7 [126], final de 1870 - abril de 1871). A intuição contém em si um elemento de *pathos*, pois produzida por forças que atuam sobre o homem já antes de sua mediação subjetiva, e isso equivale a dizer que ele, como o próprio nome sugere, é receptivo em relação a elas, assim como o conteúdo das intuições diz respeito mais a esse *pathos* do que a um pretenso objeto. Sem ser um estado mental suscitado por um objeto, ao qual visaria corresponder e espelhar, a intuição, longe de estar calcada em uma suposta ou desejável correspondência com um objeto, é, na verdade, um processo, e um processo suscitado pela vontade (cf. 7 [112], final de 1870 - abril de 1871). Além de suscitada pela vontade, que desse modo faz com que a nossa intuição seja reprodução da intuição do uno-primordial (cf. 7 [115], final de 1870 - abril de 1871), a intuição enraíza-se na sensação. Nos processos implicados pela noção de sensação (sensação como *empfinden* e como *fühlen*) e, pela de intuição, por sua vez enraizada na sensação, faz-se presente propriamente a psicologia exercida pelo jovem Nietzsche. Nesta, de modo peculiar e perfeitamente inserido em sua metafísica de artista, a intuição faz valer o seu teor criador, porque densificador, da sensação: a sensação "sem objeto" (*empfinden*) converte-se em sensação "com objeto" (*fühlen*). É óbvio que, longe de alguma espécie de espelhamento, isso se dá por meio de uma projeção. A intuição seria assim, antes de uma inteleção lógica, um ímpeto; e por ser artística, também um gesto artístico. A intuição é o momento inicial de um trabalho investigativo, um modo pelo qual a questão - no caso, a da justificação estética da existência pelos

85 Mais precisamente na seção III.V, "Intuição (*Anschauung*) e fazer artístico contra a adesão metafísica".

gregos – pode se apresentar com mais vivacidade, de modo mais concreto. E é por essa via, que, a protagonizar na obra publicada o que nos escritos do espólio teorizara sobre representação e intuição, Nietzsche introduz apolíneo e dionisíaco. Ainda uma vez, porém, tomemos essa formulação como não mera retórica, mas perguntemo-nos de que se trata esse "apresentar-se com mais vivacidade, de modo mais concreto".

A formulação em questão implica não se apartar da vida, da interação com esta vida, da fricção com o que dela é mais palpável e concreto. Essa atitude está nos antípodas daquela que se atém à cunhagem de conceitos, à recorrência a eles mediante o esquecimento de que por um ímpeto foram cunhados, assim como palavras foram criadas. A referência à vivacidade está nos antípodas da razão, que, da mesma forma, esquecida do ímpeto que a faz razão, e de sua proveniência, imagina que não deva se imergir na vida, estando-lhe fora e acima, sendo o caso tão só de contemplá-la, de manipulá-la a distância e indiretamente, por certas saliências traduzidas em conceitos. A atitude que recorre à intuição imediata está nos antípodas daquela que desde Sócrates prevaleceu em filosofia: a de um Sócrates que está a buscar uma *consciência de seu saber* pela definição de qualidades e ideias abstratas mediante sua dialética, a de um Platão a buscar uma *consciência de seu saber* nas formas inteligíveis (*eîdos* ou *idéa*), e a de um Aristóteles a buscar essa mesma *consciência de seu saber* já nas próprias coisas pelas formas (*eîdos*), que seriam sua verdadeira natureza. A atitude da intuição direta está nos antípodas também da busca da *consciência de um saber* que começa a apontar para uma consciência de si, com o *cogito* cartesiano; e da *consciência de um saber* que definitivamente se afasta e se isola dos objetos, ficando com nossos conceitos *a priori* dos objetos, no transcendental kantiano. A todas essas buscas de consciência de um saber, que desde sempre deram as costas a seus próprios objetos e à vida, vem se contrapor a *intuição*, esta sobre a qual Nietzsche tematiza sobretudo no espólio e protagoniza na obra publicada.

A intuição proposta pelo filósofo não finge se apartar de seu meio mediante uma suposta e mais elevada consciência de saber. Não tem a pretensão de refletir seu objeto, já que, como fizemos ressaltar, diferentemente da intuição segundo Kant e Schopenhauer, não opera por percepções submissas a um objeto, e sim por projeções. Ao buscar o prazer no fenômeno, ela se torna movimento de projeção convertendo *sensação sem objeto* em *sensação com objeto* em um movimento de densificação que é, dessa forma, um movimento de criação. Justamente por isso, vimos ser a intuição um "produto estético" e provida, afinal, de um caráter artístico. Tanto esse é o caso que, se analisarmos as condições em que a intuição se dá, no dispositivo de projeção se vão encontrar, antecipados pelo jovem Nietzsche, os três traços estruturantes do fazer artístico que ele virá a protagonizar com seu estilo:[86] o primeiro traço, o da conversão de oposição ou resistência em estímulo, é contemplado à medida que o prazer ansiado pelo uno-primordial só é possível no fenômeno e na intuição (cf. 7 [172], final de 1870 - abril de 1871): o movimento da dor ao prazer seria o lastro de embriaguez que propusemos associado ao primeiro traço do fazer artístico. O segundo traço está aí presente uma vez que a projeção artística da intuição se dá em um momento em que a realidade já não é apreendida, e seu evanescimento torna-se justamente ensejo para a criação do que já não se percebe, no que se tem uma interpenetração com a realidade circundante. Quanto ao terceiro traço que constitui o fazer artístico, ele está presente à medida que nossa intuição nada mais é do que a reprodução "da intuição do uno-primordial" (7 [175], final de 1870 - abril de 1871), assim como o projetado é "a visão a todo momento produzida da intuição original" (7 [175], final de 1870 - abril de 1871). Em suma, a intuição simplifica e simboliza à medida que, a todo o tempo, sob uma pretensa percepção do mundo, reproduz a mesma visão emanada do uno-primordial.

Esses traços do fazer artístico são ali antecipados à medida que vivenciados. Seriam a sua primeira protagonização, ainda perdida nas expectativas de um renascimento no âmbito de toda a cultura, e isso significa uma protagonização ainda não consciente do que a move. Mesmo assim, porém, com a noção de intuição artística já se tem uma descida à interioridade, esta que se identificará à expressividade dos impulsos. Se no ciclo do *Humano, demasiado humano* o dionisíaco passara por um misto de substituição e deslocamento, na verdade ele ali se faz submetido

86 Como se viu no capítulo I, mais precisamente nas seções I.V a I.VII.

à "química dos conceitos e sentimentos" (MM/HH § 1), além de subsumido às noções de vida, de vivacidade eterna, por meio da busca das "coisas mais próximas". O que mais precisamente ocorre é que a química que decompõe substâncias e sentimentos, a evidenciar a eterna vivacidade e as coisas mais próximas, faria reconhecer o dionisíaco em instâncias, ou melhor, em processos que, em seu imanente fazer e desfazer, resistiriam a todas as configurações do homem: Nietzsche teria reencontrado Dioniso nas dimensões pulsionais porque assim, a bem dizer, "se predestinara", com a conjugação entre prazer e vida a pautar desde sempre seu filosofar, bem como seu olhar à ciência.

III.XI. Dioniso e a primeira dimensão pulsional

Ao tratarmos das dimensões pulsionais, mais precisamente do que propusemos ser a primeira dimensão – à que Nietzsche chegou de pronto –, procuramos ressaltar traços que decorrem do aspecto pulsional mais evidente, a saber, o dispositivo prazer-e-busca-de-prazer que, no curso da investigação nietzschiana, revela-se busca de intensificação do sentimento de potência. Essa primeira dimensão só encontrará continência e delimitação com a segunda dimensão, já que por si só é uma vontade sem anteparo nem objeto. Porque não os tem, tampouco terá centro ou identidade, a si mesmo a todo tempo se constrói e se destrói, à medida que se acumula como sentimento de potência, e se descarrega. Em relação à segunda dimensão, que lhe imporá limite, dando-lhe forma, aparência e identidade, a primeira será um impulso irrefreável, uma embriaguez que lhe será como que estranha, alheia, a "falar-lhe" a um só tempo de longe e de muito perto, já que se identifica à vida no sentido de toda a natureza a atuar em uma vida delimitada, de um organismo individual. Em relação ao impulso considerado segundo as outras três dimensões – propriamente a segunda, que interage e delimita (2), a terceira, que valora e reflete (3), e a quarta, que em sua visão de todo faz-se artista na fricção e no *timing* de suas interações (4) –, a primeira dimensão é não apenas traço de incontornável prazer, mas também de horror por sinalizar seu alheamento e sua finitude, seu iminente desfazimento.

Fisiologicamente falando, os gregos da era arcaica evidentemente se fizeram sensíveis ao arrebatamento e ao horror dessa primeira dimensão pulsional sem procurar evadir-se dela, sem lhe dar as costas por artifícios que só virão mesmo com Sócrates. Porque eram fortes, munidos de um pessimismo forte, dos fortes, não se intimidaram. Tal como acontece com qualquer ser orgânico, por um dispositivo pulsional projetaram essa percepção para fora de si, e para um fora-de-si que fosse persistente e igual a si mesmo (cf. 11 [268], primavera de 1881). Se esse dispositivo é uma constante na natureza, assume especial premência em se tratando de uma percepção ameaçadora, como era o caso (cf. M/A § 17) do referido misto de horror e prazeroso arrebatamento. Para um impulso a lhes mover e instar violentamente, mas sendo-lhe de certa forma estranho, irreconhecível à luz das convenções da civilidade que erigiam – e tais são bem os traços característicos dessa primeira dimensão pulsional –, imaginaram um deus que, se não era estrangeiro – vindo da Trácia, do insondável e visceral Oriente –, seria, em todo caso, "estrangeiro portador de estranheza", "estrangeiro do interior".[87] Acima de tudo, porém, era um deus tão antigo que vinha, afinal, de outro tempo. Era um deus dos instintos, mensageiro da embriaguez, da energia coletiva. Ligado a todo impulso primordial e natural, era a resposta grega a transfigurar o impulso que, proveniente da obscuridade, conduzia-os ao excesso, sentido como um perigo que, ameaça à sua própria civilização, vitalidade arrebatadora, habitava em si mesmo. Em sua resposta a suas próprias e internas ameaças, forjaram um deus do *pathos*, atormentado. Atormentado e também ambíguo: metade animal, metade humano, do terror, mas também do êxtase, do que morre e do que renasce, da mortalidade e da eternidade a se interpenetrarem uma à outra.[88] Sua relação com morte e vida, coletivo e individual só pode ser compreendida à luz da dupla concepção de vida para os gregos: como *zoé*, vida entendida como abrangente e universal, abundante e indestrutível, que não apenas se mantém ao longo de ciclos de mortes e renascimentos,

87 Cf. DETIENNE, M. *Dioniso a céu aberto*. Trad. Carmen Cavalcanti. Rio de Janeiro: Zahar, 1988, p. 21 e 26.

88 A esse respeito, cf. OTTO, W. F. *Dionysos: Le mythe et le culte*. Trad. Patrick Levy. Paris: Gallimard, 1992, p. 194.

mas, sobretudo, promove esses ciclos; e como *bíos*, já que no âmbito dos grandes ciclos as individualidades que nascem e morrem são da espécie de vida sujeita a nascimento, sobrevivência e perecimento. Por transitar, ambíguo, entre essas duas espécies de vida, Walter F. Otto afirma que em Dioniso "morte e vida se tocam em alegria demente":[89] morte das partes, vida e imortalidade inerentes ao todo. Nesse sentido, sendo ilusão protetora forjada pelo medo da finitude e da morte, o próprio Dioniso tivera a experiência da morte, da morte tendo revivido. E os ritos dionisíacos, a se expressar nessa direção, eram justamente ligados à ciclicidade, aos ciclos de morte e renascimento das estações da natureza. Neles, os gregos se abandonavam à embriaguez e às relações orgiásticas por descentramento e ausência de limite, vivenciando a natureza, que os invadia sem mais, da maneira mais crua e mais primitiva; entregavam-se aos disfarces, vestindo-se com peles de animais, pois afinal, dando-se vazão à primeira dimensão, havia ali uma perda da individualidade e da aparência – que só estarão presentes no âmbito da segunda dimensão pulsional. Para uma imposição de limites, de harmonia e de aparência, de formas e de belas formas, de identidade e individualidade – que tanto a primeira dimensão quanto a sua versão como Dioniso desconhecem –, haveria, evidentemente, uma segunda dimensão. A segunda dimensão foi aqui proposta como resposta à necessidade orgânica de se impor limite e forma à primeira dimensão, a entabular com ela um embate agônico – o prazer no sentimento de potência só existe em função do limite que se impõe a ele. Para a segunda dimensão pulsional – organicamente sentida, artisticamente elaborada –, os gregos projetaram um deus de características muito diferentes das de Dioniso. Também um deus mais recente, e de origem menos obscura, Apolo é aquele que provê conhecimento e reconhecimento de limites, que inexistem na primeira dimensão pulsional. Resplandecendo luz, Apolo, cujo nome quer dizer "brilhante", torna todas as coisas visíveis, e isso ante a obscuridade da primeira dimensão, que remete a um impelir e a um sentir sem continência nem aparência. É o deus da forma, demandada para se fazer frente ao turbilhão dionisíaco, sem ser por ele engolido ou

89 *Ibidem*, p. 145.

aniquilado. Apolo é, assim, a resposta transfiguradora dos gregos à necessidade de se contrapor à primeira dimensão – e a Dioniso –, dando-se pelo ímpeto de limitar, de dividir, de ordenar e dar forma, de representar em imagens, de individuar. Sim, pois Dioniso é a presença vivificadora da *zoé*, vida infinita, na *bíos*, vida delimitada, dos organismos individuais. Vivifica, ao mesmo tempo em que submete a vida delimitada e individual ao ciclo infinito de mortes e renascimentos. Ocorre que se Dioniso, esse princípio vital transfigurado da primeira dimensão pulsional, não tolera, não suporta nenhum estado, nenhum modo de ser definido de uma vez por todas, e se justamente a segunda dimensão pulsional vem lhe impor o *principium individuationis*, a obrigar-lhe formas, clareza e aparência, isso significa que o indivíduo *bíos* é resguardado da força do poder disruptor da *zoé*, que a ele chega pelo dionisíaco.

A *zoé* invade a *bíos* a ponto de rompê-la – como na ação da primeira dimensão pulsional: da parte do homem grego o que se tem é a projeção do entremeio dessas duas formas de vida sob a forma de entidade fora de si, ou seja, o que se tem é a transfiguração da vida individual em Dioniso. Os gregos da era arcaica foram impelidos a projetar e cultuar esse deus. Com "gregos" se tenha em mente específica e primordialmente os que foram mais sensíveis às necessidades da primeira dimensão pulsional, ou que mais de perto sentiam a proximidade do deus. Estes se fizeram os servos de Dioniso, em cortejo exaltado de um culto religioso de todo naturalizado, no qual se celebravam os ciclos de nascimento e morte na natureza. Desse cerimonial advirá, por emulação, o coro trágico, quando a embriaguez da turba satírica passa a propriamente se assistir como embriaguez, convertendo o fazer artístico imanente à natureza em deliberação artística. Sim, pois o coro trágico não era de seres naturais, mas de "fingidos seres naturais": "o grego construiu para esse coro a armação suspensa de um fingido estado natural" (GT/NT § 7). O "fingido", o "armado" se fez desejável e possível para que se desse vazão à embriaguez natural, uma vez que a música, o canto e a dança dos sátiros no cortejo do deus Dioniso acionam a esfera pulsional para além de toda lógica gregária e discursiva, contornando a linguagem, que, além de gregária, é seccional, transversal e mortificadora. A pulsação musical perfura as camadas de tal linguagem e vai além: ao penetrar os meandros pulsionais, sendo a partir dali acionados, os sátiros e coreutas tangenciam o ponto de contato de sua *bíos* com a *zoé*, entabulando um jogo de transposição do limite entre uma e outra. Ao fazê-lo, deixam de estar presos à sua própria individualidade e de se pautar pelas balizas da vida em sociedade. Interpenetram-se com as forças cósmicas, anteriores a tais balizas, posicionam-se no diapasão da vida que, eterna vivacidade, tanto rege mortes e nascimentos quanto prazerosamente se compraz nesse ciclo.

Se, segundo o próprio Nietzsche, desses cortejos embriagados adveio o coro ditirâmbico, mediante imitação artística do fenômeno natural, desse mesmo coro o herói passa a se destacar, ganhando vida própria e fazendo surgir a tragédia ática. A esse respeito, convém ressaltar o quanto o filósofo, ao se alinhar a uma tradição para a qual a tragédia teria surgido do coro trágico, indica, nessa célula de surgimento, o elemento de protagonização: em vez de tomar o coro por instância reflexiva, à parte, e de moralização, a multidão se sente transformada em sátiros: "o coro, em sua fase primitiva de prototragédia, faz-se autoespelhamento do próprio homem dionisíaco" (GT/NT § 8; *tradução ligeiramente modificada*). E se Dioniso propriamente não está presente – é metáfora –, na verdade é o coro ditirâmbico que deve "excitar o ânimo dos ouvintes até o grau dionisíaco" (GT/NT § 8), com o elemento de protagonização passando do coro ao entusiasta dionisíaco, que "se vê a si mesmo como sátiro, e como sátiro, por sua vez, contempla o deus" (GT/NT § 8), ou seja, o entusiasta se abre a uma eclosão da primeira dimensão pulsional, o elemento de protagonização não sendo outro que não a aderência à sua proveniência, ao que efetivamente anima seu gesto.

Ocorre que, se assim ficassem entregues, público e coro da tragédia, à embriaguez avassaladora da primeira dimensão pulsional, esta, em seu ímpeto de romper formas e implodir o princípio de individuação, faria com que eles sucumbissem, no âmbito da indeterminação, tragados pelo sorvo de embriaguez, fundidos ao mundo e à vida como *zoé*. Mas o que os movia não era um impulso de dissolução, e sim de fusão. Fusão com a natureza, fusão esta que, de fundo estético, poderia ser recobrada pelo fazer artístico. Se o que estrutura a vida, sendo próprio à natureza e ao impulso de criar na natureza, como na arte, é o ágon, um entrechoque de ímpeto vital e sua contenção – da *zoé* pela *bíos* –, o mesmo agônico embate se terá entre as duas forças da natureza, Apolo e Dioniso, na arte. Como manifestação artística, a originalidade da tragédia esteve em trazer as duas pulsões a um estado de mútua colaboração, ainda que sob controlada tensão, a fim de que cada qual se expressasse por meio da outra. No âmbito d'*O nascimento da tragédia*, *zoé* e *bíos* estão presentes, *zoé* como o uno-primordial, *bíos* como *principium indivituationis.*[90] Dioniso seria o endeusamento do uno-primordial, em seu anseio pela aparência e pelo prazer supremo conquistado pelo mergulho na aparência; já Apolo seria o endeusamento do *principium individuationis*, no qual se realiza o "eternamente visado pelo uno-primordial" (GT/NT § 4). Do ponto de vista pulsional, mais precisamente das dimensões pulsionais, no primeiro caso se tem uma ênfase na primeira dimensão, e no segundo caso, na segunda dimensão. Essa ênfase se deu de forma exagerada, em uma ou em outra, em períodos sucessivos da cultura grega: "sob o mundo homérico, [houve] o governo do impulso apolíneo" (GT/NT § 4), para que depois esse "otimismo 'ingênuo" fosse "engolido pela torrente invasora do dionisíaco" (GT/NT § 4). Esses períodos de alternada predominância findaram-se com o advento da tragédia, cujo traço essencial é "um *coro* dionisíaco, sob o efeito de uma ação apolínea, a manifestar seu próprio estado numa *visão*" (7 [127], final de 1870 – abril de 1871). A visão é o apolíneo, do âmbito do *principium individuationis*; Dioniso, a entabular com ele um embate agônico, agora "não fala mais através de forças, mas como herói épico, quase com a linguagem de Homero" (GT/NT § 8).

A ação do agônico na tragédia como manifestação artística se compreende ao se considerar que, sob o ágon, Dioniso não seria amorfo nem

---

90 Justamente por procurar ver esse conjunto de relações de modo mais analítico, a apreender suas sutilezas, é que nos abstemos de identificar Dioniso e uno-primordial (cf. DE BLEECKERE, S. "'Also sprach Zarathustra': die Neugestaltung der 'Geburt der Tragödie'". *Nietzsche-Studien*, 8: 271, 1979 [Alemanha]), e mesmo de tomá-los como correlatos, isto é, o uno-primordial como um dos correlatos do dionisíaco (cf. MATTIOLI, 2016, p. 21, nota 6). Dioniso seria *uma certa relação* com o uno-primordial (a de endeusamento), e estaria para ele tal como o apolíneo estaria para o *principium individuationis*.

caótico. Tal se revela mais nitidamente quando se tem em vista o seu análogo pulsional. A separação entre as dimensões, como propusemos no capítulo II, tem efeito apenas metodológico, de facilitar a sua compreensão. Para se valer como prazeroso sentimento de potência, Dioniso - ou a primeira dimensão - obviamente demandará resistências. Ou então se fará elemento eminentemente destruidor, ao passo que, no âmbito das individualidades, a experiência dionisíaca precisa ser efetivamente fruída. Para forçar limites e tentar implodir individualidades, Dioniso obviamente as demandará, e elas vão se lhe contrapor com aparências, com a beleza das formas, que apolineamente vão se preparar para recebê-lo com imagens oníricas - isso se tem na intuição artística grega, como no âmbito das dimensões pulsionais, com os impulsos a apolineamente antecipar interações e adiar a descarga do impulso vital, dionisíaco. Desse modo, na tragédia grega, como na célula *mater* do ser vivo, não se tem nem o caos, nem o cosmo - tem-se uma deleuziana caosmose, ou um *caosmo*, como bem já se referiu na pesquisa Nietzsche.[91]

III.XII. Da tragédia ática ao filosofar de Nietzsche: agonismo e reconhecimento do limite

Se com a tragédia os gregos chegaram a um estágio de perfeição nem antes nem depois conseguido na reconciliação, por via estética, dos dois padrões de forças da natureza, e se o próprio Nietzsche, à sua maneira, retomará um equivalente a tal reconciliação em sua filosofia, um evidente traço comum é, ainda uma vez, o elemento de protagonização. O elemento de protagonização se dá em função de um dispositivo que aqui caberá trazer à luz. Tanto no exercício da modalidade artística pelo tragediógrafo, regido pelas duas forças estéticas da natureza, quanto no *conteúdo* da tragédia, em que Dioniso se encarna em heróis trágicos como Édipo, Electra, Antígona, Agamêmnon, o que faz a agônica conciliação de Dioniso e

91 Aqui está se citando Roberto Machado: "Com a tragédia temos não mais um caos, nem propriamente um cosmo, mas um 'caosmo', poderíamos dizer, retomando a bela palavra de Joyce de que Deleuze tanto gosta". Cf. MACHADO, R. *O nascimento do trágico: De Schiller a Nietzsche*. Rio de Janeiro: Zahar, 2006, p. 234.

Apolo é a relação do primeiro com o limite, projetado na figura do segundo. Como observa Enrico Müller, à medida que Dioniso força o limite imposto no âmbito que é o do apolíneo, das formas e da individualidade, ato contínuo esse limite se torna perceptível.[92] Isso significa que o herói se faz consciente – isto é, encontra o seu próprio destino – à medida que mostra o seu caráter frágil, e à medida que se evidencia o estatuto ameaçado da forma. Na tragédia, o dionisíaco encarnado no herói trágico o faz quebrar o limite de sua condição, e sua forma – por mais que seja eminente e bela, pois o herói trágico é de compleição moral e *status* social muito acima da média – não apenas é ameaçada como sucumbe, já que o limite do que ele pode em sua condição, como *bíos* instada pela *zoé*, é rompido, com o herói sendo tragado pelo caos. Ora, já na experiência estética, presente no próprio filosofar de Nietzsche, o entrejogo com a visibilidade do limite tem outros desdobramentos, atuando, porém, de maneira análoga: ao se tornar visível o limite, e ao fazer-se *consciente* o artista criador em contato com ele, o que se tem é que, a um só tempo, se põe em questão, pela via negativa, (1) a forma anquilosada que, estrutura calcada tão somente no apego a si, já nada tem que ver com a receptação e contenção do dionisíaco (que é a primeira dimensão pulsional); (2) a visibilização do limite que, justamente, forçaria os limites da forma, pondo à prova suas forças e fraquezas, evidenciando-a, ao final, como mera forma e como forma entre outras formas. Pela via positiva, por outro lado, põe-se em questão o conhecimento do limite e a relativização da forma a fazer com que sempre possam ser criadas novas formas. Por esse dispositivo, na tragédia grega como no fazer artístico, opera-se um esboço de passagem entre *zoé* e *bíos*, entre inconsciente e consciente, que, tanto em um caso como no outro, é um ato de tomada de consciência e, também, um ato de protagonização.

A possibilidade de criação de novas formas artísticas – ao menos sempre que tal for instado pela conscientização dos limites – significa, no sentido contrário ao do apego a esta ou àquela forma, uma *interpenetração* com um mundo, uma mobilização das forças inconscientes – prolongamento da natureza em nós – a fazer-se possível em razão da reprodução

92 Cf. MÜLLER, E. "Dionysos". *In:* ASTOR, *op. cit.*, p. 250-259.

deliberada da urdidura agônica mediante a conciliação de apolíneo e dionisíaco. Como é sabido, a excelência de tal conciliação na tragédia grega foi posta a perder – com parcos e pálidos reavivamentos na história humana –, do que se teve os conhecidos desdobramentos para a cultura grega ocidental. O quadro só veio a piorar com o gradual desencantamento do homem – tornado um *cogito* assolado pelas conquistas desse mesmo *cogito* – e também do mundo – tornado um travejamento de relações causais, passando pela gradual lassidão das instituições modernas, até se chegar a Schopenhauer – a seu sintomático e retumbante sucesso na segunda metade do século XIX. Schopenhauer é o caso mais emblemático das investidas da primeira dimensão pulsional em terreno do qual fora, pretensamente, de todo alijada. As investidas, no caso, foram torturantes. No filósofo de Frankfurt a questão da conscientização do limite se põe em filosofia, mas sem sabê-lo exatamente. Já por ocasião da recepção de Schopenhauer por Nietzsche, este passou a evidenciar a questão do limite. Sua atuação como filósofo o fez atentar a esse problema e a seu oposto grego, isto é, ao possível "antídoto" grego. Entretanto, inserido na cultura alemã em sua tradição romântica, o jovem Nietzsche fiou-se no poder da música sinfônica para apostar na revivescência do milagre grego. Tal não seria possível, uma vez que no teatro grego, ao que o ânimo dos ouvintes era excitado até o grau dionisíaco, a vida na pólis se punha em suspensão, os interesses particulares evadiam-se em função de uma psique coletiva, e nisso os vínculos com as respectivas individualidades enfraqueciam-se em favor de uma projeção para fora de si mesmos. Nessa projeção, instada pela figura do herói, o público copartícipe se reconhecia no outro e na natureza, mediante a visão extasiada de si próprio. À época de Nietzsche, tal fusão já não se fazia possível. No âmbito dos motivos acima esboçados, relativos à perda da urdidura agônica e seus desdobramentos nos tempos modernos, a referida fusão com a natureza, como decorrência da dissolução dos vínculos socialmente estabelecidos, fazia-se inviabilizada. A evidenciação do sujeito – a formulação filosófica que se teve com o *cogito* sendo a sua chancela e antecipação – fez com que este, ganhando "vida própria", pudesse se reconhecer inteiramente desatrelado da sociedade, a ponto de uma subjetividade, ou sua sombra, estar sempre no horizonte e ser reencontrada, ainda que distorcida, mesmo quando dissolvidos os vínculos sociais – bem ao contrário do que se tinha na Grécia da era trágica e mesmo na clássica.

Mas a natureza, se não poderia ser reencontrada coletivamente por meios como a indução do coro ditirâmbico, ou pela música sinfônica alemã, poderia sê-lo pela onipresente experiência subjetiva. No caso da filosofia, a voz da natureza no homem, entendida como o inconsciente, fez as vezes de pedra de tropeço, sobretudo entre os séculos XVII e XIX. Terminou por exigir seu lugar na filosofia com o princípio metafísico que Schopenhauer chamou de vontade. Com Nietzsche, o inconsciente, assim voz da natureza, enfim encontrará guarida, sem ter de se esgueirar, invasivo e torturante, também traiçoeiro, por trás das estruturas metafísicas. Ocorre que essa guarida não seria possível sem um movimento antimetafísico que desde o início Nietzsche adotou em seu filosofar. Não basta criticar a metafísica; é preciso cortar pela raiz o seu canto de sereia, a acenar com uma ilusória fixidez e pretensa estabilidade – como se negar o vir-a-ser redundasse em proteger-se dele. Desse modo, o filósofo teria preparado o caminho para que, sem jamais deixar de tê-lo no horizonte, reencontrasse Dioniso, bem como Apolo, fazendo-os descer a seu plano mais íntimo, que é imanente, radicalmente plural e relacional. Isso sem fazê-los conceito ou representação tributários de esquemas lógicos e conscientes, sem entendê-los como nomes aprisionados a referentes, mas sim, em especial no caso de Dioniso, como uma intuição artística a que subjaz a natureza sob a forma de vida, de vida individual. Inerente a seus próprios impulsos, e com eles compromissado, Dioniso – embriaguez da existência a atuar em nós, sem ser identificada a nós, pois da ordem da *zoé* – presidiu as investigações científicas de Nietzsche, como se tivesse encarnado em seu filosofar. Com isso, em sentido contrário ao da dinâmica científica e filosófica de seu tempo, e de antes de seu tempo, o filósofo falou e protagonizou seu falar em favor da vida. De uma vida à qual o sentimento de potência é imanente e à qual o prazer nesse sentimento é inerente. O explorar, o desvelar, o fazer ciência ou o ancorar-se nas ciências subsumem-se a um interpretar em favor da vida, e não em favor de um travejamento mecanicista e causal, e tampouco no sentido de, mesmo no discurso científico, erigirem-se entidades metafísicas que não nos falam mais. Nessa medida, ao se falar de vida que, para além das circunstâncias particulares da *bíos*, sente prazer e gana em e por si mesma, está-se a se falar no dionisíaco.

O dionisíaco que os gregos da era trágica expressaram no âmbito de sua cultura vigorosa já não pode ser assim pura e culturalmente expresso, pela via coletiva, pelo que seria um análogo aos cantos ditirâmbicos. Não foi em vão a inteira disseminação de muitos séculos e camadas de socratismo, da religião e da reatividade e moralidade cristãs, do reiterado impedimento à descarga dos impulsos, não o foram o medo do vir-a-ser, a *décadence*, como não foi em vão uma ciência inteiramente voltada a impedir o desprazer (cf. FW/GC § 12). No âmbito cultural, à época de Nietzsche o tônus perdido das urdiduras pulsionais mostra-se irrecuperável. Mas se o dionisíaco está a esse ponto culturalmente inviabilizado, em contrapartida o filósofo pode como pôde compreendê-lo, tendo-o reencontrado da maneira que seria a mais improvável: pelas ciências que desencantaram o mundo para, dele apartadas, manuseá-lo. Agora se trata de expressar Dioniso uma vez tendo-o conhecido, sabendo "onde habita", estando ele vivificado e sendo acionado no âmbito de uma intimidade. No cerne da filosofia de Nietzsche tanto o ágon quanto a relação com o reconhecimento do limite podem encontrar vazão de bem outra maneira. Quanto ao ágon, aqui já tratamos de como se deflagra em sua filosofia. O que na tragédia era o ágon entre apolíneo e dionisíaco, em Nietzsche é o embate entre forças inconscientes, mobilizadas pelo fazer artístico em sua filosofia, e as conscientes, mobilizadas por seu rigorosíssimo construto racional e por sua probidade intelectual.

Se a tragédia grega é evidenciada em *O nascimento da tragédia* como fenômeno estético exemplar, com a perfeita conciliação entre apolíneo e dionisíaco, o reaparecimento de Dioniso, seja na obra de Nietzsche, seja alhures no seio de uma cultura, igualmente demandará uma experiência estética. Na obra de Nietzsche tem-se o acionamento de estados fisiológicos com a ciência de que não são meros estados fisiológicos.[93] Isso bem se compreende se se considera que a arte em Nietzsche é "uma capacidade

93 Vimo-lo no capítulo I, mais precisamente nas seções I.IX até I.XI, que versam sobre a forma aforismática, a questão do estilo, ritmo e pulsação na escrita de Nietzsche.

humana de converter experiências existenciais em fenômenos estéticos".[94] Foi bem esse o modo de proceder do filósofo ao converter a palavra, de moeda de troca insípida, em expressividade, alegoria artística, e converter também as vivências que seus contemporâneos – sempre à caça de motivos para desejar – tinham por insípidas. Para tanto, ele se fez ciente da conversão de resistências, na verdade uma sensaboria tanto existencial quanto linguística, em um sentimento de embriaguez a remeter tais resistências ao primeiro traço estruturante do fazer artístico. Nesse processo, se em seu tempo uma questão por excelência candente era o embate entre otimismo e pessimismo – ou, em sua versão eminentemente negativa, como niilismo –, indo além dela Nietzsche permite-se perdê-la de vista, desvelando a capacidade animal-humana de desejar independentemente desse ou daquele motivo, desse ou daquele objeto, a se interpenetrar com ela – e desse modo o segundo traço estruturante do fazer artístico revela-se atuante em sua investigação. O seu projeto – encontrar a máxima justificação da vida em seu âmago mínimo e mais plural – precipita-se sobre cada formulação como um mesmo símbolo a lhe conferir organicidade, no que reencontramos o terceiro traço estruturante do fazer artístico. Se esses três traços que estruturam a arte encontram-se já na natureza, e se a natureza no homem se faz presente em seus processos fisiológico-reflexivos, faltando-lhes a linguagem articulada para se converter em conscientes, acioná-los em filosofia é uma forma de trazer ao ato de filosofar a interpenetração com a natureza. Essa mesma interpenetração com a natureza, que a bem dizer infunde o filosofar, é sempre ratificada a cada nova formulação alegórica, e o melhor talvez fosse dizer que é "ritualizada", tal como Dioniso era ritualizado na tragédia grega. É ritualizada em Nietzsche cada vez que um máximo de energia é concentrado em um mínimo segmento reflexivo – a conter um máximo de desdobramentos reflexivos –,[95] ou em um recorte aforismático, a ecoar em um momento subsequente, nas parábolas de *Zaratustra* ou na menor de suas máximas – não será bem esse o traço estruturante da poesia? A natureza, assim

94 Cf. MÜLLER, E. *Die Griechen im Denken Nietzsches*. Berlim: De Gruyter, 2005, p. 35.

95 Como vimos em nosso capítulo I, mais precisamente na seção I.IX, "O fazer artístico em filosofia I: a forma aforismática".

sempre de novo ritualizada, ela o será pelo deliberado exercício do estilo, da linguagem a fazer jus à sua proveniência alegórica. Pelo exercício do estilo,[96] os pensamentos são mesmo fisiologicamente sentidos e expressos a partir de uma tensão fisiológica, e também a partir da ordem dos termos no enunciado, assim como seus tempos fracos e fortes remetem não a uma horizontalidade gregária, mas a uma verticalidade pulsional, singular e intransferível. Nesse mesmo sentido se dá a ênfase de Nietzsche na questão do *tempo* que, fisiológico, é uma pulsação vivenciada que poder ser expressa, mas não comunicada.[97] Desse modo, pela compulsão a converter as interações pulsionais em *tempo*, em respiro e em palavra, a natureza, por meio da vida e da "pulsionalidade Nietzsche", é acionada em seu filosofar. E é nesse âmbito que o sentimento de intensificação da potência (primeira dimensão pulsional) vem a ser a exultação da vida, da *zoé* a se manifestar em *bíos*, em cada intervenção, em cada respiro. Aí se tem o dionisíaco a atuar como *pathos* e a reger o ato de filosofar.

III.XIII. Um novo agonismo: inconsciente *versus* consciente

Se acima dissemos que Dioniso encontrará "guarida" no filosofar de Nietzsche, tal guarida não significa uma prevalência, como quando as forças titânicas se apossaram da cultura grega, tampouco um tematizar conceitual e exaustivo, ou a pressuposição de ter Dioniso um referente fixo. Nada mais distante do que na verdade é um ímpeto, que tende a forçar e implodir todas as formas com que se intentaria aprisioná-lo, sejam elas palavras, ou então o automatismo linguístico, seja o raciocínio em estados de consciência tidos por sem percalços nem intermitências. O elemento dionisíaco, tão insidioso, em todo o caso sempre atuante, não poderia ser mobilizado – mais precisamente "imobilizado" – dessa maneira. Agente expressivo por excelência, no entanto não aprisionável por seus meios de expressão, ele teria de ser posto em tela, melhor dizendo em uma arena,

96 Como vimos no capítulo I, mais precisamente nas seções I.IX a I.XI.

97 A esse respeito, cf. nosso capítulo I, mais precisamente a seção I.XI, "O fazer artístico em filosofia III: ritmo e pulsação (*tempo*)".

em agônico embate com aquele que sempre imagina suplantá-lo, aquele que, reflexivo, pondera sobre sua ação e, no caso da filosofia de Nietzsche, sobre o modo arrevesado de sua tematização: o consciente. Daí se ter o inexprimível, que, não obstante, quer tanto e tem tanto a expressar, em agônico embate com o que se expressa. Pelo referido embate, a consciência não raro soçobra, e ao que suplantada pela inconsciência faz-se, pois, intermitente. A intermitência da consciência e de toda a ação consciente se deixa emular em Nietzsche pelos temas importantes tratados rapidamente, como quando se entra e sai de um banho frio (cf. FW/GC § 381), também pelas quebras entre aforismos, pelas questões abandonadas e retomadas ao longo da sucessão aforismática, pelo jogo especular entre questões que, em meio a outras, são suscitadas nos aforismos inicial e final de uma seção. No modo como o tema de um aforismo não é dado, e sim conquistado, em um enfrentamento travado no desenrolar do próprio aforismo – como quando um impulso se torna consciente em meio a uma luta de impulsos (cf. M/A § 115, 119). Ao entender ser a maior parte do pensamento consciente de um filósofo guiado pelos instintos (cf. JGB/BM § 3), Nietzsche ele próprio se deixaria sucumbir aos instintos, e sem mais se levar pelo inconsciente, mais amplo e potente do que a consciência? Ora, em vez de "sucumbir", "deixar-se levar", encenar-se, travar um embate, fazer a consciência emergir, ganhar força. Sim, o embate consciente-inconsciente é protagonizado. E Dioniso é da ordem de como o inconsciente é para tal convocado, a fim de, como *pathos*, haver-se com o *logos*. O dionisíaco é protagonizado com uma linguagem indireta, que pode recorrer a relatos concretos, imagens oníricas, circunstâncias e exemplos banais a remeter a algo de nós muito mais próximo, porém ocultado e fugidio. Como dizíamos mais acima,[98] a consciência em Nietzsche não é um estado, e sim uma aquisição, adquirida sempre à custa de outra coisa, de outro processo, ou melhor, de processos que justamente não chegam à consciência. E o processo de aquisição da consciência é, a todo momento, justamente emulado na filosofia de Nietzsche, quando, a se interpenetrar com a natureza, no ato de recriação da linguagem ele torna a fazer – e a suscitar no leitor – os transposicionais saltos metafóricos pelos quais uma sensação, um

98 Mais precisamente na seção III.IV, "Nietzsche e o ofício antimetafísico".

estímulo nervoso, inconsciente, converte-se em palavra. A compreensão dessa palavra, nesse caso, não será uma recepção automática, tributária de um sentido gregário, e sim um processo de engendramento da consciência, um limite exercido e alargado, e assim reconhecido, tal como o que se tem na hipótese do surgimento da consciência no homem (cf. FW/GC § 354), quando uma necessidade assoma à consciência com sua conversão em capacidade. Em vez de um sonambulismo conceitual assentado em uma linguagem mortificada, tem-se, no ato da elocução - o mesmo processo a se demandar nos atos da recepção e compreensão -, um acionamento de sua própria pulsionalidade e um vivo chamado à sua própria consciência - tanto da parte do próprio Nietzsche como do que ele espera e exige de seu leitor. E se a consciência é intermitente (cf. FW/GC § 11), a um só tempo forjada e tragada pela pulsionalidade que tem às costas, as inevitáveis incidências na inconsciência - no decorrer do próprio discurso filosófico - são sopesadas pela verticalidade pulsional sempre de novo exigida, que, por uma certa expressividade linguística, sempre há de ganhar o limiar da consciência. Nietzsche está, com isso, a todo o tempo protagonizando o seu filosofar: os interstícios da consciência são um ensejo para um novo chamado à consciência pelo gesto artístico-filosófico que advém das camadas inconscientes. Assim, com uma nova alegoria, com a sintaxe rigorosamente pensada, mas sobretudo rigorosamente sentida, com o *tempo* fisiológico traduzido em linguagem, o limite inconsciência-consciência é reiteradas vezes conhecido e reconhecido, forçado, posto a serviço de uma sempre renovada expressividade filosófica. O exercício desse limite, que já não é a *hybris* que o ultrapassa, mas a sabedoria dionisíaca que o testa e reconhece, faz-se um embate agônico. Este já não é o embate entre apolíneo e dionisíaco,[99] como na tragédia ática, superado pela

99 "Que significam os conceitos opostos que introduzi na estética, apolíneo e dionisíaco, os dois entendidos como espécies de embriaguez? - A embriaguez apolínea mantém sobretudo o olhar excitado, de modo que ele adquire a força da visão. [...] Já no estado dionisíaco, todo o sistema afetivo é excitado e intensificado: de modo que ele descarrega de uma vez todos os seus meios de expressão, e ao mesmo tempo põe para fora a força de representação, imitação, transfiguração, transformação, toda a espécie de mímica e atuação. [...] Para o homem dionisíaco é impossível não entender alguma sugestão, ele não ignora nenhum indício de afeto, possui o instinto para compreensão e adivinhação no grau mais elevado" (GD/CI "Incursões de um extemporâneo" § 10).

compreensão de que há embriaguez no apolíneo e sabedoria no dionisíaco, mas o embate entre consciente e inconsciente – que a filosofia desde sempre desconheceu, permitindo assim que o segundo se travestisse no primeiro e o sobrepujasse em muito. O *pathos* que move a filosofia, no fundo, é da mesma ordem do que a pode pôr em questão, ou inviabilizá-la, ou destruí-la, o que não justifica os medos, não raro tão exagerados, da parte do *logos*, que da filosofia fizeram um ascetismo. O autor do *Zaratustra* parece ter decifrado que a filosofia, no fundo, está a todo tempo a medir forças com o outro dela mesma. Diante desse quadro, reconhecer as dimensões pulsionais, a atuação inconsciente, e com isso valer-se de tal atuação, é a atitude mais desperta que se possa ter. É também o cerne oculto do projeto nietzschiano, que não é centralizador ou irradiador, mas plural, reincidente e propulsor, ao fazer a filosofia atentar para o que efetivamente a move, para o que nela é gesto artístico antes de racional, e para o seu futuro. Ao fazê-lo, com Nietzsche, a filosofia ironicamente, talvez melhor, corajosamente, traz para o seu seio o que desde Parmênides se imaginara ser seu oposto ou tentação, sua nêmesis, sua *hybris*: a natureza, sob a forma de vida pulsional.

CONCLUSÃO

Trazer à luz um laço oculto entre um tema não raro associado mais ou unicamente à primeira obra de Nietzsche e uma questão tacitamente considerada secundária em seu pensamento foi o que pretendemos aqui. O tema foi o da justificação imanente da existência, não obstante a dor e a finitude. A questão, a relação entre inconsciente e consciente na obra do filósofo, contemplada não segundo o modo como ele define ou teoriza um e outro, ou segundo os pontos de inflexão de um e outro ao longo de sua reflexão, mas pelo modo como sua obra com eles se relaciona, com as deliberadas mudanças de chave entre consciente e inconsciente, ou com intersecções entre elas, a protagonizar as incontornáveis intermitências da consciência em seu filosofar, e isso justamente para não se fazer refém de um e outro, ou presa da alternância de um a outro, e de uma irrefletida porosidade da consciência ao inconsciente.

Para extrair considerações finais do que aqui se investigou, pensemo-lo por meio da abrangência e acuidade que nos proporciona um elemento privilegiado por Nietzsche ao início e final de seu percurso: o elemento trágico. Afinal, Nietzsche não buscou o "elemento trágico" ao abordar a tragédia e seu nascimento? Não se disse "o primeiro filósofo trágico"? Reafirmando nosso moto de procurar levar em conta o que Nietzsche retrospectivamente afirma sobre si mesmo, e assim considerar em que sentido ele teria sido um filósofo trágico, ao contrário de outros de antes dele, pensamos na direção do projeto do filósofo inglês, contemporâneo, Simon Critchley – para quem a filosofia nasce não do maravilhamento, mas do desapontamento –, e o projeto consiste em considerar a filosofia à luz da tragédia, razão pela qual o invocamos aqui. Critchley se pergunta: "e se a filosofia assumisse a forma da tragédia?".[1] E de que modo,

1 Cf. CRITCHLEY, S. *Tragedy's Philosophy*. Humanities Lecture Series, Brigham Young University, Utah, 21 fev. 2014. Disponível em: https://www.youtube.com/watch?v=tv3j9U0g0qQ&t=3199s. Acesso em: 13 fev. 2019.

afinal, o reconhecimento da ação trágica e do efeito trágico em filosofia "poderia mudar o que pensamos e o modo como pensamos sobre o que pensamos?".[2] Com relação ao que aqui se viu, ao nosso inteiro percurso de investigação, à guisa de conclusão podemos então trazer, com Critchley, uma série de questionamentos: e se a filosofia, tal como a tragédia, for um exercício de nos defrontarmos com o que não sabemos sobre nós mesmos, um não saber que, não obstante, nos faz ser o que somos? E se a filosofia, até Nietzsche e assim percebida por ele, fosse, tal como a tragédia, um conjunto de armadilhas do passado – ou melhor, do inconsciente, do que fizemos acobertar –, que nos faz tropeçar em nossas tentativas de movimento adiante? E se, como a tragédia, fosse a filosofia uma constante negociação com o outro, em especial com o outro opositor ou "inimigo", tal como na tragédia, ou então o outro entendido como desrazão, já na filosofia, e se esse outro fosse então, no caso, o *pathos*, o inconsciente? E se, como os personagens da tragédia, a filosofia até Nietzsche, entre razões conscientes e motivações inconscientes, estivesse a se pautar pela questão "o que devo fazer" ao se equilibrar entre *logos* e *pathos*? E se a filosofia, tal como a tragédia, na verdade se espraia em um mundo conflituoso de emoções contraditórias, perturbadoras? E se em vez do público e do privado em embate, os deuses e o homem, ou destino e homem, como na tragédia, fossem o inconsciente com o ato consciente a querer se parear com ele? E se a filosofia fosse, no fundo, um impulso que desejasse muito e *se* conhecesse pouco? E se assim, como Édipo, não soubesse do impulso, do incômodo que é seu pai, e, desconhecendo a si mesma, viesse, com Schopenhauer, enquadrá-lo metafisicamente, esposando a mãe ao modo de uma torturante "vontade"? E se desse modo fosse ao final "corrigida" pelo inconsciente, como o herói trágico é absorvido pelo destino? Ou se a filosofia, então, com Nietzsche, tivesse de se pôr diante do que não sabe sobre si mesma? E se ela não fosse mera consequência do destino de "amar o saber", e de maravilhar-se com o mundo, mas se revelasse acumpliciada com esse destino, e com ele se implicasse? E se, antes e mais profundamente, ela fosse o incômodo que leva ao amar o saber, que se traveste de amar o saber, no que de pronto é ocultado? E se ela assim assumisse que,

2 *Ibidem*.

antes do maravilhar-se, e de amar o saber, fosse pungida pela paixão de tão somente viver?

Se, se e se. Assim como a tragédia, a filosofia, segundo Nietzsche, não é um convite à contemplação, ao modo de Aristóteles, nem um convite à ação pela construção de sistemas filosóficos, o que em graus variados se teve desde o próprio Aristóteles até Hegel e, de certa forma, em Schopenhauer. Mas sim, tendo em vista seus próprios fins culturais e existenciais – e a justificação da existência estivemos a evidenciar aqui –, em Nietzsche a filosofia pode ser concebida como exercício de nos fazer ver a dificuldade de ação no terreno movediço da razão. Ela assim de fato adviria de um incômodo, de um desapontamento. Seu terreno é movediço porque sedimentado em uma ambiguidade de raiz. Analogamente a como é ambíguo e pouco firme o terreno que se tem na tragédia, no qual a verdade, no qual o que é certo, a justiça e a lei parecem ter dois lados. Mas o que quisemos fazer ver aqui é a razão filosófica tolhida em seu exercício pela existência de dois lados, e dois lados não exatamente equiparáveis, nem a operar da mesma forma, nem na mesma direção: articulações e construções conscientes – ou melhor: até certo ponto conscientes – eram movidas por insidiosas motivações inconscientes, e não raro intrujadas por estas. Pois essa sina em filosofia Nietzsche procura mudar. Tudo se dá como se, mesmo depois de sua obra de estreia, ele continuasse a ter em mente os traços que compõem o trágico. Assim, tomando os traços estruturantes da tragédia conforme arrolados por Critchley,[3] podemos conclusivamente pensar nosso percurso mediante cinco aspectos a atrelar filosofia e tragédia:

(1) A filosofia se move por um efeito traumático, uma ferida de fundo que, haurida da tragédia, desde Sócrates ela fez acobertar: a dor pela finitude da existência;

(2) Como no caso do herói trágico, o poder de ação do filósofo é parcial;

(3) Ele é parcial porque sua autonomia é limitada;

(4) É limitada pelo conflito agonístico que, no entanto, antes de limitá-la, é, ao mesmo tempo, estruturante de toda a vida;

(5) O conflito agonístico ocultado em filosofia, desvelado por Nietzsche, se na tragédia fora sobretudo o de uma ambiguidade moral, em filosofia é

3 *Ibidem.*

de uma ambiguidade da consciência com o seu outro: a consciência assim seria ambígua porque superficial e ancorada na inconsciência.

***

Porque o poder de ação do filósofo é parcial, e porque a filosofia, tal qual o herói trágico, não atentou à quão limitada é a sua autonomia, de Sócrates a Schopenhauer ela fez-se prisioneira de seus pontos cegos, a neles incidir mesmo em seus momentos de fundação – esteve a dormir mesmo em seus momentos mais despertos, a não enxergar mesmo quando mais se imaginava clarividente. Por seu parcial poder de ação, Descartes imaginou abstrair-se da ferida da existência, que, em seu caso, punha-o pequeno e vulnerável ante um mundo que de súbito se fizera indefinidamente extenso. Movido por um efeito traumático, Descartes incorreu em não poucas inconsciências, ao se proteger de um mundo subitamente desconcertante e ameaçador, vindo reencontrar a confortadora igualdade em seu íntimo (*Cogito ergo sum*), ao revestir receio, pressa e moralidade inconscientes com uma pretensa radicalidade epistemológica.[4] E por ser limitada a autonomia do filósofo, Spinoza, sem a imagem de sobrevoo que imaginava ter, fantasiou um ordenamento dos afetos pela razão, ao mesmo tempo em que era devorado por eles. Porque tão parcial quanto o herói trágico em seu poder de ação, Spinoza foi o filósofo que mais ansiou pela quietude interior, o que mais prezou por ela e, ironicamente, o que menos a obteve.[5] Biografou-se, assim, de modo involuntário e arrevesado, sem efetivamente se contemplar.

Porque se mostrou parcial o poder de ação do filósofo, Rousseau não conseguiu discernir sua natureza como animal, interpretando-a, assim, como meramente má.[6] Porque sua autonomia é limitada, imaginou-se elucidativo e inventivo ao simplesmente incidir no dispositivo de um tipo humano, o de imaginar um passado heroico ante as incertezas e sensaborias do presente. E recorreu ao atávico recurso de imputar ao ambiente externo suas próprias disposições ameaçadoras ou desagradáveis. Daí, por limitação

4 Cf. KRIEGER, 2018, p. 233-235.

5 Cf. KRIEGER, 2021, p. 247-249.

6 Cf. KRIEGER, 2020, p. 137.

e parcialidade, tanto deparou com o "bom selvagem" como fantasiou a "sociedade que o corrompe".

Por uma ferida de fundo, como a que move a tragédia, a dor pela finitude e fragilidade da existência pôde se converter na percepção da inexistência de um mundo suficientemente puro, suficientemente moral e bom. Para resguardar a possibilidade de um tal mundo, Kant imaginou um não acesso ao objeto que se visa conhecer, e converteu em estruturas esvaziadas não apenas o ato de pensar, que deixa de ter acesso à coisa pensada, mas também a alma, convertida em um eu condicionado pelo pensar, e a moral, desprovida de sentimentos e inclinações. Por seu poder de ação ser parcial, como é parcial o poder de ação do herói trágico, ao mesmo tempo em que fantasiava maioridade e autonomia, Immanuel Kant era sequestrado – sequestrado pelo tipo alemão, pelo tipo teólogo, pelo tipo cristão.[7] E por sua autonomia ser limitada, disso não se deu conta, como não se deu conta de que, com seu imperativo categórico, sujeito transcendental, tábuas de categorias, no fundo estava a pensar como qualquer alemão, como "bom alemão", razão pela qual não estava sendo Immanuel Kant. Sim, a parcialidade e limitação na autonomia, na ação trágica como na filosófica, fez um Kant que, de tudo o quanto legou, pouco ou nada vivenciou, e isso significa: ondas, talvez se pudesse dizer marolas de consciência em um mar de inconsciência.

Mas o ápice do trágico em filosofia, no sentido de um embate entre *logos* e *pathos* que não encontraria conciliação nos termos propostos, deu-se com Schopenhauer. Em Schopenhauer, o *pathos*, que de modo mais abrangente pode ser entendido por *alogia*, veio à tona de modo insofismável, que já não podia ser relegado à categoria das simples "paixões" – e não o podia nem se a ele se desse domínio igual ao do *logos*, ainda que dele hermeticamente separado, como se teve nas duas primeiras críticas de Kant. Ocorre que o *logos* imaginou poder submetê-lo, tomando-o por um princípio metafísico, estático e passível de ser isolado dos processos cognitivos e mesmo dos conteúdos representacionais da volição – da vontade que assim metafisicamente anima a natureza, mas é torturante ao homem. O resultado foi o mais exacerbado niilismo, com a razão e seu ambiente,

7 Cf. KRIEGER, 2019b, p. 36 e 38.

a consciência, convertendo-se em risco para o indivíduo e para a espécie humana. Tal se deu, em Schopenhauer, pelo mesmo poder de ação parcial em filosofia, pela limitação de sua autonomia, tais como se tinha na tragédia, pela não observância do conflito agonístico que procurava se pronunciar no fazer filosófico, e ressaltamo-lo aqui como propulsor de tudo o que vive. Pela parcialidade de seu poder de ação, Schopenhauer fez da sua condição de Janus um hibridismo deletério para si mesmo, porque insciente das duas esferas que poderia reintegrar.[8] Pelo caráter limitado de sua autonomia, não pôde se aproximar da "vontade" no que ela habita e no que é pulsação.[9] Ao se posicionar do outro lado do espectro metafísico, o da representação, Schopenhauer exponenciou a ferida de fundo do existencial, da ação trágica como da filosofia, como se dissesse: "o que me anima não me pertence".

Uma vez que o poder de ação do filósofo e da filosofia é parcial, Schopenhauer deu as costas à sua própria descoberta do inconsciente, ao seu "problema com chifres". Fizemos ver que não se trata de lamentar ou desejar que pudesse ter sido diferente, mas, justamente, de mostrar a impossibilidade e a gênese de tal impossibilidade. Por uma questão de parcialidade filosófica – e evidentemente pessoal –, Schopenhauer fez o que então se viu fadado a fazer: esquadrinhou metafisicamente o seu objeto e, movido de longe por sua ferida existencial, ante a visão horrorizada de sua fragilidade e do vir-a-ser, de tal objeto ele manteve distância. Algo que vale para Schopenhauer, mas também para os filósofos em geral, se tivessem autonomia menos limitada teriam buscado compreender o porquê, afinal, do anseio em contemplar o mundo de forma objetiva, o motivo da ânsia por impassibilidade, ânsia esta que é a dos feitos metafísicos.

***

Por compreender que o filósofo deve se limitar tão somente pelo conflito agonístico, que é o que promove e estrutura a vida, Nietzsche concebeu

---

8 Cf. KRIEGER, 2019b, p. 231-233.

9 *Ibidem*, p. 240-247.

sua filosofia como que em uma corda tensa, a atrelar o seu cerne propulsor – o qual se buscou mostrar aqui – à sua porção vista como mais exterior e aparente, em detrimento de interioridade e exterioridade entendidos em oposição e separação estanque. Estamos aqui falando de sua noção de estilo e do embate entre inconsciente e consciente, estilo e embate que vimos *acionar* reiteradamente, como em uma cadência, a fisiologia do filósofo. O estilo exercido é a arte vivenciada por Nietzsche: por compreender ser de caráter parcial a ação do filósofo, o autor d'*A gaia ciência* assentou-a na atividade artística. Sendo o fazer artístico um prolongamento das forças inconscientes na ação consciente, por essa via se teve o resgate do que há de pulsante na vida animal em filosofia. Mais especificamente, se o que estrutura a vida é o embate agônico, foi por meio da arte que Nietzsche trouxe esse embate para o cerne de seu filosofar, para com ela preparar e protagonizar um entrevero agônico com a tarefa consciente, que se pretende eminentemente desperta, ou seja, a filosofia. Tão desperta e consciente nosso filósofo pretende essa tarefa, que ela já não pode ser promovida por uma consciência que, parcial, de autonomia limitada – como no herói trágico – volta e meia resvala para a linha da inconsciência sem disso se dar conta. Mas uma vez que, com Nietzsche, não mais se trata de simplesmente estar subsumido à parcialidade do poder de ação do filósofo, ao modo do herói trágico, e de ter sua autonomia limitada sem o reconhecer e sem nisso se implicar, o seu filosofar não se pretende apartado do mundo, mas nele inserido, dele copartícipe, nele atuante, e a ele embriagadamente entremeado. E se o filósofo protagoniza o fazer artístico pelos seus três traços estruturantes, de conversão em embriaguez, transfiguração e simbolização, sua visão filosófica não será pura e simplesmente parcial, mas será conscientemente parte do todo que faz uma filosofia ser parcial – será dele cúmplice, como o herói ao final revelava-se cúmplice de seu destino. Da mesma forma, não se terá em Nietzsche uma mera filosofia de crença em si mesma, e ao mesmo tempo de autonomia limitada, mas uma filosofia que participa ativa – e conscientemente – do processo que faz com que toda filosofia seja de autonomia limitada – e é bem desse modo que se faz mais autônoma, e menos limitada. Assim, não acoberta nem dá as costas à ferida de fundo a lhe acometer existencialmente, e sim participa do processo mesmo de acometimento, para descobrir que, em seu âmago mais profundo, estar nesse processo mediante o encapsulamento artístico – como do grego no espetáculo trágico – é um prolongamento da natureza em nós e, como tal, intrinsicamente prazeroso.

Sim, Nietzsche não está aí a fazer as vezes de herói trágico, como os filósofos fizeram quase sempre, mas protagoniza o que seria o homólogo filosófico do coro trágico. E em seu filosofar, mas em um plano íntimo, subjetivo a ponto de ser singular e intransferível, faz as vezes do coro ditirâmbico, na esperança, talvez remota, de "excitar o ânimo dos ouvintes até o grau dionisíaco" (GT/NT § 8). Na tragédia grega, tal se fizera por frenesi, já que no pós-dissolução dos laços da cidade, em função do estado dionisíaco, estavam os laços da natureza, sem uma subjetividade que ali se pronunciasse, ao contrário do que já se teria no século XIX. Como ressaltamos acima, a separar um e outro se tem dois milênios e meio de ação das consciências intelectual e moral, e isso significa filosofia metafísica, cristianismo, ascetismo, niilismo. O que o coro trágico protagonizara na inconsciência de fazê-lo, Nietzsche, como filósofo, para tanto demandará a compreensão. Compreensão do liame que liga a consciência e a não consciência, esta que não apenas à primeira se contrapõe, mas sobretudo a anima, como anima a tudo o quanto vive. Desse modo, para participar da esfera que faz com que o poder de ação do filósofo seja parcial, e sua autonomia, limitada, Nietzsche precisa compreender de que modo a vida se fez consciente de si no homem a ponto de este vir a se confundir com sua própria consciência. Daí ele desde cedo atentar à questão dos impulsos orgânicos, e passar a investigar profundamente, por meio de suas fontes científicas, em que medida neles se desdobra e se pronuncia a *zoé* no homem; e a noção de vida, inicialmente conjugada a prazer e embriaguez, apontará para o sentimento de potência subjacente ao prazer. Ora, como os impulsos são intrinsicamente gregários e interagem para fazer valer sua embriaguez, eles necessariamente se valoram e se comunicam entre si: presente ali, em germe, havia uma atitude desperta, uma protorracionalidade, funcional, e – ele a ela chegará, pela via imanente – uma consciência. O que na história da filosofia se fizera maximamente apartado, alma e corpo, pensamento e matéria, agora se conjuga como prazer ensejado pela descarga pulsional e pela consciência "de primeira ordem" presente já entre os impulsos – algo que o jovem Nietzsche concebera como dionisíaco, descarga prazerosa, e apolíneo, assim entendido como chamado à contenção e consciência.

A partir daí, o passo para a "consciência-intelecto" seria relativamente pequeno, bastando uma renitente necessidade a fazer com que o gênero humano fosse obrigado a exteriorizar e compartilhar a linguagem que nele vigorava internamente. Para aspectos "visíveis" do projeto nietzschiano, a chancela estava dada com a não transcendência da consciência, nem da razão, nem de quaisquer produções humanas. Ocorre que a via para o seu cerne oculto apontava não apenas para o alto da cadeia fisiológica que dos impulsos leva à consciência, mas também para a sua base. Se a complexa natureza pulsional não pôde ser compreendida sem que se deslindassem suas quatro dimensões, já entre estas haveria aspectos inconscientes e conscientes, que entabulariam um embate agônico. Assim, se a dimensão da descarga pulsional (primeira dimensão) era predominantemente inconsciente, ela era chamada à consciência pela necessidade de limite e de interação, tendo-se aí a segunda dimensão, predominantemente consciente; a pautar a segunda dimensão, pela terceira os impulsos se intervaloram em atitude reflexa e consciente; e se a terceira dimensão demanda a sua implementação, pela quarta dimensão, que é a do estilo e da pulsação, a inconsciência, aí necessariamente implicada pela necessária adoção de uma perspectiva, faz-se balizada pela percepção, predominantemente consciente, de sua própria função no organismo – e nisso as valorações, da alçada da terceira dimensão pulsional, são então devidamente implementadas.

Para que o embate agônico entre forças inconscientes e conscientes continuasse a ser sempre um cerne propulsor da filosofia de Nietzsche, sem que se recaísse na prevalência de uma consciência intermitente – e tanto mais intermitente quanto mais se pretende consciente –, convinha se munir de garantias, e Nietzsche assim procedeu, mesmo quando ainda jovem Nietzsche. Como intentamos mostrar, tudo se passa como se em nenhum momento ele tivesse se posto à parte, se comprazido na limitação e parcialidade das filosofias de até então – que afinal procederam todas à maneira do herói trágico. Seu princípio metafísico, o uno-primordial, não é nem estático, nem autossuficiente; pelo contrário, ele próprio é anseio por ser "quebrado" pelo que é da ordem do fenômeno e da aparência. E além de "quebrado", implodido se faz no jovem Nietzsche o estatuto da representação: decisivo é o dispositivo que a faz ser o que é – ou seja, representação – e faz com que ela se mantenha vinculada a esse dispositivo, que lhe é imanente, em detrimento de se vincular passiva e parcialmente a um pretenso objeto. A representação para ele não é ato de resguardar-se de um objeto ao espelhá-lo, mas um desejo de ilusão a subsumi-lo. No mesmo sentido, baseada na sensação, a operar por projeção, a intuição artisticamente projeta o objeto percebido, em vez de simplesmente captá-lo. Seguindo essa lógica, o jovem Nietzsche concebeu Dioniso. Conteúdo de uma intuição artística seria Dioniso, e o impulso de projetá-lo manteve-se mesmo no período de mais baixa vitalidade de Nietzsche, no qual, quando as razões lhe recomendavam o esmorecimento, sob tais razões o ímpeto dionisíaco vinha sugerir "a eterna vivacidade" (VM/OS § 408). E quando Dioniso, ao permear a busca de um contrapeso científico pelo filósofo, é reconhecido no que propusemos ser a primeira dimensão pulsional, e à medida que esta, na interação com as demais dimensões, pode ser exercida em filosofia, pois nas interações estão os traços do fazer artístico, Nietzsche, pela escrita, por seu estilo, traz a força inconsciente – ao que se converte em consciente – para o ato de filosofar. O consciente se faz inconsciente por ser naturalmente intermitente, e trava-se ali, assim, um embate agônico, como o de entre o herói trágico e seu destino. Porém, dessa vez, com Nietzsche, a filosofia já não reproduzirá a consciência inconsciente do herói, nem um análogo de sua má sorte, de ser envolvido pelo destino, ou se deixar enredar pela inconsciência, como no caso da filosofia. Reconhecendo o que era destino, sua pedra de tropeço, no inconsciente, testando reiteradamente o limite em relação a ele e valendo-se das forças vitais do inconsciente, desta feita a filosofia será o coro da tragédia. Aquele que, pulsante, canta e dança – ou, no caso de Nietzsche, protagonista de sua filosofia, aquele que o entende e tange a corda que faz cantar e dançar. É o coro que a um só tempo contempla e participa, conhece e vivencia, reconhece o passado e antevê seu futuro sem estar em nenhum deles. Do alto de seu extemporâneo "não tempo", intervém e adverte.

BIBLIOGRAFIA:

I. Obras de Nietzsche:

NIETZSCHE, F. *Além do bem e do mal*. Trad. Saulo Krieger. São Paulo: Edipro, 2020.

______. *La naissance de la tragédie*. Trad. fr. Céline Denat. Paris Garnier Flammarion, 2015.

______. *Humano, demasiado humano*. Trad. Paulo César de Souza. São Paulo: Companhia das Letras, 2012.

______. *A filosofia na era trágica dos gregos*. Trad. Gabriel Valladão Silva. Porto Alegre: L&PM, 2011.

______. *A gaia ciência*. Trad. Paulo César de Souza. São Paulo: Companhia das Letras, 2011.

______. *Assim falou Zaratustra*. Trad. Paulo César de Souza. São Paulo: Companhia das Letras, 2011.

______. *Ecce homo*. Trad. Paulo César de Souza. São Paulo: Companhia das Letras, 2010.

______. *Genealogia da moral*. Trad. Paulo César de Souza: Companhia das Letras, 2010.

______. *Aurora*. Trad. Paulo César de Souza. São Paulo: Companhia das Letras, 2008.

______. *Humano, demasiado humano II*. Trad. Paulo César de Souza. São Paulo: Companhia das Letras, 2008.

______. *A visão dionisíaca do mundo e outros textos de juventude*. Trad. Marcos Sinésio Pereira Fernandes e Maria Cristina dos Santos de Souza. São Paulo: Editora Martins Fontes, 2005.

______. *Par-delà bien et mal*. Trad. fr. Patrick Wotling. Paris: Editions Flammarion, 2000.

______. "Vom Ursprung der Sprache". *Nietzsche Werke*. Org. Fritz Bornmann e Mario Carpitella. Berlim/Nova Iorque: Walter de Gruyter, 1993 (Kritische Gesamtausgabe, II, II).

______. *Nietzsche Werke*. Org. Fritz Bornmann e Mario Carpitella. Berlim/Nova Iorque: Walter de Gruyter, 1993 (Kritische Gesamtausgabe, II, II).

NIETZSCHE, F. *Le livre du philosophe*. Trad. fr. Angèle Kremer-Marietti. 2. ed. Paris: Editions Flammarion, 1991.

______. *Além do bem e do mal*. Trad. Paulo César de Sousa. São Paulo: Companhia das Letras, 1992.

______. *Sämtliche Werke: Kritische Studienausgabe*. Org. Giorgio Colli e Mazzino Montinari. Berlim: De Gruyter & Co., 1988, 15 vols.

______. *Obras incompletas*. Trad. Rubens Rodrigues Torres Filho. 2. ed. São Paulo: Abril Cultural, 1978 (Os Pensadores).

______. *Gesammelte Werke 1-V*. Munique: Musarion Verlag, 1922-1923.

II. Obras de comentadores:

ANDLER, C. *Nietzsche: Sa vie et sa pensée*. Paris: Gallimard, 1958, 3 vols.

KAUFMANN, W. *Nietzsche, Philosophier, Psychologist, Antichrist*. Cleveland/Nova Iorque: Meridian Books, 1965.

LÖWITH, K. "Nietzsches Philosophie der ewigen Wiederkehr der Gleichen". *Samtliche Schriften*. Estugarda: J. B. Metzlersche Verlagsbuchhandlung, 1987, vol. 6.

MARTON, S. *Nietzsche: Das forças cósmicas aos valores humanos*. 2. ed. Belo Horizonte: Editora da UFMG, 2000.

MÜLLER-LAUTER. W. *Nietzsche: sua filosofia dos antagonismos e os antagonismos de sua filosofia*. São Paulo: Editora Unifesp, 2011.

WOTLING, P. *Nietzsche e o problema da civilização*. Trad. Vinícius de Andrade. São Paulo: Barcarolla, 2013.

III. Obras específicas sobre o tema da pesquisa:

ABEL, G. "Consciência – Linguagem – Natureza: A filosofia da mente em Nietzsche". Trad. Clademir Araldi. *In:* MARTON, S. *Nietzsche na Alemanha*. São Paulo: Discurso Editorial/Editora Unijuí, 2005.

ACAMPORA, C. *Nietzsche on the Genealogy of Morals: Critical Essays*. Lanham/Boulder/Nova Iorque/Toronto/Oxford: Rowman & Littlefield Publishers Inc., 2001.

AGAMBEN, G. *Nymphae*. Org. e trad. Andreas Hiepko. Berlim: Merve, 2004.

ANSELL-PEARSON, K. J. "The Question of F. A. Lange's Influence on Nietzsche: A Critique of Recent Research from the Standpoint of the Dyonisian". *Nietzsche Studien*, 17: 539-554, 1988 (Alemanha).

ASSAAD, F. *Préfigurations égyptiennes de la pensée de Nietzsche*. Lausanne: L' Age d'Homme, 1986.

ASSOUN, P. L. *Freud et Nietzsche*. Paris: Presses Universitaires de France, 1980.

ATZERT, S. *Im Schatten Schopenhauers: Nietzsche, Deussen und Freud*. Wurtzburgo: Verlag Königshausen & Neumann, 2015.

BAIN, A. *Mind and Body: The Theories of Their Relation*. Nova Iorque: D. Appleton, 1873.

BABICH, B. "Musik und Wort in der Antiken Tragödie und La Gaya Scienza: Nietzsches Fröhliche Wissenschaft". *Nietzsche Studien*, 36: 230-257, 2007 (Alemanha).

______. *Nietzsche's Philosophy of Science*. Albany: State University of New York Press, 1994.

BABICH, B.; COHEN, R. *Nietzsche's Theory of Knowledge and Critical Philosophy*. Dordrecht: Springer Science Business Media, 1999.

BAEUMER, M. L. "Das moderne Phänomen des Dionysischen und seine 'Entdeckung' durch Nietzsche". *Nietzsche Studien*, 6: 123-153, 1977 (Alemanha).

______. *Dionysos und dionysische in der antiken und deutschen Literatur*. Darmstadt: WBG, 2006 (Wissenschaftliche Buchgesellschaft).

______."Nietzsche and the Tradition of the Dionysian". *In:* O`FLAHERTY J. C.; SELLNER, F.; HELM, R. M. *Nietzsche and the Classical Tradition*. Chapel Hill: The University of North Carolina Press, 1976, p. 165-189.

BARBERA. S. "Um sentido e incontáveis hieróglifos: Alguns motivos da polêmica de Nietzsche com Schopenhauer nos tempos de Leipzig e da Basileia". Trad. Nuno Nabais. *Cadernos Nietzsche*, 27: 14-50, 2010 (São Paulo).

BARRETT, W. *Irrational Man: A Study in Existential Philosophy*. Garden City: Doubleday Anchor Books, 1962.

BEHLER, E. "Die Auffassung des Dionysischen durch die Brüder Schlegel und F. Nietzsche". *Nietzsche Studien*, 12: 335-354, 1983 (Alemanha).

______."Nietzsche und die Frühromantische Schule". *Nietzsche Studien*, 7: 59--96, 1978 (Alemanha).

BIERL, A. H. *Dionysos und die griechische Tragödie*. Tubinga: Gunter Narr Verlag, 1991.

BISHOP, P. *The Dionysian Self: The Jung's Reception of Friedrich Nietzsche*. Berlim/Nova Iorque: De Gruyter, 1995.

BORN, M. A. "Nietzsches rhetorische Inszenirung der Psychologie: Zum ersten Hauptstück von Jenseits von Gut und Böse". *In:* GEORG, J.; ZITTEL, C. *Nietzsches Philosophie des Unbewussten*. Berlim/Nova Iorque: De Gruyter, 2012.

BOZICKOVIC, V. "Schopenhauer on Scientific Knowledge". *In:* VANDENABEELE, B. *A Companion to Schopenhauer*. Malden: Wiley-Blackwell, 2012.

BRITO, A. "O conceito de representação inconsciente em Kant e Wolff". *Ideias*, 8 (2): 153-176, jul.-dez. 2017 (Campinas).

BROBJER, T. *Nietzsche's Philosophical Context: An Intellectual Biography*. Urbana/Chicago: University of Illinois Press, 2008.

BROBJER, T. H. "Nietzsche's Reading of Natural Science". *In*: MOORE, G.; BROBJER T. H. *Nietzsche and Science*. Aldershot: Ashgate Publishing, 2004.

BRUSOTTI, M. *Die Leidenschaft der Erkenntnis*. Berlim/Nova Iorque: De Gruyter, 1997.

CANCIK, H. *Nietzsches Antike: Vorlesung*. Stuttgart: J. B. Metzler Verlag, 1995.

CAMPIONI, G. "'Gaya scienza' und 'gai saber' in Nietzsches Philosophie." *In:* PIAZZESI, C.; CAMPIONI, G.; WOTLING, P. (Orgs.). *Letture della Gaia scienza*. Florença: Edizioni ETS, 2010, p. 15-73.

CAVALCANTI, A. H. *Símbolo e alegoria: A gênese da concepção de linguagem em Nietzsche*. São Paulo: Annablume, 2005.

CHAVES, E. "Considerações sobre o ator: Uma introdução ao projeto nietzschiano da fisiologia da arte". *Trans/form/ação*, 30 (1): 51-63, 2007 (São Paulo).

CHAUÍ, M. "Um anacronismo interessante". *In:* MARTINS, A.; SANTIAGO, H.; OLIVA, L. C. *As ilusões do eu*. Rio de Janeiro: Civilização Brasileira, 2011, p. 334-338.

COLLI, G. *A sabedoria grega*. Trad. Renato Ambrósio. São Paulo: Paulus Editora, 2013.

______. *Apollineo e dionisiaco*. Milão: Adelphi, 2011.

CONSTÂNCIO, J. "On Consciousness: Nietzsche's Departure From Schopenhauer." *Nietzsche Studien*, 40: 1-42, 2011 (Alemanha).

______. "Darwin, Nietzsche e as consequências do darwinismo". *Cadernos Nietzsche*, 26: 109-154, 2010 (São Paulo).

CONSTÂNCIO, J.; BRANCO, M. J. M. (Orgs.). *Nietzsche on Instinct and Language*. Berlim/Boston: De Gruyter, 2011.

CONSTÂNCIO, J.; BRANCO, M. J. M.; RYAN, B. (Orgs.). *Nietzsche and the Problem of Subjectivity*. Berlim/Nova Iorque, 2015.

CONWAY, D. *Nietzsche's On the Genealogy of Morals: A Reader's Guide*. Londres/Nova Iorque: Continuum, 2008.

COSTA, G. B. "O mais sublime dos venenos: Spinoza e Nietzsche entre o 'meio cheio' e o 'meio vazio'". *Revista Trágica: Estudos de filosofia da imanência*, 10 (2): 9-18, 2017 (Rio de Janeiro).

CRAWFORD, C. *The Beginnings of Nietzsche's Theory of Language*. Berlim: Walter de Gruyter, 1988.

CRITCHLEY, S. *Tragedy's Philosophy*. Humanities Lecture Series, Brigham Young University, Utah, 21 fev. 2014. Disponível em: https://www.youtube.com/watch?v=tv3j9U0g0qQ&t=3199s. Acesso em: 13 fev. 2019.

DE BLEECKERE, S. "'Also sprach Zarathustra': die Neugestaltung der 'Geburt der Tragödie'". *Nietzsche Studien*, 8: 270-291, 1979 (Alemanha).

DE MAN, P. *Allegories of Reading: Figural Language in Rousseau, Nietzsche, Rilke, and Proust*. New Haven: Yale University Press, 1982.

DEL CARO, A. *Nietzsche contra Nietzsche: Creativity and the Anti-Romantic*. Baton Rouge/Londres: Lousiana State University Press, 1989.

______. *Dionysian Aesthetics: The Role of Destruction in Creation as Reflected in the Life and Works of Friedrich Nietzsche*. Frankfurt am Main: Peter Lang GmbH, 1981.

DELEUZE, G. *Nietzsche et la philosophie*. Paris: PUF, 1973.

______. *Nietzsche*. Paris: PUF, 1965.

DELLINGER, J. "Bewusstsein als Krankeit: Eine Anspielung auf Dostojewskij in *Die Fröhliche Wissenschaft* Nr. 354?". *Nietzsche Studien*, 41: 333-343, 2012 (Alemanha).

______."Vernichtung, Grausamkeit, Gefahr: Nietzsche und die Krankheit des Bewusstseins". *In:* GEORG, J.; ZITTEL, C. *Nietzsches Philosophie des Unbewussten*. Berlim/Boston: De Gruyter, 2012.

DENAT, C.; WOTLING, P. *Nietzsche: Les premiers textes sur les Grecs*. Reims: Épure, 2016.

______. *Dictionnaire Nietzsche*. Paris: Ellipses, 2013.

DÉNAT, C. "Introduction: Un étrange étranger". *In:* NIETZSCHE, F. *La naissance de la tragédie*. Trad. e apresentação Céline Denat. Paris: Editions Flammarion, 2015.

______. "Nietzsche, pensador da história? Do problema do 'sentido histórico' à exigência genealógica". Trad. V. Gosselin. *Cadernos Nietzsche*, 24: 7-42, 2008 (São Paulo).

DETIENNE, M. *Dioniso a céu aberto*. Trad. Carmen Cavalcanti. Rio de Janeiro: Zahar, 1988.

______. *L'invention de la mythologie*. Paris: Gallimard, 1981.

D'IORIO, P. "La Superstition des Philosophes Critiques: Nietzsche et Afrikan Spir". *Nietzsche Studien*, 22: 257-294, 1993 (Alemanha).

DIXSAUT, M. *Nietzsche par délà les antinomies*. Paris: Vrin, 2012.

______. *Querelle autour de "La naissance de la tragédie"*. Paris: Vrin, 1995.

DOS SANTOS, L. R.; DAWN HAY, K. (Orgs.). *Nietzsche, German Idealism and its Critics*. Berlim: De Gruyter, 2015.

DOWERG, R. *Friedrich Nietzsches "Geburt der Tragödie" in ihren Beziehungen zur Philosophie Schopenhauers: Ein Beitrag zur Berurteilung Nietzsches*. Lípsia: Druck von O. Schmidt, 1902.

DRIES, M. (Org.). *Nietzsche on Consciousness and the Embodied Mind*. Berlim/Nova Iorque: De Gruyter, 2018.

EHRENMÜLLER, J. "Nietzsches Psychologie bzw: Physiologie der Philosophie". *In:* GERHARDT, V.; RESCHKE, R. (Orgs.). Berlim/Boston: De Gruyter, 2009.

EMDEN, C. J. *Nietzsche on Language, Consciousness and the Body*. Urbana/Chicago: University of Illinois Press: 2005.

FIGAL, G. "Nietzsches Dionysos". *Nietzsche Studien*, 37: 51-61, 2008 (Alemanha).

FORNARI, M. C. "O filão spenceriano na mina moral de *Aurora*". *Cadernos Nietzsche*, 24: 103-143, 2008 (São Paulo).

FREZZATI, W. "Consciência e inconsciente no discurso "Dos desprezadores do corpo" de *Assim falava Zaratustra*: Uma perspectiva psicofisiológica da crítica nietzschiana do sujeito". *In:* BRANCO, M. J. M.; CONSTÂNCIO, J.; MARTON, S. (Orgs.). *Sujeito, décadence e arte: Nietzsche e a modernidade*. Lisboa/Rio de Janeiro: Tinta da China, 2014.

______. "A recepção de Nietzsche na França: Da *Revue philosophique de la France et de l'étranger* ao período entreguerras". *Cadernos Nietzsche*, 30, 2012 (São Paulo).

______. "Nietzsche e Théodule Ribot: Psicologia e superação da metafísica". *Natureza humana*, 12 (2): 1-28, 2010 (São Paulo).

______. "Haeckel e Nietzsche: Aspectos da crítica ao mecanicismo no século XIX". *Scientia Studia*, 1 (4): 435-461, 2003 (São Paulo).

______. *Nietzsche contra Darwin*. São Paulo: Discurso Editorial/Editora Unijuí, 2001.

GASSER, R. *Nietzsche und Freud*. Berlim/Nova Iorque: De Gruyter, 1997.

GAUCHET. M. *L'inconscient cerebral*. Paris: Éditions du Seuil, 1992.

GAWOLL, H.-J. "Nietzsche und der Geist Spinozas: Die Existentielle Umwandlung einer Affirmativen Ontologie". *Nietzsche Studien*, 30: 44-61, 2001 (Alemanha).

GERHARDT, V. "Von der Ästhetischen Metaphysik zur Physiologie der Kunst". *Nietzsche Studien*, 13, 1974 (Alemanha).

GENTILLE, C. "Bernays, Nietzsche e la nozione di tragico: Alle origine di una nuova imagine della Grecia". *Rivista di Litterature Moderne e Comparate*, 47 (1): 35-66, jan.-mar. 1994 (Itália).

GEORG, J. "Ein tanzender Gott: Das Dionysische als Metapher des Unbewussten bei Nietzsche". *In:* GEORG, J.; ZITTEL, C. *Nietzsches Philosophie des Unbewussten*. Berlim/Boston: De Gruyter, 2012.

GERRATANA, F. "Der Wahn jenseits des Menschen: Zur frühen E. von Hartmann-Rezeption Nietzsches (1869-1874)". *Nietzsche-Studien*, 17: 391-433, 1988 (Alemanha).

GOEDERT, G. *Nietzsche disciple de Dionysos: Une introduction à son oeuvre*. Paris: L'Harmattan, 2005.

______. *Nietzsche der Überwinder Schopenhauers und der Mitleids*. Amsterdam: Rodopi, 1988.

GÖDDE, G.; LOUKIDELIS, N.; ZIRFAS, J. (Orgs.). *Nietzsche und die Lebenskunst: ein philosophisch-psychologisches Kompendium*. Estugarda: J. Meltzer Verlag, 2016.

______. *Traditionslinien des Unbewußten: Schopenhauer – Nietzsche – Freud*. Gießen: Psychosozial Verlag, 2009.

GOLOMB, J. *Nietzsche's Enticing Psychology of Power*. Ames: Iowa State University Press, 1989.

GOLOMB, M.; SANTANIELLO, W.; LEHRER, R. *Nietzsche and Depth Psychology*. Albany: State University of New York Press, 1999.

GORI, P. "Nietzsche as Phenomenalist?". *In:* BRUSOTTI, M.; ABEL, G.; HEIT, H. (Orgs.). *Nietzsches Wissenschaftsphilosophie: Hintergründe, Wirkungen und Aktualität*. Berlim/Boston: De Gruyter, 2012, p. 345-356.

______. *Il mecanismo metafisico: Scienza, filosofia e storia in Nietzsche e Mach*. Nápoles: Il Mulino, 2009.

GREGORY, J. *A companion to Greek Tragedy*. Oxford: Blackwell Publishing, 2005.

HAAZ, I. *Nietzsche et la métaphore cognitive*. Paris: Harmattan, 2006.

______. *Les conceptions du corps chez Ribot et Nietzsche*. Paris: L'Harmattan, 2002.

HEINE, H. *Beiträge zur deutschen Ideologie: Zur Geschichte der Religion und Philosophie in Deutschland*. Franfkurt am Main: Ullstein Verlag, 1971.

______. *Zur Geschichte der Religion und Philosophie in Deutschland*. Disponível em: http://www.heinrich-heine.net/religion/relid1.htm. Acesso em: 18 fev. 2022.

HENRICHS, A. *Die Götter Griechenlands: Ihr Bild im Wandel der Religionswissenschaft*. Bamberga: Flashar, 1987.

HILL, K. *Nietzsche's Critiques: The Kantian Foundations of this Thought*. Oxford: Oxford University Press, 2003.

JACQUETTE, D. "Schopenhauer's Proof that Thing-in-Itself is Will". *Kantian Review*, 12, 2006 (Cambridge).

JACQUETTE, D. *Schopenhauer, Philosophy and the Arts*. Cambridge: Cambridge Universit Press, 1996.

JAGGARD, D. "Dionysus versus Dionysus". *In*: BISHOP, P. (Org.). *Nietzsche and Antiquity: His Reaction and Response to the Classical Tradition*. Nova Iorque: Camden House, 2004.

JANAWAY, C. "Schopenhauer on the Aimlessness of the Will". *British Journal for the History of Philosophy*, 26 (2): 331-347, 2018 (Londres).

______. *The Cambridge Companion to Schopenhauer*. Cambridge: Cambridge University Press, 1999.

______. "Knowledge and Tranquility: Schopenhauer on the Value of Art". *In:* JACQUETTE, D. (Org.). *Schopenhauer, Philosophy and the Arts*. Cambridge: Cambridge University Press, 1996, p. 39-61.

______. *Self and World in Schopenhauer Philosophie*. Oxford: Oxford University Press, 1989.

JÁUREGUI, H. de; HERNÁNDEZ, M. R. *Redefining Dionysus*. Berlim/Boston: De Gruyter, 2013.

JENSEN, A.; HEIT, H. *Nietzsche as a Scholar of Antiquity*. Londres/Nova Iorque: Bloomsbury Academy, 2014.

KATSAFANAS, P. "Value, Affect, Drive". *In:* DRIES, M.; KALIL, P. J. E. *Nietzsche on Mind and Nature*. Oxford: Oxford University Press, 2015.

______. "Nietzsche's Philosophical Psychology". *In:* GEMES, K.; RICHARDSON, J. *The Oxford Handbook of Nietzsche*. Oxford: Oxford University Press, 2013, p. 727-755.

______. "Activity and Passivity in Reflective Agency". *In:* SHAFER-LANDAU, R. (Org.). *Oxford Studies in Methaetics*, 6: 219-254, 2011 (Oxford).

______. "Nietzsche's Philosophical Psychology". Disponível em: http://people.bu.edu/pkatsa/NPP.pdf (versão set. 2010). Acesso em: 15 ago. 2015.

______. "Nietzsche's Theory of Mind: Consciousness and Conceptualization". *European Journal of Philosophy*, 13 (1): 1-31, 2005 (Massachusetts).

KAUFMANN, W. "Nietzsche als der Erste Grosse Psychologie". *Nietzsche Studien*, 7: 261-287, 1978 (Alemanha).

KELLY, A. *The Descent of Darwin: The Popularization of Darwinism in Germany of 1860-1914*. Chapel Hill: University of North Carolina Press, 1981.

KERGER, H. "Sprachendes Willens: Zum Verhältnis der psychischen und physichen Prozesse im Denken Nietzsches". *In:* GEORG, J.; ZITTEL, C. (Orgs.). *Nietzsches Philosophie des Unbewussten*. Berlim/Boston: De Gruyter, 2012.

KESSLER, M. *L' esthétique de Nietzsche*. Paris: PUF, 1998.

KLAGES, L. *Nietzsches Psychologische Errungenschaften*. Leipzig: Barth, 1926.

KOFMAN, S. *Nietzsche et la métaphore*. Paris: Payot, 1972

KÖSTER, P. "Die Renaissance des Tragischen". *Nietzsche Studien*, 1: 185-209, 1972 (Alemanha).

KREMER-MARIETTI, A. "Nietzsche sur la vérité et le langage (1872-1875)". *In:* NIETZSCHE, F. *Le livre du philosophe*. Trad. Angèle Kremer-Marietti. 2. ed. Paris: Editions Flammarion, 1991.

KRIEGER, S. "De precursor a grande ocultador: Nietzsche sobre Spinoza". *Cadernos Nietzsche*, 42 (1): 231-351, 2021 (Bahia).

______. "Dioniso nietzschiano: Artístico, pulsional, filosofal". *Revista trágica: Estudos de filosofia da imanência*, 13 (3): 37-64, 2020 (Rio de Janeiro).

______. "Rousseau para além de si mesmo: Nietzsche e o perfil psicológico do rousseauísmo". *Aufklärung*, 7 (1): 129-140, 2020 (Paraíba).

______. "Animalidade e apostasia da vontade: Nietzsche vê Schopenhauer". *Voluntas*, 10 (3): 230-253, 2019a (Santa Maria).

______. "Como assimilar seu antípoda: Nietzsche e a superação do legado kantiano". *Estudos Nietzsche*, 10 (2): 30-49, 2019b (Espírito Santo).

______. "Um olhar de Nietzsche ao século XVII: os subterrâneos da revolução cartesiana". *Cadernos Nietzsche*, 39 (3): 223-245, 2018 (Bahia).

______. "Pulsionalidade e consciência em Nietzsche". Ágora *filosófica*, 1 (2): 177--197, 2017 (Pernambuco).

LANIER ANDERSON, R. "Sensualism and Unconscious Representation in Nietzsche's Account of Knowledge". *International Studies in Philosophy*, 34 (3): 95-117, 2002 (Estados Unidos)

LEBRUN, G. "Quem era Dioniso?". *A filosofia e sua história*. Trad. Maria Heloísa Noronha Barros. São Paulo: Cosac Naify, 2006, p. 376-368.

LEITER, B. "Nietzsche's Theory of the Will". *In:* GEMES, K.; MAY, S. (Orgs.). *Nietzsche on Freedom and Autonomy*. Oxford: Oxford University Press, 2009, p. 119-137.

LIEBSCHER, M. "Ansichten des Unbewussten oder Die allmähliche Auflösung der unbewussten Weisheit". *In:* GEORG, J.; ZITTEL, C. *Nietzsches Philosophie des Unbewussten*. Berlim/Boston: De Gruyter, 2012.

LIMA, M. J. S. *As máscaras de Dioniso: Filosofia e tragédia em Nietzsche*. São Paulo/Ijuí: Discurso Editorial/Editora Unijuí, 2006.

LOPES, R. "Das politische Triebmodell Nietzsches als Gegenmodell zu Schopenhauers Metaphysik des blinden Willens". *In:* GEORG, J.; ZITTEL, C. *Nietzsches Philosophie des Unbewussten*. Berlim/Boston: De Gruyter, 2012.

______. *Elementos de retórica em Nietzsche*. São Paulo: Edições Loyola, 2006.

LOVE, F. "Nietzsche's Quest for a New Aesthetic of Music". *Nietzsche Studien*, 6 (1), 1977 (Alemanha).

LUPO, L. *Le colombe dello scettico: Riflessioni di Nietzsche sulla coscienza negli anni 1880-1880*. Pisa: ETS, 2006.

MACHADO, R. *O nascimento do trágico*. Rio de Janeiro: Jorge Zahar, 2006.

______. "Nietzsche e o renascimento do trágico". *Kriterion*, 46 (112): 174-182, jul.-dez. 2005 (Minas Gerais).

MARTIN, N. *Nietzsche and Schiller: Untimely Aesthetics*. Oxford: Oxford University Press, 1996.

MARTINS, A. "Nietzsche, Espinosa, o acaso e os afetos: Encontros entre o trágico e o conhecimento intuitivo". *O que nos faz pensar*, 11 (14): 183-198, ago. 2000 (Rio de Janeiro).

MARTON, S. "A dança desenfreada da vida". *Extravagâncias*. São Paulo: Discurso Editorial/Barcarolla, 2009.

______. "Nietzsche: consciência e inconsciente". *Extravagâncias*. São Paulo: Discurso Editorial/Barcarolla, 2009.

______. "Por uma filosofia dionisíaca". *Nietzsche, seus leitores, suas leituras*. São Paulo: Barcarolla, 2010, p. 146-147, 156.

MATTIOLI, W. "Linguagem, pulsão e atavismo: Análise genética e mapeamento conceitual em torno do problema do inconsciente em Nietzsche e sua relação com o transcendental". *Cadernos de Filosofia Alemã*, 22 (1): 71-98, 2017 (São Paulo).

______. *O inconsciente no jovem Nietzsche: Da intencionalidade das formas naturais à vida da linguagem*. Minas Gerais, Faculdade de Filosofia e Ciências Humanas, Universidade Federal de Minas Gerais, 2016 (Tese de Doutorado).

______. "Das Unbewusste als transzendentaler Raumperspektivistischer Weltbildung bei Nietzsche". *In:* GEORG, J.; ZITTEL, C. *Nietzsches Philosophie des Unbewussten*. Berlim/Boston: De Gruyter, 2012.

MECA, D. S. "El concepto de cultura en el joven Nietzsche". *In:* GABILONDO, A.; MÉNDEZ P. L. *et al.* (Orgs.). *La herida del concepto: Estudios en homenaje a Félix Duke*. Madri: Universidad Autónoma de Madrid, Servicio de Publicaciones, 2016, p. 563-578.

______. "Los cursos sobre Historia de la Literatura Griega". *In:* DENAT, C. ; WOTLING, P. *Nietzsche: Les premiers textes sur les Grecs*. Reims: Épure, 2016.

MEIJERS, A. "Gustav Gerber und Friedrich Nietzsche". *Nietzsche Studien*, 17: 369-390, 1988 (Alemanha).

MELO NETO, J. E. T. *Nietzsche: O eterno retorno do mesmo, a transvaloração dos valores e a noção do trágico*. São Paulo, Faculdade de Filosofia, Letras e Ciências Humanas, Universidade de São Paulo, 2013 (Tese de Doutorado).

MENESES, U. T. B. "Carl Kerényi e Dioniso". *In:* KERÉNYI, Carl. *Dioniso, imagem arquetípica da vida indestrutível*. Trad. Ordep Trindade Serra. São Paulo: Odysseus, 2002.

McGINTY, P. *Interpretation and Dionysos: Method in the Study of a God*. Haia: Mouton Publishers, 1978.

MITTASCH, A. *Friedrich Nietzsches Naturbefliessenheit*. Heidelberg: Springer Verlag, 1950.

MOORE, G.; BROBJER. T. (Orgs.). *Nietzsche and Science*. Aldershot: Ashgate Publishing Limited, 2004.

MOORE, G. *Nietzsche, Biology and Metapher*. Cambridge: Cambridge University Press, 2002.

MÜLLER, E. "Alogia und die Formen des Unbewussten: Euripides - Sokrates - Nietzsche". *In:* GEORG, J.; ZITTEL, C. (Orgs.). *Nietzsches Philosophie des Unbewussten*. Berlim/Boston: De Gruyter, 2012.

______. *Die Griechen im Denken Nietzsches*. Berlim: De Gruyter, 2005.

MÜLLER-LAUTER, W. "Der Organismus als innerer Kamp: Der Einfluß von Wilhelm Roux auf Friedrich Nietzsche". *Nietzsche-Studien*, 7: 189-223, 1978 (Alemanha).

NASSER. E. "La réforme méthodologique de la philologie". *In:* DENAT, C.; WOTLING, P. *Nietzsche: Les premiers textes sur les Grecs*. Reims: Épure, 2016.

______. "Nietzsche e a revista *Mind*: O filósofo da vida ante os novos rumos da filosofia acadêmica". *Estudos Nietzsche,* 6 (1), jan.-jul. 2015 (Espírito Santo).

______. "Nietzsche e a busca pelo seu leitor ideal". *Cadernos Nietzsche*, 1 (35), 2014 (São Paulo).

NICHOLS, A.; LIEBSCHER, M. *Thinking the Unconscious: Nineteenth-Century German Thought*. Nova Iorque/Melbourne/Cidade do Cabo/Singapura: Cambridge University Press, 2010.

O'FLAHERTY, J. C.; SELLNER, T. F.; HELM, R. M. *Studies in Nietzsche and the Classical Tradition*. Chapell Hill: University of North Carolina Press, 1976.

ORSUCCI, A. *Dalla biologia cellulare alla scienze dello spirito: Aspetti del debatitto sull'individualità nell´Ottocento tedesco*. Bolonha: Il Mulino, 1992.

OTTO, W. *Dionysos: Le myth et le culte*. Paris: Gallimard, 1992.

PARKES, G. *Composing the Soul: Reaches of Nietzsche's Psychology.* Chicago: The University of Chicago Press, 1994.

PIAZZESI, C.; CAMPIONI, G.; WOTLING, P. (Orgs.). *Letture della Gaia scienza.* Florença: Edizioni ETS, 2010.

PICHLER, A. "Performativer Bruch oder kritisches Narrativ? Intratextuelle Konsequenzen von Nietzsches 'Theorie des Bewusstseins im Lichte seines späten Sprachphilosophie." *In:* GEORG, J.; ZITTEL, C. *Nietzsches Philosophie des Unbewussten.* Berlim/Boston: De Gruyter, 2012.

PIPPIN, R. *Nietzsche: Psychology and First Philosophy.* Chicago: The University of Chicago Press, 2010.

______. "Nietzsche's Corporeal Knowledge". *Nietzsche Studien*, 29: 136-152, 2000 (Alemanha).

______. "Nietzsche and the Origin of the Ideas of Modernism". *Inquiry*, 22, 1983 (Londres).

PORTER, J. *Nietzsche and the Philology of the Future.* Stanford: Stanford University Press, 2000.

______. *The Invention of Dionysos: Nietzsche and The Birth of Tragedy.* Stanford: Stanford University Press, 2000.

______. "The Invention of Dionysos and the Platonic Midwife: Nietzsche's Birth of Tragedy". *Journal of the History of Philosophy*, 33 (3), jul. 1995 (Maryland).

RÉE, P. *Psychologische Beobachtungen: Aus dem Nachlass.* Berlim: Carl Dunker, 1875.

REINHART, K. *Vermächtnis der Antike: Gesammelte Essays zur Philosophie und Geschichtsschreibung.* Gotinga: Vandenhoeck & Ruprecht, 1989.

REUBER, R. *Ästhetische Lebensformen bei Nietzsche.* Munique: Wilhelm Fink Verlag, 1988.

RICCARDI, M. "Nietzsche on the Superficiality of Consciousness". *In:* DRIES, M. (Org.). *Nietzsche on Consciousness and the Embodied Mind.* Berlim/Nova Iorque: De Gruyter, 2018.

______. "Nietzsche on Embodiement of Mind and Self". *In:* CONSTÂNCIO, J. (Org.). *Handbook on Nietzsche on the Self.* Berlim/Nova Iorque: De Gruyter, 2015.

RICHARDS, R. *Darwin and the Emergence of Evolutionary Theories of Mind and Behavior.* Chicago: University of Chicago Press, 1987.

RICHARDSON, J. *Nietzsche's New Darwinism.* Oxford: Oxford University Press, 2004.

RISSE, M. "Nietzschean 'Animal Psychology' versus Kantian Ethics". *In:* LEITER B.; SCHINABABU N. *Nietzsche and Morality.* Oxford/Nova Iorque: Clarendon Press, 2007.

ROBINSON, D. *An Intellectual History of Psychology*. Madison: The University of Wisconsin Press, 1995.

ROHDEN, V. "Representações não-conscientes em Kant". *Anais do I Congresso Nacional de Filosofia da Unicentro*. Paraná, set. 2009.

ROSSET, C. *La philosophie tragique*. Paris: Presses Universitaires de France, 2011.

SALANSKIS, E. "Moralistes darwiniens: Les psychologies évolutionnistes de Nietzsche et Paul Rée". *Nietzsche Studien*, 42 (1): 44-66, 2013 (Alemanha).

SALAQUARDA, J. "A última fase de surgimento de *A gaia ciência*". Trad. Oswaldo Giaccoia Júnior. *Cadernos Nietzsche*, 6: 75-93, 1999 (São Paulo).

______. "Die 'fröhliche Wissenschaft' zwischen freier Geist und neue Lehre". *Nietzsche Studien*, 26: 165-183, 1997 (Alemanha).

SANTINI, C. "'Nicht der Anfang, sondern das Ende': Friedrich und das Unbewusste in der Geschichte". *In:* GEORG, J.; ZITTEL, C. *Nietzsches Philosophie des Unbewussten*. Berlim/Boston: De Gruyter, 2012.

SCANDELLA, M. "Did Nietzsche Read Spinoza? Some Preliminary Notes on the Nietzsche-Spinoza Problem, Kuno Fischer and Other Sources". *Nietzsche Studien*, (41): 308-332, 2012 (Alemanha).

SCHACHT, R. "Nietzsche's *Gay Science*, Or, How do Naturalize Cheerfully". *In:* SOLOMON, R.; C.; HIGGINS, K. *Reading Nietzsche*. Nova Iorque: Oxford University Press, 1990, p. 68-86.

SCHENZ, A. *Erlebnis und Bildung: Die Bedeutung des Erlebens und des Erlebnisses in Unterrichts- und Erziehungsprozessen*. Karlsruhe: Universitätsverlag Karlsruhe, 2007.

SCHLECHTA, K.; ANDERS, A. *Friedrich Nietzsche: Von den verborgenen Anfängen seines Philosophierens*. Estugarda/Bad Cannstatt: Friedrich Fromann Verlag, 1962.

SCHLESIER, R. *A different God? Dionysos and Ancient Polytheism*. Berlim/Boston: De Gruyter, 2011.

SCHLIMGEN, E. *Nietzsche's Theorie des Bewußtseins*. Berlim/Nova Iorque: De Gruyter, 1999.

SCHMIDT. J. *Kommentar zu Nietzsches Die Geburt der Tragödie*. Berlim/Boston: De Gruyter, 2012.

SEGALA, M. "Philosophie de la Nature et science chez Schopenhauer". *Les Études Philosophiques*, (102), 2012-2013 (Paris).

SIEMENS, H. "Nietzsche and the Empirical: Through the Eyes of the Term 'Empfindung'". *South African Journal of Philosophy*, 25 (2), jul. 2006 (África do Sul).

SILK, M. S.; STERN, J. P. *Nietzsche on Tragedy*. Cambridge: Cambridge University Press, 2012.

SILVA JÚNIOR, I. "Nietzsche entre a arte de bem ler e seus leitores". *Cadernos Nietzsche*, 1 (35): 17-30, 2014 (São Paulo).

SMALL, R. *Nietzsche and Rée: A Star Friendship*. Oxford: Oxford University Press, 2007.

SOLL, I. "Schopenhauer as Nietzsche's 'Great Teacher' and 'Antipode'". *In:* GEMES K.; RICHARDSON, J. *The Oxford Handbook of Nietzsche*. Oxford: Oxford University Press, 2013.

SOMMER, A. U. "O que Nietzsche leu e não leu". Trad. Saulo Krieger. *Cadernos Nietzsche*, 40 (1), 2019 (São Paulo). Disponível em: http://www.scielo.br/scielo.php?script=sci_arttext&pid=S2316-82422019000100009&lng=pt&nrm=iso#fn100. Acesso em: 18 fev. 2022.

______. "Nietzsche's Readings on Spinoza: A Contextualist Study, Particularly on the Reception of Kuno Fischer". *Journal of Nietzsche Studies*, 43 (2), 2012 (Pensilvânia).

STEGMAIER, W. "Nietzsches Befreiung der Philosophie: Kontextuelle Interpretation des V. Buchs der Fröhlichen Wissenschaft". *The Journal of Nietzsche Studies*, 45 (1): 89-92, 2014 (Pensilvânia).

______. "Nietzsches Zeichen". *Nietzsche Studien*, 29: 41-69, 2000 (Alemanha).

STIEGLER, B. *Nietzsche et la critique de la chair: Dionysos, Ariane, le Christ*. Paris: Presses Universitaires de France, 2005.

______. *Nietzsche et la biologie*. Paris: Presses Universitaires de France, 2001.

TAYLOR, C. S. "Nietzsche's Schopenhauerianism". *Nietzsche Studien*, 17: 45-73, 1988 (Alemanha).

VANDENABEELE, B. *A Companion to Schopenhauer*. Malden: Wiley-Blackwell, 2012.

______. "Schopenhauer and the Objectivity of Art". *In*: VANDENABELLE, B. (Org.). *A Companion to Schopenhauer*. Malden: Wiley Blackell, 2012.

VIESENTEINER, J. L. "O conceito de vivência (*Erlebnis*) em Nietzsche: Gênese, significado e recepção". *Kriterion*, (127): 141-155, jun. 2013 (Minas Gerais).

VOGEL, M. *Apollinische und Dionysische: Geschichte eines genialen Irrtums (Studien zur Musikgeschichte des 19. Jahrhunderts)*. Ratisbona: Bosse, 1966.

WELSHON, R. "Conscious and Unconscious Perspectives". *International Studies in Philosophy*, 34 (3): 119-133, 2002 (Estados Unidos).

WOTLING, P. "What Language do Drives Speak?". *In:* CONSTÂNCIO, J.; BRANCO, M. J. M. (Orgs.). *Nietzsche on Instinct and Language*. Berlim/Boston: De Gruyter, 2011, p. 80-116.

WOTLING, P. *O vocabulário de Nietzsche*. Trad. Cláudia Berliner. São Paulo: Martins Fontes, 2011.

______. "'Cette espèce nouvelle de scepticisme, plus dangereuse et plus dure': Ephexis, bouddhisme, frédéricisme chez Nietzsche". *Revue de Metaphysique et de Morale*, 1 (65): 109-123, 2010 (França).

______. "As paixões repensadas: Axiologia e afetividade no pensamento de Nietzsche". Trad. Ivo da Silva Júnior. *Cadernos Nietzsche*, 15: 7-29, 2003 (São Paulo).

______. "Les questions que les philosopher ne posent pas: L' éthique de la pensée chez Nietzsche". *Lignes*, (7): 250-262, 2002/1 (França).

______. "La morale sans métaphysique: 'Vitalisme' et psychologie de la morale chez Darwin, Spencer et Nietzsche". *In:* BALAUDÉ J.-F. ; WOTLING, P. *Lectures de Nietzsche*. Paris: Le Livre de Poche, 2001.

______. "Introduction". *Eléments pour la généalogie de la morale*. Trad. Patrick Wotling. Paris: Librairie Générale Française, 2000, p. 7-61.

______. *La pensée du soul-sol*. Paris: Editions Allia, 1999.

YASUKATA, T. *Lessing's Philosophy of Religion and the German Enlightenment*. Oxford: Oxford University Press, 2002.

YHEE, J. "Spinozas 'Maskerade'". *In:* GEORG, J.; ZITTEL, C. *Nietzsches Philosophie des Unbewussten*. Berlim/Boston: De Gruyter, 2012.

ZAMBONINI, F. *Schopenhauer e la scienza moderna: Discorso per la solenne inaugurazione dell'anno accademico della Reale Università di Sassari*. Sássari: Tip. Dita G. Dess, 1911.

ZAVATTA, B. "Nietzschean Linguistics". *Nietzsche Studien*, 42: 21-43, 2013 (Alemanha).

______. "The Figurative Patterns of Reason: Nietzsche on Tropes and Embodied Schemata". *In:* DRIES, M. *Nietzsche on Consciousness and the Embodied Mind*. Berlim/Boston: De Gruyter, 2018, p. 195-214.

Outras obras:

ARISTÓTELES. *Poética*. Trad. Eudoro de Souza. Lisboa: Imprensa Nacional – Casa da Moeda, 2000.

BELGIOIOSO, G. (Org.). *René Descartes: Tutte le Lettere, 1619-1650*. Bolonha: Bompiani, 2009.

BOURGET, P. *Essais de psychologie contemporaine: Études littéraires*. Paris: Gallimard, 1993.

BURNS, W. E. *Science in the Enlightenment: An Enciclopedia*. Santa Bárbara: ABC-CLIO, 2003.

DESCARTES, R. *Carta-prefácio dos princípios de filosofia*. Trad. Homero Santiago. São Paulo: Martins Fontes, 2003.

______. *Discurso do método*. Trad. Maria Ermantina Galvão. São Paulo: Martins Fontes, 1996.

______. *As paixões da alma*. Trad. Jacob Guinsburg e Bento Prado Júnior. São Paulo: Abril Cultural, 1979 (Os Pensadores).

______. *Discurso do método*. Trad. Jacob Guinsburg e Bento Prado Júnior. São Paulo: Abril Cultural, 1979 (Os Pensadores).

______. *Meditações metafísicas*. Trad. Jacob Guinsburg e Bento Prado Júnior. São Paulo: Abril Cultural, 1979 (Os Pensadores).

ESPINOSA, B. *Tratado teológico político*. Trad. Diogo Pires Aurélio. São Paulo: Martins Fontes, 2003.

______. *Ética*. Trad. Joaquim Ferreira Gomes. São Paulo: Abril Cultural, 1983 (Os Pensadores).

______. *Tratado político*. Trad. Manuel de Castro. São Paulo: Abril Cultural, 1983 (Os Pensadores).

FREUD, S. "A história do movimento psicanalítico". *Edição standard brasileira das obras completas de Sigmund Freud*. Rio de Janeiro: Imago, 1996, vol. 14.

______. "Três ensaios sobre a teoria da sexualidade". *Edição standard brasileira das obras completas de Sigmund Freud*. Rio de Janeiro: Imago, 1996, vol. 7.

______. "Uma dificuldade no caminho para a psicanálise". *Edição standard brasileira das obras completas de Sigmund Freud*. Rio de Janeiro: Imago, 1996, vol. 17.

______. "Um estudo autobiográfico". *Edição standard brasileira das obras completas de Sigmund Freud*. Rio de Janeiro: Imago, 1996, vol. 19.

ISRAEL, J. *Radical Enlightenment: Philosophy and the Making of Modernity 1650--1750*. Oxford: Oxford University Press, 2001.

KANT, I. *Crítica da razão pura*. Trad. Valerio Rohden e Udo B. Moosburger. São Paulo: Abril Cultural, 1999 (Os Pensadores).

KOYRÉ, A. *Do mundo fechado ao universo infinito*. 3. ed. Trad. Donaldson M. Garschagen. Rio de Janeiro: Editora Forense Universitária, 2009.

LEIBNIZ, G. W. *Novos ensaios sobre o entendimento humano*. Trad. Luiz João Baraúna. São Paulo: Nova Cultural, 1984 (Os Pensadores).

LOCKE, J. *Essays on Human Understanding*. Londres: Penguin, 1998.

SCHOPENHAUER, A. *O mundo como vontade e representação*. Trad. Jair Barboza. São Paulo: Editora Unifesp, 2005.

______. *Die Welt als Wille und Vorstellung: Zweiter Band*. Munique: Georg Müller, 1913.

Esta obra foi composta em sistema CTcP
Capa: Supremo 250 g – Miolo: Pólen Soft 70 g
Impressão e acabamento
Gráfica e Editora Santuário